iPhone 5 pour LES NULS

iPhone 5 pour LES NULS

Edward C.Baig, Bob LeVitus

FIRST
Interactive

iPhone 5 Pour les Nuls

Titre de l'édition originale : *iPhone 5 For Dummies*
Pour les Nuls est une marque déposée de Wiley Publishing, Inc
For Dummies est une marque déposée de Wiley Publishing, Inc

Collection dirigée par Jean-Pierre Cano
Traduction : Bernard Jolivat
Maquette et illustration : MADmac

Edition française publiée en accord avec Wiley Publishing, Inc.

Éditions First
60 rue Mazarine
75006 Paris
Tél. : 01 45 49 60 00
Fax : 01 45 49 60 01
e-mail : firstinfo@efirst.com
ISBN : 978-2-7540-4208-6
Dépôt légal : 4e trimestre 2012
Imprimé en France

Sommaire

Introduction

Chaque fois qu'Apple sort une nouvelle version de son iPhone, le tapage médiatique est faramineux. Nous présumons toutefois que vous n'avez pas acheté ce livre pour lire d'autres anecdotes sur le lancement d'un nouvel iPhone, mais pour exploiter au mieux ce remarquable appareil.

Notre but est de vous fournir ces informations techniques avec grâce et légèreté. Nous espérons bien que votre iPhone vous plaira. Nous espérons aussi que vous prendrez plaisir à nous lire.

À propos de ce livre

La collection *Pour les Nuls* repose sur le principe que des notions peuvent manquer au lecteur lorsqu'il aborde un domaine qui lui est tout nouveau, notamment lorsqu'il s'agit de technologies.

À l'instar de nombreux produits signés Apple, l'iPhone est magnifiquement conçu et son utilisation est intuitive. Et, sans vouloir révéler des petits secrets qui n'ont pas à être divulgués en place publique, le fait est que vous n'aurez pas besoin de ce livre pour en savoir long sur les nombreuses fonctions et caractéristiques de l'iPhone.

Ce livre est toutefois bourré d'astuces utiles et d'autres petits trucs qui vous rendront l'iPhone encore plus sympa. C'est pourquoi vous le garderez sous la main et le consulterez fréquemment.

Les conventions utilisées dans ce livre

Revenons au sujet de ce livre : *L'iPhone 5 pour les Nuls* abonde de puces (typographiques, pas celles du chien) et d'illustrations. Les adresses Web ont droit à une typographie spéciale, `comme celle-ci`.

Nous avons aussi placé çà et là quelques encadrés, dont la lecture n'est pas indispensable – mais quel livre l'est ? – qui, nous l'espérons, vous permettront de mieux comprendre certains sujets. Surtout, nous nous sommes efforcés de recourir à un minimum de jargon technique, en partant du principe, à quelques exceptions près, qu'il n'apporterait pas grand-chose.

Comment ce livre est organisé

Voici une info inédite : la plupart des livres ont un début, un milieu et une fin, et il vaut mieux s'en tenir à cette structure. Sauf si vous faites partie de ces gens qui prennent un malin plaisir à révéler la fin d'un polar.

Il n'y a heureusement pas de chute renversante, à la fin de ce *Pour les Nuls.* Donc, et bien qu'il soit préférable de lire ce livre du début à la fin, nous ne vous en voudrons pas si vous le butinez de-ci, de-là. Cela dit, nous avons organisé *iPhone 5 pour les Nuls* de la manière suivante, qui nous a semblé la plus pertinente :

Première partie : Faire connaissance avec l'iPhone

Dans ces premiers chapitres, vous ferez le tour de l'iPhone aussi bien à l'extérieur qu'à l'intérieur, et apprendrez à l'activer auprès de votre opérateur téléphonique. Vous apprendrez aussi à tapoter sur son écran tactile virtuel, unique en son genre, créer des dossiers et afficher les notifications vous indiquant tout ce qui vous attend dans la journée.

Deuxième partie : L'iPhone mobile

S'il y a *phone* dans iPhone, c'est pour une bonne raison. Cette deuxième partie est largement consacrée à toutes les manières d'envoyer et de recevoir des appels téléphoniques. Mais vous découvrirez aussi comment échanger du texte et des messages et utiliser des applications comme le Calendrier, l'Horloge, la Calculette ou l'application Dictaphone.

Troisième partie : L'iPhone multimédia

C'est là que l'on commence vraiment à s'amuser. Elle est consacrée à l'iPhone utilisé comme un iPod, et aussi comme un appareil photo et même comme un caméscope, c'est-à-dire que la musique, la vidéo, les films, photos, et même la télévision – au travers d'une application gratuite à télécharger – sont à votre portée.

Quatrième partie : L'iPhone Internet

Vous apprendrez à maîtriser le navigateur Safari, le courrier électronique, la cartographie ainsi que d'autres éléments. Nous étudierons aussi les réseaux 3G, 3G+ et 4G de troisième et quatrième génération, auxquels l'iPhone peut se connecter. Et, à propos de cartographie, vous découvrirez les capacités de géolocalisation par GPS et autres techniques apparentées.

Cinquième partie : L'iPhone secret

Dans cette partie, vous apprendrez à définir vos préférences, à télécharger et installer de nouvelles applications à partir d'iTunes App Store et comment dépanner l'iPhone lorsqu'il fait des siennes.

Sixième partie : Les dix commandements

Cette dernière partie contient une liste d'applications ainsi que des raccourcis et quelques suggestions pour améliorer votre joli joujou.

Les pictogrammes

De petits pictogrammes tout ronds, tout beaux apparaissent tout au long de ce livre. Au nombre de quatre, ils attirent l'attention sur des détails importants ou intéressants, ou rappellent quelques notions. Les voici :

Signale les trucs, astuces et raccourcis qui facilitent ou accélèrent une tâche.

Ce pictogramme insiste lourdement sur un point à retenir. Vous devriez même le noter dans votre iPhone.

Ça, c'est pour les fondus de technologies. Si la simple perspective de devoir changer l'ampoule d'une lampe de chevet vous épouvante, vous pouvez vous dispenser de lire cette prose.

Là, attention danger, notamment pour votre iPhone et, par voie de conséquence, pour votre portefeuille. Vous voilà prévenu. Cette icône signale aussi des opérations longues ou délicates.

Et ensuite ?

Eh bien, on passe au Chapitre 1.

Une dernière remarque : Au moment où ces lignes étaient écrites, les informations fournies étaient exactes pour l'iPhone 5, ainsi que pour la version iOS 6.0 (où iOS signifie *iPhone Operating System,* « système d'exploitation de l'iPhone »). Apple peut cependant mettre son système d'exploitation à jour ou présenter un nouveau modèle d'iPhone. Si vous venez d'acheter votre iPhone, ne manquez pas de vous informer de ses caractéristiques sur le site `www.apple.com/fr/iphone/`.

On peut maintenant passer au Chapitre 1.

Première partie

Faire connaissance avec l'iPhone

"À part ce petit défaut du mode Paysage, je trouve l'iPhone vraiment génial."

Avant de pouvoir galoper, il faut mettre le pied à l'étrier. C'est ce que vous ferez tout au long de ces trois premiers chapitres.

Nous commencerons par une présentation générale. Au Chapitre 1, nous découvrirons le contenu de la boîte, évoquerons quelques fonctionnalités sympas de l'iPhone, puis finirons par un tour du propriétaire du matériel et du logiciel.

Ensuite, quand vous vous serez familiarisé avec tout cela, nous passerons aux choses sérieuses : allumer et éteindre cet engin – ce qui est très important – ainsi que le verrouiller et le déverrouiller, ce qui est tout aussi important. Le Chapitre 2 s'achève sur quelques trucs et astuces utiles qui vous aideront à manipuler efficacement le clavier tactile.

Enfin, au Chapitre 3, nous découvrirons la synchronisation et comment transférer aisément des données – contacts, rendez-vous, films, musiques, podcasts, *etc.* – de votre ordinateur jusque dans l'iPhone.

Au Chapitre 4, nous explorerons toutes les fonctionnalités typiques d'un téléphone mobile, en commençant par les diverses manières de téléphoner. Vous apprendrez aussi comment répondre à un appel ou l'ignorer, et vous découvrirez l'astucieuse fonction de messagerie vocale permettant de prendre les messages à votre guise, et non dans l'ordre où ils sont arrivés. Vous saurez aussi comment jongler avec les appels, tenir une conférence et sélectionner une sonnerie.

Chapitre 1

Découvrir l'iPhone

Dans ce chapitre :

- Le tour du propriétaire.
- La partie extérieure de l'iPhone.
- Un coup d'œil sur les applications.

Félicitations ! Vous êtes en possession de l'un des plus fabuleux appareils de poche jamais vus, qui est bien davantage qu'un excellent téléphone mobile. L'iPhone 5 a bien sûr tout d'un téléphone mobile, avec son appareil photo numérique de 8 mégapixels avec flash incorporé (une diode, en fait, et non un tube électronique) qui sait aussi filmer. Mais c'est aussi et surtout quatre appareils portables en un seul. Car en plus d'être un téléphone mobile hors pair, l'iPhone 5 est aussi un iPod vidéo équipé d'un somptueux écran panoramique au format 16/9e, et il est aussi, à ce jour, le plus compact et le plus puissant outil de communication par Internet.

Ce chapitre est une présentation de tous ces « produits » qui composent l'iPhone, à laquelle s'ajoute une vue d'ensemble de ses révolutionnaires équipements et logiciels.

Le tour d'horizon

L'iPhone est doté de fonctionnalités haut de gamme, mais sa caractéristique la plus étonnante est sans doute l'absence d'un clavier ou d'un stylet. Il offre à leur place un vaste écran tactile Retina de 4 pouces de diagonale (Plus de 10 cm de diagonale) à très haute résolution : 1136 x 640 pixels, à plus de 326 pixels par pouce (une finesse extrême, comparée aux 72 ppp d'un écran d'ordinateur). Vous l'utilisez avec un périphérique de pointage qui est d'autant plus familier que vous êtes né avec : le doigt.

Et quel affichage ! On peut dire que vous n'en avez sans doute jamais vu un aussi beau sur un équipement portable.

Une autre fonctionnalité qui nous a sidérés est le gyroscope à trois axes de l'iPhone. Un inclinomètre détecte la rotation de l'appareil lorsque vous le faites pivoter pour passer de la vision en hauteur à la vision en largeur, et règle l'affichage en conséquence. Un capteur de proximité détecte si l'iPhone est proche de votre visage ; il éteint alors l'écran pour économiser l'énergie et empêcher une action intempestive lorsqu'il est touché par votre joue. Un capteur photosensible règle la luminosité de l'écran en fonction de l'éclairage ambiant.

Dans cette section, nous évoquerons brièvement quelques fonctionnalités de l'iPhone, classées par catégories.

L'iPhone : un téléphone et un appareil photo/caméscope

En ce qui concerne la téléphonie, l'iPhone se synchronise avec les contacts et le calendrier de votre Mac ou de votre PC. Il comporte un clavier AZERTY virtuel complet grâce auquel la saisie est des plus faciles. Il faut un peu de temps pour s'y habituer, mais ensuite la saisie est beaucoup plus rapide qu'avec le clavier d'un téléphone mobile.

L'appareil photo de huit mégapixels est accompagné d'un logiciel de gestion des fichiers assez correct. Prendre et classer des photos est ainsi un véritable plaisir, ce qui n'est pas le cas avec d'autres téléphones. De plus, les photos et vidéos peuvent être automatiquement synchronisées avec la bibliothèque de photos du Mac ou du PC.

Une messagerie vocale visuelle affiche une liste de messages et permet de choisir ce que vous désirez écouter ou supprimer sans être obligé de le faire dans l'ordre imposé, ce qui est extrêmement commode.

Si le correspondant que vous appelez est lui aussi équipé d'un iPhone 4, 4S ou 5, d'un Mac, d'un iPod touch de 4e génération ou d'un iPad 2, et que la communication s'effectue par la Wi-Fi ou par la 3G, chacun de vous pourra voir l'autre sur l'écran grâce à la spectaculaire fonction FaceTime.

Enfin, l'iPhone 5 est équipé de Siri, un assistant contrôlé par la voix qui comprend non seulement ce que vous lui dites en langage courant, mais parvient à déterminer ce que vous voulez faire et utilisera au besoin l'application appropriée pour arriver à vos fins. Et comme un humain qu'il n'est pas, Siri vous répond le plus naturellement du monde. Impressionnant !

Qu'y a-t-il dans la boîte ?

À priori, vous avez déjà ouvert la boîte dans laquelle l'iPhone est livré. Mais si ce n'est pas encore le cas, voici ce que vous devriez y trouver :

- **Le câble de connexion USB :** Il sert à relier l'iPhone à un Mac ou à un PC par un port USB du côté de l'ordinateur, et par la nouvelle prise Lightning du côté de l'iPhone.
- **L'adaptateur secteur USB :** Très compact, il sert à brancher le câble précédemment cité directement sur une prise électrique.
- **Des écouteurs-micro stéréo :** Utiles pour écouter de la musique, mais aussi pour téléphoner. Nous y reviendrons au Chapitre 7.
- **Quelques autocollants Apple :** Évidemment…
- **Un guide de démarrage rapide :** Intitulé *Bonjour,* ce dépliant contient les informations de base pour utiliser immédiatement *cet obscur objet du désir.*
- **Un guide d'informations sur le produit :** Ça doit l'être puisque c'est écrit dessus. Pour le reste, ce sont d'arides normes légales, des conseils sur le nettoyage (à lire impérativement), sur l'utilisation en voiture (à condition de ne pas téléphoner) et le recyclage de l'iPhone. (Ah bon ? Parce qu'il faudra le jeter un jour ? Quelle horreur !)
- **Un éjecteur de carte SIM :** Plus classe qu'un trombone tordu, il vous servira à extraire le minuscule rack dans lequel vous déposerez l'indispensable carte nano-SIM. Sur le rabat intérieur de l'enveloppe sur laquelle l'outil est fixé, un petit schéma explique comment l'utiliser.
- **L'iPhone :** On allait l'oublier ! Eh oui, il y en a un dans la boîboîte noire, qu'alliez-vous croire ?

L'iPhone en tant qu'iPod

Une chose est sûre : l'iPhone est supérieur à tous les iPod qu'Apple a sortis jusqu'à présent (bon, d'accord, on peut chipoter à cause de l'iPad qui est une fabuleuse tablette et sur la capacité de stockage qui pourrait être plus élevée). Vous pouvez profiter de tout ce que contient un iPod : la musique, des livres audio, des podcasts audio et vidéo, des clips de musique, des émissions de télévision et des films. Le magnifique écran en haute résolution affiche tout cela avec des couleurs plus riches et plus éclatantes que n'importe quel iPod jusqu'à présent.

Une règle de base : si vous parvenez à importer du contenu – audio, vidéo ou ce que vous voulez… – dans votre Mac ou dans votre PC, vous pouvez le synchroniser et l'écouter ou le regarder sur votre iPhone.

L'iPhone pour communiquer par Internet

Ce n'est pas tout ! L'iPhone est non seulement un remarquable téléphone et un super-iPod qui plaît aux gastéropodes, aux arthropodes et même aux antipodes, mais c'est aussi un outil de communication par Internet complet avec – attention au jargon – un client de messagerie HTML enrichi compatible avec la plupart des services de messagerie POP et IMAP, qui prend en charge Exchange ActiveSync, de Microsoft (nous y reviendrons au Chapitre 12). L'iPhone est équipé du navigateur Web Safari qui facilite considérablement le surf sur l'Internet.

Autres fonctionnalités, l'application Plans, basée sur la cartographie TomTom, a essuyé un déluge de critiques car elle est beaucoup moins performante que l'application du même nom précédemment basée sur Google Maps. À l'aide de son GPS, Plans est néanmoins capable de déterminer l'endroit où vous êtes, de calculer un itinéraire et même de vous aider à contourner un ralentissement ou un bouchon. Vous pouvez aussi visionner des plans de ville ou des cartes, et des photos par satellite. Plans vous aidera à trouver des stations-service, parkings, restaurants, hôpitaux ainsi que les boutiques Apple.

Vous apprécierez peut-être Bourse, une application qui affiche un graphique des cours presque en temps réel, à tout moment et où que vous soyez, et Météo, pour savoir s'il fera beau là où vous êtes ou là ou vous allez.

Les spécifications techniques

Un dernier point avant de continuer. Voici une liste de tout ce qui est nécessaire pour utiliser pleinement l'iPhone :

- Un iPhone 5, puisque c'est ce modèle dont il est question dans ce livre.
- Un abonnement à un opérateur de téléphonie (Bouygues, Free, Orange ou SFR, en France).
- Un accès Internet (obligatoire) à haut débit (recommandé).

Le système d'exploitation iOS 6 permet d'activer, configurer, mettre à jour, sauvegarder et restaurer l'iPhone sans fil et, sans même un ordinateur. Mais bien que vous n'ayez pas besoin d'un ordinateur pour utiliser l'iPhone, il est recommandé. Vous pourrez en effet utiliser le logiciel iTunes installé sur l'ordinateur pour effectuer toutes les tâches que nous venons de citer sur un plus grand écran, ce qui est autrement plus confortable que sur l'écran plus modeste de l'iPhone.

Il vous faudra aussi :

- Un Mac équipé d'un port USB 2.0, de Mac OS X 10.6.8 ou ultérieur, et de iTunes 10.7 ou ultérieur.

  Ou :

- Un PC équipé d'un port USB 2.0, de Windows 8, ou 7 ou Vista, ou encore de Windows XP édition familiale ou professionnelle avec le Service Pack 3 ou supérieur, et iTunes 10.7 ou ultérieur.
- Un compte sur iTunes Store. Apple vous demandera les coordonnées de votre carte bancaire, mais rien ne sera débité tant que vous n'aurez rien acheté sur le site.

Un rapide tour de l'extérieur

L'iPhone étant un harmonieux ensemble de matériel et de logiciel, voyons ce qu'il en est. Dans cette section, nous examinerons brièvement l'extérieur. À la prochaine section, nous verrons ce qu'il y a dedans, c'est-à-dire les logiciels.

Au-dessus

Un seul élément se trouve sur le dessus de l'iPhone 5 :

- **Le bouton Marche/Arrêt Veille/Éveil :** Il sert à verrouiller et déverrouiller l'iPhone, et aussi à l'allumer et à l'éteindre. Lorsque l'iPhone est verrouillé, vous pouvez recevoir des appels et des messages (SMS), mais rien ne se produit lorsque vous touchez l'écran. Quand l'iPhone est éteint, tous les appels entrants sont redirigés vers la messagerie vocale.

En dessous

Sous l'iPhone, se trouvent la prise pour les écouteurs-microphone, le haut-parleur intégré, le connecteur Lightning et le microphone comme le montre la Figure 1.1.

- **Prise écouteurs-microphone :** Vous y branchez la paire de petits écouteurs stéréophoniques livrés avec l'iPhone. Ils ressemblent à ceux de l'iPod, mais contrairement à ces derniers, ils sont équipés d'un petit microphone placé sur l'un des fils, commode pour téléphoner les mains libres. Il est possible de brancher des écouteurs d'une autre marque (Sennheiser, Creative…) si vous le désirez.

- **Haut-parleur :** Il diffuse la musique ou la bande-son d'une vidéo ou d'une émission de télévision, lorsque les écouteurs ne sont pas branchés. Sans eux, l'iPhone serait aPhone, du moins en ce qui concerne les fonctionnalités multimédias.
- **Connecteur Lightning :** Il sert à relier l'iPhone au chargeur de batterie ou à l'ordinateur, grâce à la prise USB qui se trouve à l'autre extrémité.
- **Le microphone intégré :** Il est à l'emplacement idéal pour capter votre voix.

TRUC

Pour préserver la confidentialité de vos conversations, utilisez l'ensemble écouteurs-microphone ou mieux, une oreillette Bluetooth, comme expliqué au Chapitre 14.

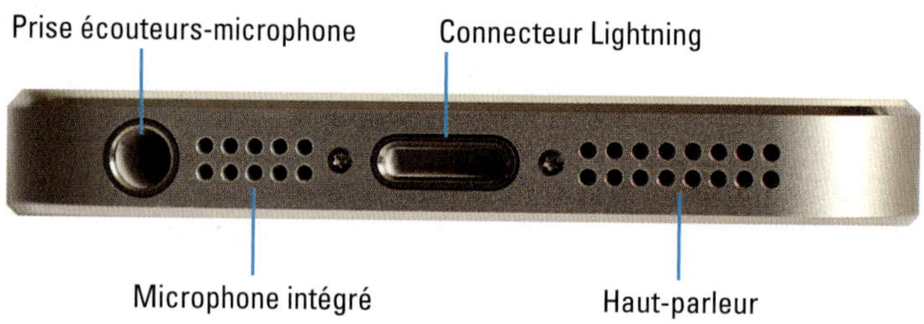

Figure 1.1 : Le dessous de l'iPhone.

En façade

Vous trouverez en façade de l'iPhone les éléments montrés dans la Figure 1.2.

- **L'écran tactile Multi-Touch :** Nous reviendrons souvent sur cette merveille technologique. Il capte en permanence la position de vos doigts sur l'écran, lorsque vous touchez une icône ou quand vous effectuez une action comme l'effleurement. Nous y reviendrons longuement au Chapitre 2.
- **L'objectif de l'appareil photo secondaire :** C'est en réalité une webcam qui sert essentiellement à vous filmer lors d'une communication vidéo avec FaceTime. Mais vous pouvez aussi prendre des autoportraits avec cet objectif.
- **Haut-parleur téléphonique :** C'est le haut-parleur que l'iPhone utilise pour les appels téléphoniques. Il se trouve tout naturellement proche de l'oreille lorsque vous tenez l'iPhone comme un combiné téléphonique. C'est lui aussi qui émet la sonnerie du téléphone lorsque vous recevez un appel.

- **Bouton principal :** Il se trouve sous l'écran lorsque l'iPhone est tenu en hauteur. Quoi que vous soyez en train de faire, appuyer dessus affiche l'écran d'accueil visible à la Figure 1.2. Ce bouton principal est en quelque sorte la plaque tournante de l'iPhone, d'où vous pouvez repartir vers d'autres applications.

Le mystérieux point noir, à gauche du haut-parleur téléphonique, est un détecteur de proximité – une cellule photoélectrique – qui éteint l'écran lorsque l'iPhone est approché du visage, lors d'une conversation téléphonique.

Figure 1.2 : La face avant de l'iPhone est d'une élégante sobriété.

Sur les côtés

Les principaux boutons se trouvent du côté gauche de l'iPhone :

- **Interrupteur Sonnerie/Silencieux :** Cet interrupteur permet de passer rapidement du mode Sonnerie au mode Silencieux. Lorsque le mode Sonnerie est enclenché (position haute, sans le point orange), l'iPhone émet tous les sons par le haut-parleur, en bas. Si l'interrupteur est en mode Silencieux (position basse, point orange), le téléphone ne sonne pas lorsque vous recevez un appel ou lorsqu'une alerte apparaît à l'écran.

  Les seules exceptions sont les alarmes définies dans l'application Horloge, qui retentissent quel que soit l'état de l'interrupteur Sonnerie/Silencieux.

  Si le téléphone est en mode Sonnerie et que vous voulez un silence immédiat, appuyez sur le bouton Marche/Veille, sur le dessus de l'iPhone, ou appuyez sur l'un des boutons de volume.

- **Boutons de volume :** Ce sont les deux boutons juste sous le commutateur Sonnerie/Silencieux. Celui du haut augmente le volume, celui du bas le diminue. Utilisez-les pour régler le volume des sonneries, alertes, effets sonores, musiques et vidéos. Pendant un appel téléphonique, ils règlent le volume sonore du correspondant, que vous l'écoutiez par le récepteur, le haut-parleur ou l'ensemble écouteurs-microphone.

Un seul élément se trouve du côté droit de l'iPhone :

- **Tiroir de la carte nano-SIM** : C'est dans ce logement, sur le côté droit de l'iPhone, que se trouve la minuscule carte nano-SIM de l'iPhone. Elle vous est remise par l'opérateur téléphonique auprès duquel vous avez souscrit votre abonnement. Pour extraire le rack de la carte, utilisez le petit outil fourni avec l'iPhone, ou un trombone.

  Une carte SIM (*Subscriber Identity Module*, module d'identité de l'abonné) est une carte magnétique amovible servant à identifier un téléphone mobile. L'iPhone utilise une carte nano-SIM, beaucoup plus petite que les cartes micro-SIM et SIM des iPhone précédents.

À l'arrière

À l'arrière de l'iPhone, se trouve l'objectif de l'appareil photo principal. C'est le petit rond vitré en haut à gauche. Juste à droite se trouve le flash. Contrairement aux appareils photo numériques, il ne s'agit pas d'un tube électronique, mais d'une puissante diode électroluminescente. Reportez-vous aux Chapitres 9 et 10 pour en savoir plus sur l'étonnant appareil photo de l'iPhone 5 et sa fonction vidéo.

La barre d'état

Située en haut de l'écran, la barre d'état affiche de petites icônes fournissant quantité d'informations sur l'état actuel de l'iPhone :

- **Signal téléphonique :** Cette icône indique si vous êtes à portée d'un émetteur de téléphonie mobile, et donc si vous pouvez recevoir et envoyer des appels. Plus le nombre de barres est élevé, plus le signal est puissant. Si vous êtes hors de portée d'un émetteur, la mention `Absence de service` est affichée.

  Si une ou deux barres seulement sont affichées, déplacez-vous un peu. Quelques pas peuvent parfois faire la différence entre une absence de service et trois ou quatre barres.

- **Mode Avion :** Vous pouvez utiliser un iPhone à bord d'un avion après que le commandant de bord en a donné l'autorisation ou si l'avion est immobilisé à la porte d'embarquement. Mais il est interdit de l'utiliser au roulage et avant le décollage, ou en phase d'atterrissage. L'iPhone est heureusement équipé d'un mode Avion qui désactive toutes les fonctionnalités sans fil – le téléphone, l'accès Internet et Bluetooth –, n'autorisant que la musique et les vidéos au cours du vol.

  TRUC

  Certaines compagnies aériennes offrent la Wi-Fi en vol. Vous pouvez alors activer la connexion Wi-Fi même en Mode Avion. Attendez toutefois que l'autorisation de l'utiliser ait été donnée par l'équipage.

- **3G :** Cette icône vous informe que le réseau 3G de votre opérateur de téléphonie – Bouygues, Free, Orange ou SFR, en France – est disponible, et que l'iPhone peut se connecter à l'Internet.

- **GPRS :** Cette icône indique que le réseau GPRS (*General Packet Radio Service,* service général de radiocommunication par paquets) est disponible et que l'iPhone peut l'utiliser pour se connecter à l'Internet.

- **EDGE :** Cette icône indique que le réseau EDGE est disponible et que la connexion à l'Internet est possible.

- **Wi-Fi :** Lorsque cette icône est visible, cela signifie que l'iPhone est connecté à l'Internet par la Wi-Fi. Plus le nombre d'arcs est élevé, plus le signal Wi-Fi est fort. Si vous n'en voyez qu'un ou deux, déplacez-vous un peu. Si l'icône Wi-Fi n'est pas affichée dans la barre d'état, cela signifie que l'accès Internet n'est actuellement pas possible.

En terme de débit, le réseau 3G+ arrive en tête, suivi dans l'ordre par les réseaux 3G, EDGE et GPRS. L'iPhone tente toujours de se connecter au plus rapide des quatre. En revanche, si un réseau Wi-Fi se trouve à portée, c'est prioritairement à lui que l'iPhone se connectera, même si un réseau 3G+, 3G, EDGE ou GPRS est disponible.

Note du traducteur : L'iPhone 5 est capable de se connecter à un réseau 4G à très haut débit, mais seulement dans quelques pays : l'Allemagne, l'Australie, le Canada, la Corée du Sud, les États-Unis, Hong-Kong, le Japon, le Royaume-Uni et Singapour. Ailleurs, dont en France, l'iPhone sera incompatible avec les fréquences harmonisées retenues pour la 4G locale, et donc inutilisable sur ce réseau.

- **Activité de réseau :** Cette icône indique qu'une activité de réseau est en cours, comme une synchronisation, la réception ou l'envoi de courrier électronique ou le chargement d'une page Web. Certaines applications tierces utilisent aussi cette icône pour indiquer une activité de réseau ou autre.
- **Transfert d'appel :** Cette icône indique que le transfert d'appel est actif.
- **VPN :** Cette icône indique la connexion à un réseau privé virtuel (*Virtual Private Network*).
- **Verrouillage :** Indique que l'iPhone est verrouillé. Reportez-vous au Chapitre 2 pour en savoir plus sur le verrouillage et le déverrouillage.
- **Lecture :** Cette icône signale qu'un fichier audio est actuellement lu. Reportez-vous au Chapitre 7 pour en savoir plus.
- **Orientation Portrait :** Indique que l'iPhone est en mode Orientation Portrait mais pas verrouillé dans ce mode.
- **Orientation Portrait verrouillée :** Indique que l'iPhone est verrouillé en mode Orientation Portrait. Pour effectuer ce verrouillage, double-cliquez avec le bouton principal, tirez le ruban d'icônes vers la droite, en bas de l'écran, pour toucher le bouton Orientation Portrait.
- **Alarme :** Cette icône rappelle que vous avez défini une ou plusieurs alarmes dans l'application Horloge.
- **Services de localisation :** Indique qu'une application utilise actuellement un service de localisation, une fonctionnalité étudiée au Chapitre 13.
- **Bluetooth :** Indique l'état actuel de la connexion Bluetooth. Si elle est bleue, Bluetooth est actif et le périphérique – un casque d'écoute ou un kit d'oreillettes pour voiture – est connecté. Si l'icône est grise, Bluetooth est actif mais aucun périphérique n'est connecté. Si l'icône n'est pas visible, c'est parce que Bluetooth est inactif. Vous en apprendrez plus au Chapitre 13.

- **Batterie :** Cette icône montre le niveau de la batterie. L'éclair au milieu indique que la batterie est en train d'être chargée.

- **TTY :** Cette icône, qui s'adresse aux handicapés (sourds et/ou muets), les informe que l'iPhone est configuré pour fonctionner avec un téléscripteur.

  NOTE TECHNIQUE

  Un adaptateur TTY spécial – en fait, un jack à quatre pôles vendu 15 euros – est indispensable pour pouvoir connecter l'iPhone à un téléscripteur.

De bien beaux boutons

L'écran d'un iPhone 5 tout beau tout neuf contient de nombreux boutons. Chacun représente une fonction ou une application. Comme le restant du livre les aborde en détail, nous nous contenterons ici de les décrire succinctement.

Appuyez sur le bouton principal pour accéder à la page d'accueil. Si l'iPhone était en veille à ce moment, l'écran de déverrouillage apparaît. Après le déverrouillage, l'écran d'accueil apparaît tel qu'il était au moment de la mise en veille. Si un autre écran que l'écran d'accueil apparaît, appuyez de nouveau sur le bouton principal.

TRUC

Trois étapes permettent de repositionner les icônes de votre iPhone :

1. **Maintenez le doigt sur une icône jusqu'à ce que toutes commencent à se trémousser.**
2. **Faites glisser l'icône, du bout du doigt, jusqu'à l'emplacement désiré.**
3. **Appuyez sur le bouton principal pour enregistrer la nouvelle disposition et faire cesser le trémoussement des icônes (ce ne sont quand même pas des pom-pom girls, non mais !).**

Si vous n'avez pas redisposé les icônes, elles se présentent dans cet ordre en commençant en haut à gauche :

- **Messages :** Touchez ce bouton pour rédiger un SMS ou MMS, échanger des iMessages entre des appareils tournant sous iOS (iPhone, iPad, iPod…), ou pour lire ceux que vous recevez. Le chiffre qui apparaît éventuellement dans le coin supérieur droit du bouton indique le nombre de messages reçus non lus.
- **Calendrier :** Quel que soit le logiciel de calendrier que vous utilisez sur votre Mac ou sur votre PC – à condition que ce soit iCal, Microsoft Entourage ou Microsoft Outlook –, vous pourrez synchroniser des

événements et des alertes entre l'ordinateur et l'iPhone. Créez un événement et il est automatiquement synchronisé dans l'autre appareil dès la prochaine connexion. Du bon travail.

- **Photos :** Cette application est un remarquable gestionnaire de photos de l'iPhone. Vous pouvez visionner les photos prises avec l'iPhone ou des photos transférées depuis votre ordinateur. Il est possible de zoomer, de créer des diaporamas, d'envoyer des photos par courrier électronique, *etc.* Les autres téléphones prennent certes des photos, mais l'iPhone permet de les visionner de diverses manières.
- **Appareil photo :** Utilisez cette application pour prendre des photos avec l'appareil photo avec une résolution de 8 mégapixels.
- **Vidéos :** Cette application est le réceptacle pour vos films, émissions de télévision et clips musicaux. Vous les ajoutez avec iTunes à partir de votre Mac ou PC, ou vous les achetez sur iTunes Store à partir de l'application iTunes de votre iPhone. Nous y reviendrons au Chapitre 9.
- **Plans :** Cette application est l'une de nos préférées. Consultez des plans de villes dans le monde entier, ou informez-vous sur les conditions de circulation ou l'adresse d'un bon restaurant dans les environs.
- **Météo :** Elle affiche les prévisions pour les jours à venir, pour bon nombre de grandes villes du monde.
- **Passbook :** Cette application est censée réunir les innombrables cartes de fidélité des commerçants, après avoir scanné leur code-barres. Au lieu de fouiller dans votre collection de cartes, vous la sélectionnez sur l'écran et le commerçant scanne l'écran de l'iPhone avec sa « douchette ». Le même service est prévu pour les billets de spectacle, les cartes d'embarquement, *etc.* Aucun commerçant n'ayant hélas souscrit à ce service en France, cette application ne fonctionne pas au moment où ces lignes sont écrites.
- **Notes :** Utilisez cette application pour prendre des notes sur tout et n'importe quoi. Vous pourrez les envoyer par courrier électronique ou les enregistrer dans l'iPhone à toutes fins utiles.
- **Rappel :** Cette application est un pense-bête. Elle peut être associée à iCal, Outlook et iCloud, et elle se synchronise automatiquement avec d'autres appareils, à la fois mobiles ou de bureau. Nous l'étudierons au Chapitre 6.
- **Horloge :** Cette application indique l'heure dans le fuseau horaire de plusieurs villes de votre choix. Vous pouvez aussi définir des alarmes et utiliser l'iPhone comme chronomètre ou comme minuterie.

- **Bourse :** Si vous êtes hanté par les fluctuations du marché, cette application vous permettra de suivre les cours de la Bourse. La mise à jour des cotations s'effectue avec une vingtaine de minutes de décalage.
- **Kiosque :** C'est le marchand de journaux d'iPhone, que nous visiterons au Chapitre 15.
- **iTunes :** Cette icône permet d'accéder à l'iTunes Store, où vous pourrez écouter des extraits de musique, acheter et télécharger des chansons ou des vidéos.
- **App Store :** C'est le point d'entrée dans la boutique virtuelle d'Apple, où vous pourrez choisir des applications gratuites ou payantes que vous téléchargerez ensuite.
- **Game Center :** Application de jeux en réseau décrite au Chapitre 15.
- **Réglages :** Cette application sert à configurer l'iPhone. Si vous possédez un Mac, c'est un peu l'équivalent des Préférences Système. Si vous utilisez un PC sous Windows, elle évoquera le Panneau de configuration.

D'autres applications sont désormais dans un dossier situé dans un second écran auquel vous accédez en effleurant de droite à gauche (comme vous l'apprendrez au Chapitre 2).

- **Utilitaires :** Ce dossier contient quatre applications fort utiles, d'où le nom de ce bouton :
  - **Contacts :** Cette application contient toutes les informations concernant vos correspondants. Elles peuvent être synchronisées avec le Carnet d'adresses de Mac OS X, MobileMe, le carnet d'adresses de Yahoo!, les contacts de Google, Outlook Express, Outlook ou Microsoft Exchange.
  - **Calculette :** Elle effectue les quatre opérations, avec mémorisation des résultats.
  - **Boussole :** Elle vous permet de ne pas perdre le nord.
  - **Dictaphone :** Cette application transforme l'iPhone en dictaphone pour enregistrer à la volée vos idées ou vos remarques.

  Les quatre derniers boutons se trouvent dans la partie inférieure de l'écran principal appelée Dock, où ils sont accessibles en permanence, même à partir des écrans supplémentaires :
- **Téléphone :** C'est grâce à cette application que l'iPhone est un téléphone. Il fallait y penser !

- **Mail :** Cette application permet de recevoir et d'envoyer du courrier au travers des protocoles POP3 et IMAP et, si votre entreprise vous a accordé l'autorisation, avec son compte Microsoft Exchange.
- **Safari :** C'est votre navigateur Web. Si vous utilisez un Mac, vous le connaissez déjà (il existe aussi une version pour Windows).
- **Musique :** Enfin et surtout, cette icône libère toute la puissance d'un iPod vidéo dans votre téléphone. Attention les yeux et les oreilles !

Et voilà. Maintenant que les présentations sont faites entre vous et votre iPhone, le moment est venu de l'allumer, de l'activer et de l'utiliser pour de bon.

Chapitre 2

Formation de base

Dans ce chapitre :

- Activer l'iPhone.
- Allumer et éteindre.
- Verrouiller l'iPhone.
- Accéder aux autres écrans.
- Maîtriser le multitouche.
- Organiser les dossiers.
- Rechercher avec Spotlight.
- Recevoir des notifications.

Vous savez à présent que l'iPhone est très différent des autres téléphones mobiles. Il a bien évolué depuis le premier modèle, en 2007. Ce qui n'a pas changé, c'est son succès, qui ne s'est jamais démenti, à tel point que chaque fois qu'un nouveau modèle sortait, Apple avait du mal à fournir. Car l'iPhone est bel et bien « le » téléphone à la mode, l'objet chic et choc bourré de fonctions cool qui coulent de source.

Pour être utilisable, l'iPhone doit être activé. Cette opération peut être effectuée dans la boutique où vous l'avez acheté, mais la procédure complète ne peut être effectuée que chez vous, dans votre *home, sweet home,* et pour cause : l'iPhone est depuis toujours marié à iTunes, le logiciel multimédia d'Apple qui est aussi et surtout, soit dit en passant, sa machine à sous. C'est là en effet que vous achetez les morceaux de musique, les films, applications et autres denrées dont votre iPhone raffole. Pour Apple, iTunes, c'est avant tout de la thune.

Activer l'iPhone

Deux prérequis sont indispensables pour profiter de l'iPhone : le premier est d'avoir souscrit un abonnement auprès d'un opérateur de téléphonie ; le second d'avoir téléchargé la dernière version d'iTunes sur votre Mac ou votre PC. Comme ce logiciel n'est pas fourni avec l'iPhone, vous devez vous connecter au site `www.apple.com/fr/itunes` pour en obtenir gratuitement un exemplaire. S'il est déjà installé dans votre ordinateur, cliquez sur iTunes/Rechercher les mises à jour (Mac) ou sur Aide/Rechercher les mises à jour (Windows).

Pour ceux qui ne le sauraient pas, iTunes est un logiciel servant à écouter de la musique. Livré avec Mac OS X, il est quasiment indispensable aux utilisateurs d'un iPod ou d'un iPad, mais aussi à tous ceux qui désirent gérer rationnellement leurs morceaux de musique, vidéos et autres sources, y compris sur un PC sous Windows, où il peut se substituer au Lecteur Windows Media. iTunes est aussi au cœur de l'iPhone, car un véritable iPod se trouve dedans (vous iSuivez toujours ?). Vous utiliserez iTunes pour synchroniser une foultitude d'éléments aussi bien dans l'ordinateur que dans l'iPhone : vos contacts, les calendriers, les comptes de courrier, les signets, les photos et, bien sûr, la musique.

Nous reviendrons sur toutes ces salades de synchronisation au Chapitre 3.

Pour activer l'iPhone, procédez comme suit :

1. **Insérez dans l'iPhone la carte nano-SIM que vous a remise votre opérateur téléphonique.**

   Servez-vous du petit outil serti sur l'enveloppe contenant la documentation papier, puis enfoncez-le doucement mais fermement dans l'orifice qui se trouve du côté droit de l'iPhone. Un petit tiroir métallique, le rack de la carte nano-SIM, sort partiellement. Extrayez-le complètement.

2. **Placez la carte nano-SIM sur le rack.**

   Vous ne risquez pas de vous tromper de sens car un coin de la carte est coupé.

3. **Réinsérez le rack dans l'iPhone et appuyez sur le bouton de mise en marche.**

   L'iPhone se connecte au réseau 3G afin d'établir une liaison avec votre opérateur de téléphonie mobile. Si le code PIN vous est demandé, saisissez le code PIN par défaut : **0000** (quatre zéros) puis touchez le bouton OK.

   L'iPhone vous informe de la bonne fin de l'activation par un message « iPhone activé ».

Allumer et éteindre l'iPhone

Apple ayant eu la bonté de charger partiellement la batterie, l'iPhone est immédiatement utilisable. Après l'avoir extrait de sa boîte, maintenez le bouton Marche/Veille enfoncé, en haut à droite (reportez-vous au Chapitre 1 pour connaître l'emplacement de tous les boutons). Le célèbre logo Apple apparaît, suivi un peu plus tard de l'affichage de l'écran d'accueil.

Pour éteindre complètement l'appareil, appuyez continûment sur le bouton Marche/Veille jusqu'à ce qu'une flèche rouge apparaisse en haut de l'écran. Tirez ensuite cette flèche vers la droite avec votre doigt.

Verrouiller l'iPhone

Un téléphone mobile nu glissé dans la poche peut être une source d'ennuis. À moins qu'il soit équipé d'un dispositif de verrouillage, vous risquez de composer un numéro pas inadvertance. Essayez d'expliquer à votre directeur pourquoi il a été réveillé à 4 heures du matin par un appel intempestif de votre part. Fort heureusement, l'iPhone est doté d'un verrouillage garantissant que cette mésaventure ne saurait vous arriver.

À vrai dire, vous n'avez pas même à verrouiller l'iPhone ; le verrouillage se produit automatiquement dès lors que vous ne touchez pas à l'écran pendant une minute.

Pas le temps d'attendre ? Pour verrouiller immédiatement l'iPhone, appuyez sur le bouton Marche/Veille. Tirez ensuite la glissière rouge Éteindre vers la droite.

Appuyez de nouveau quelques secondes sur le bouton Marche/Veille pour déverrouiller l'iPhone. Puis, du bout du doigt, tirez la glissière Déverrouiller vers la droite.

Vous avez compris le rôle important que jouent vos doigts : on peut dire que l'iPhone est véritablement digital, en plus d'être numérique. Nous reviendrons plus loin dans ce chapitre sur ces histoires de doigts.

Accéder aux autres écrans

L'écran d'accueil décrit au Chapitre 1 n'est pas le seul de votre iPhone. Il en existe d'autres sur l'iPhone 5, et vous pouvez créer des écrans supplémentaires afin d'y répartir les applications que vous téléchargez (voir Chapitre 15).

Initialement, trois petits points se trouvent au-dessus du Dock. Chacun correspond à un écran. Le point de gauche – qui est en réalité une minuscule loupe, si vous l'examinez de près – donne accès à un écran de recherche de données nommé Spotlight auquel vous accédez en effleurant l'iPhone de gauche à droite. Les deux autres points sont des écrans pouvant recevoir jusqu'à 16 icônes d'application ou dossiers. L'iPhone peut compter jusqu'à 12 écrans, y compris l'écran de recherche.

Vous pouvez accéder aux écrans, soit par effleurement, soit en touchant un point (il vaut mieux avoir des doigts de fée et toucher avec précision).

Les quatre icônes de la rangée inférieure – Téléphone, Mail, Safari et Musique – apparaissent dans tous les écrans.

Il est très facile de déplacer des icônes d'un écran à un autre. Laissez le doigt sur une icône jusqu'à ce que toutes se mettent à vibrer. Tirez ensuite l'icône jusqu'à son nouvel emplacement. Au besoin, les autres icônes lui feront gentiment de la place. Pour placer l'icône dans un autre écran, tirez-le jusqu'au bord de l'écran. Celui d'à côté arrivera aussitôt. Le repositionnement terminé, appuyez sur le bouton principal pour immobiliser de nouveau les icônes.

Appuyez sur le bouton principal pour aller directement à l'écran d'accueil. Appuyer dessus une seconde fois affiche l'écran de recherche Spotlight décrit à la fin de ce chapitre.

Quand vous double-cliquez avec le bouton principal, vous n'accédez pas à l'écran de recherche. Vous faites apparaître le tiroir multitâche décrit un peu plus loin dans ce chapitre. C'est pourquoi vous devez bien séparer les clics si vous voulez seulement effectuer une recherche dans l'iPhone.

Maîtriser l'interface Multi-Touch

Presque tous les téléphones mobiles sont équipés d'un clavier numérique, parfois même d'un véritable petit clavier AZERTY permettant de taper le texte des SMS et des messages. L'iPhone s'en passe allègrement, car une fois de plus il applique à la lettre son vieux slogan publicitaire : « Penser différemment. »

En fait, l'iPhone remplace les minuscules boutons par un clavier virtuel appelé « affichage multitouche ». Il est au cœur de la plupart de vos activités avec l'iPhone, et les commandes varient selon la tâche en cours.

Contrairement à d'autres téléphones à écran tactile, vous n'avez que faire d'un stylet. Vos actions sont aux bouts de vos doigts.

Notez dès à présent que le clavier virtuel se présente sous six formes : un clavier alphabétique, un clavier pour les nombres et la ponctuation, et d'autres claviers truffés de symboles. La Figure 2.1 les montre tous.

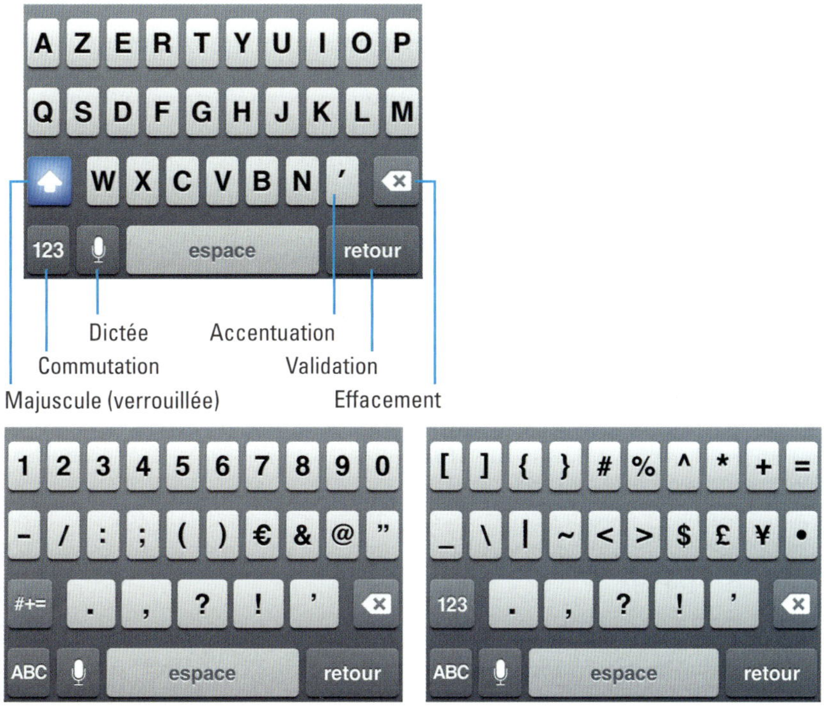

Ces trois claviers sont ceux de l'application Notes.

Ces trois claviers sont ceux de l'application Safari.

Figure 2.1 : Les six présentations du clavier virtuel de l'iPhone 5.

Cinq touches n'insèrent aucun caractère. Ce sont : Majuscule, Commutation nombres/symboles, Clavier international, Supprimer et Retour :

- **Touche Majuscule :** Si vous utilisez le clavier alphabétique, saisit le caractère en majuscule, puis la saisie continue en minuscules. Avec les autres claviers, permute les claviers Nombres et Symboles.

  Pour verrouiller les majuscules et tout taper en majuscules, double-touchez la touche Majuscule (elle devient bleue). Tapez de nouveau sur la touche pour déverrouiller les majuscules.

- **Touche Commutation :** Marquée des signes `ABC`, ou `#+=` ou encore `.?123`, cette touche fait passer de l'un des trois claviers à un autre.

- **Siri (dictée) :** Cette touche n'apparaît que dans les applications dans lesquelles Siri est capable de convertir vos paroles en texte, comme Notes, Messages, Mail, Safari… Touchez-la, dites une phrase et Siri la convertit en texte.

- **Touche International :** (non visible sur les illustrations) Représentée par un globe, elle n'apparaît à gauche de la touche Espace que si un ou plusieurs autres claviers ont été configurés, comme l'explique l'encadré « Un clavier sans frontière ».

- **Touche Effacement :** Cette touche efface le caractère à gauche du curseur.

  Appuyez sur Supprimer pendant un instant et des mots entiers – plutôt que des caractères – sont effacés.

- **Touche d'accentuation :** Située à gauche de la touche d'effacement, elle sert à accentuer le prochain caractère saisi. Pour choisir un autre accent que celui figurant sur la touche, conservez le doigt sur la touche puis, dans la palette qui apparaît, saisissez l'accent désiré.

- **Touche Retour :** Renvoie le curseur à la ligne suivante.

Pour agrandir légèrement les touches et taper du texte plus confortablement, tenez l'iPhone en largeur (Figure 2.2).

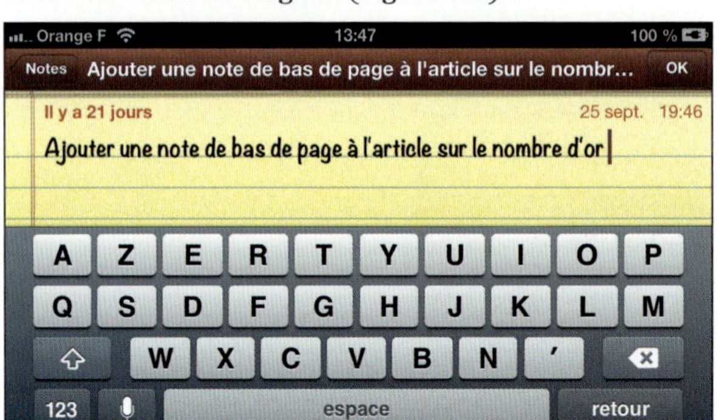

Figure 2.2 : Lorsque l'iPhone est tenu en largeur, le clavier est un peu plus confortable.

Un clavier sans frontière

Le clavier français, accessible en touchant Réglages > Général > Clavier > Claviers > Français, est décliné en plusieurs versions : Azerty accentué contient la touche d'accentuation. Dans la disposition Azerty, cette touche est absente et n'est remplacée par aucune autre. Deux autres claviers français sont proposés : Qwerty (anglophone) et Qwertz (germanophone), mais tous deux avec les caractères spéciaux accentués. D'autres dispositions sont proposées sur le même panneau.

C'est une vraie tour de Babel chez vous ? Il y a des gens de partout ? Touchez cette fois Réglages > Général > Clavier > Claviers > Ajouter un clavier. Plus d'une cinquantaine de claviers internationaux sont proposés.

Vous pouvez sélectionner autant de claviers étrangers que vous le désirez en tirant le bouton Arrêt/marche correspondant vers la gauche, où il apparaît en bleu. Ensuite, quand vous démarrez une application exigeant des saisies de texte, touchez à plusieurs reprises le petit bouton à gauche de la barre Espace jusqu'à ce que le clavier désiré apparaisse. En continuant de le toucher, vous revenez au clavier français.

Le clavier incroyablement intelligent de l'iPhone

Avant d'utiliser le clavier, il s'agit de savoir ce que l'on entend exactement par « intelligence ». Vous en tirerez ainsi mieux parti :

- L'iPhone comporte un dictionnaire de français.
- Il ajoute automatiquement vos contacts à son dictionnaire.
- Il recourt à des algorithmes d'analyse complexes pour prédire le mot que vous êtes en train de taper.
- Il suggère des corrections au cours de la frappe. Si vous déclinez une suggestion et que le mot que vous tapez ne figure pas dans le dictionnaire de l'iPhone, ce dernier l'y ajoute et le proposera par la suite parmi ses suggestions.

  TRUC

  Décliner une suggestion pour imposer votre orthographe permet à votre clavier intelligent de l'être encore plus.
- Il réduit le risque de fautes de frappe en redimensionnant intelligemment et dynamiquement la zone d'effleurement de certaines touches. Vous ne le voyez pas, mais l'iPhone agrandit la zone d'effleurement des touches susceptibles d'être tapées ensuite, et désactive la zone de celles qui n'ont que peu de chance, voire aucune, d'être tapées.

Entraîner vos doigts

Jusqu'à présent, vous tapiez avec plus ou moins de férocité sur les touches électromécaniques d'un clavier. Avec l'iPhone, la frappe est plus nuancée.

L'iPhone introduit en effet une gestuelle spéciale qui, si elle n'est pas compliquée, exige cependant que l'on s'y habitue :

- **Toucher :** Cette action a de multiples usages, comme vous le découvrirez dans ce livre. Vous pouvez toucher une icône pour ouvrir une application à partir de l'écran d'accueil, ou pour écouter un morceau ou choisir une pellicule de photos à visionner. Il vous faudra parfois double-toucher pour zoomer en avant ou en arrière dans une page Web, sur des plans ou dans des courriers électroniques.
- **Effleurer, ou feuilleter :** Effleurer l'écran dans une direction (qu'Apple appelle « feuilleter ») sert à faire défiler rapidement une liste de courriers électroniques, de morceaux de musique ou des vignettes de photos ou de vidéos. Touchez l'écran pour arrêter le défilement ou attendez tout bonnement qu'il s'arrête de lui-même.
- **Pincer/Écarter :** Placez deux doigts, chacun au bord d'une page Web ou d'une image, puis écartez-les pour l'agrandir ou pincez-les pour la réduire. C'est un geste simple qui impressionne les âmes innocentes (l'une d'elles en pincera pour vous).
- **Glisser :** Appuyez doucement le doigt contre l'écran tactile puis déplacez-le sans l'ôter. Le contenu de l'écran se déplacera avec le doigt. Commode pour lire une carte routière...

La dactylographie

L'interface Multi-Touch d'Apple est vraiment un trait de génie. Mais elle risque aussi de vous tourner en bourrique, du moins au début.

Avec un peu de patience et d'acharnement exacerbé, vous devriez être à l'aise avec la dactylographie iPhonienne en une petite semaine. Vous devrez de toute façon utiliser le clavier virtuel – qui apparaît spontanément dès que vous touchez un champ de texte – pour saisir des notes, taper un message, le nom d'un contact, *etc.*

N'OUBLIEZ PAS

Apple recommande – et nous aussi – de commencer par taper avec votre index, avant de passer peu à peu à l'utilisation de deux doigts.

Apple a introduit beaucoup d'intelligence dans le clavier virtuel afin qu'il puisse corriger les fautes de frappe à la volée et prédire ce que vous vous apprêtez à taper. Le clavier n'est pas exactement Nostradamus, mais il se débrouille assez bien pour savoir ce que vous avez en tête.

TRUC

Lorsqu'un champ de saisie est déjà occupé par du texte – ce qui est fréquent – et que vous désirez l'effacer complètement, touchez le bouton rond gris, à droite : le champ est instantanément vidé. C'est plus rapide que de positionner le curseur au bout du texte et d'utiliser laborieusement la touche d'effacement.

Quand vous touchez un caractère du clavier, la touche s'agrandit, ce qui facilite la saisie (voir Figure 2.3). Les variantes accentuées comme à la Figure 2.4, ou la cédille, sont affichées après avoir immobilisé le doigt un bref instant sur la touche. Glissez le doigt jusque sur la lettre à utiliser.

Figure 2.3 : La touche effleurée est agrandie pour faciliter la saisie.

Figure 2.4 : Le clavier virtuel contient tous les accents.

L'iPhone s'efforce d'anticiper ce que vous saisissez. À la Figure 2.5, l'application Notes a déduit, en analysant, ce que vous avez déjà tapé (« l'exis ») que vous vous apprêtez à taper le mot « existence ». Si c'est bien cela que vous désirez, tapez la touche Espace, et le mot « existence » est aussitôt placé, ce qui vous fait gagner du temps.

TRUC

Plus fort : l'iPhone devine même ce que vous êtes en train de faire. Par exemple, quand vous saisissez une adresse Internet dans le navigateur Safari (voir Chapitre 10), le clavier affiche, à la place de l'inutile barre Espace, trois touches avec le point, la barre inclinée et `.com` pour accélérer la saisie. Mais dans Notes (Chapitre 5), la barre Espace est affichée. Et quand vous tapez un message électronique, une touche @ est proposée.

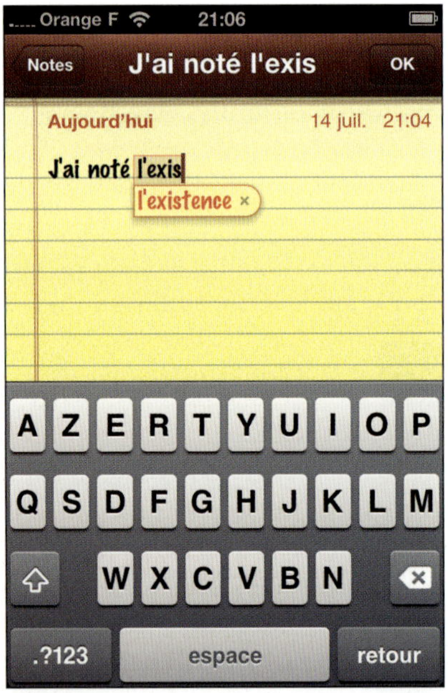

Figure 2.5 : L'application Notes anticipe ce que vous saisissez.

Les doigts ou le pouce ?

Faut-il taper avec les doigts ou avec le pouce ? Réponse : les deux. Il semble parfois plus facile de tenir l'appareil avec la main non prédominante (la main gauche pour les droitiers et la droite pour les gauchers) et toucher avec l'index de la main prédominante, notamment lorsque vous débutez avec l'iPhone.

Par la suite, quand vous vous serez habitué à taper avec un index, vous pourrez commencer à accélérer la saisie en utilisant les deux mains. Il existe deux façons de le faire :

- Placez l'iPhone sur une surface ferme – une table ou un bureau – et tapez des deux index. Certains apprécient cette technique, qui n'est toutefois pas facilement utilisable dans d'autres circonstances, au lit par exemple.
- Placez l'iPhone entre vos deux mains en forme de conque et tapez avec les pouces. Cette technique a l'avantage d'être utilisable presque n'importe où. Mais les pouces étant plus gros que les doigts, il est plus difficile de toucher avec précision.

Quelle est la meilleure technique ? Ne comptez pas sur nous pour vous le dire. Essayez-les et voyez avec laquelle vous tapez avec le plus de précision. Mieux : maîtrisez les deux techniques et utilisez celle qui est la plus appropriée aux présentes circonstances.

Pour taper de la ponctuation, des chiffres ou des symboles dans une note ou dans un courrier électronique, vous devez appuyer sur la touche .?123 pour accéder aux autres claviers. Tapez de nouveau sur la touche *ABC* pour revenir au clavier initial, ou sur la touche Espace (notez toutefois qu'appuyer sur la touche « apostrophe » réaffiche aussitôt le clavier alphabétique). La manipulation n'est pas compliquée. C'est une habitude à prendre.

Corriger les erreurs

L'idéal est bien sûr de taper avec une belle assurance sans aucune erreur. Mais s'il s'en produit, le clavier autocorrectif en rectifiera beaucoup. Cela dit, les fautes de frappe seront nombreuses, surtout au début. Vous devrez alors les corriger manuellement.

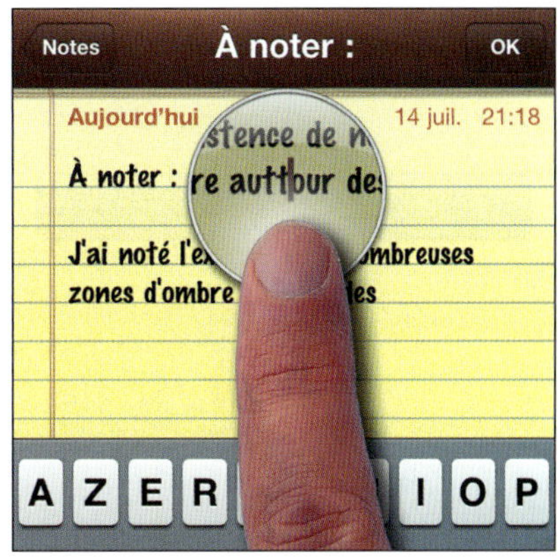

Figure 2.6 : Ne loupez pas vos erreurs.

Un truc sympa pour corriger facilement consiste à laisser le doigt à proximité de la faute de frappe. Une loupe semblable à celle de la Figure 2.6 apparaît. Utilisez-la pour amener le pointeur exactement là où vous désirez corriger.

Couper, copier, coller

Si copier ou couper du texte ou une image, et le coller ailleurs dans l'ordinateur, est devenu extrêmement banal, il a fallu attendre l'iPhone 3GS pour que cela soit possible. C'est dans le système d'exploitation de cette version qu'Apple a introduit d'une manière inimitable ces fonctionnalités tant attendues.

Vous pourriez avoir envie, avec votre iPhone, de copier du texte ou une image présents sur un site Web et coller cet élément dans un courrier électronique, un SMS ou une note. Ou copier un ensemble de photos ou de vidéos dans un courrier électronique.

Voici comment exploiter cette fonctionnalité. Supposons que vous ayez couché des idées dans l'application Notes et que vous désiriez les copier dans un courrier électronique. Double-touchez un mot pour le sélectionner, comme à la Figure 2.7, puis tirez les boutons de sélection, ou poignées, pour sélectionner une plus grande partie de texte, ou rapprochez-les pour réduire la sélection existante. Le texte sélectionné, touchez Copier (pour supprimer le bloc de texte, touchez Couper).

Ouvrez à présent l'application Mail (décrite au Chapitre 11) et commencez à écrire le message. Le moment venu d'insérer le texte, touchez le curseur. Les commandes Sélectionner, Tout sélectionner et Coller apparaissent, comme à la Figure 2.8. Touchez Coller pour insérer le texte dans le message.

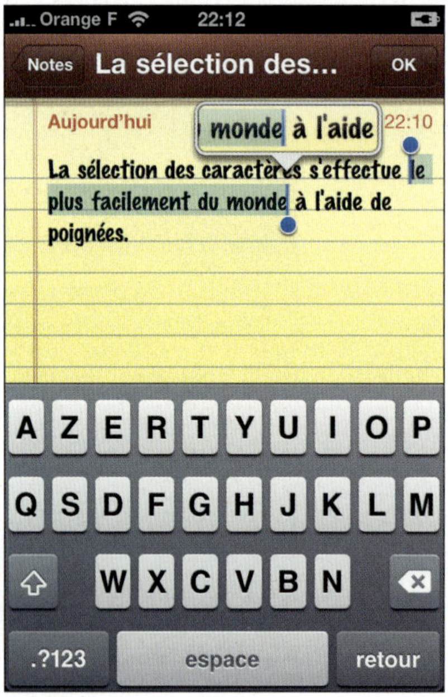

Figure 2.7 : Tirez les poignées pour sélectionner du texte (ici, dans l'application Notes).

Figure 2.8 : Touchez Coller pour insérer le texte copié. Ici, le texte copié depuis l'application Notes va être collé dans un message électronique.

TRUC

Et voici le plus génial, ou au moins le plus insolite : secouez l'iPhone pour annuler un couper, un coller ou une erreur de saisie.

Le multitâche

Le multitâche est une fonctionnalité permettant à votre iPhone d'exécuter plusieurs applications en même temps et de passer facilement de l'une à l'autre. Vous pouvez ainsi écouter de la musique avec une application de radiophonie (comme Radio France, RMC, Skyrock…) tout en surfant sur le Web avec l'application Safari, en regardant vos photos ou en échangeant du courrier électronique. Auparavant, vous auriez été obligé d'arrêter l'application musicale pour faire autre chose. Il était certes possible d'écouter des morceaux avec iPhone en tâche de fond, mais c'était tout. Le multitâche était limité à cette seule application.

Mais ce n'est pas tout. Si vous utilisez une application de téléphonie internationale comme Skype, vous recevrez des notifications d'appel même si Skype n'a pas été démarré. Le multitâche laisse aussi une application de navigation utilisant le GPS effectuer la mise à jour de votre position pendant que vous écoutez une radio Internet, par exemple. De temps en temps, le volume de la musique baisse afin que vous entendiez clairement les instructions de conduite.

De plus, si vous téléchargez des images sur un site photo et que le transfert est plus long que prévu, vous pouvez passer à une autre application pour patienter.

Le multitâche est vraiment commode. Double-cliquez avec le bouton principal pour ouvrir le tiroir que montre la Figure 2.9.

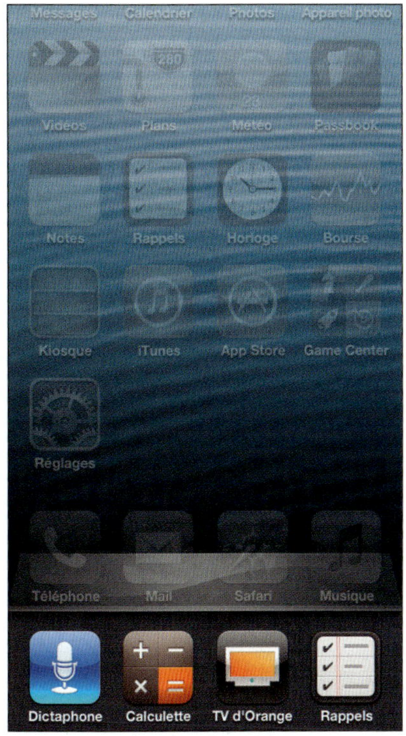

Figure 2.9 : Les dernières applications utilisées se trouvent dans un tiroir qui se substitue au Dock. Effleurez pour faire défiler les autres icônes.

Apple affirme que le multitâche ne draine pas la batterie ou n'accapare pas de ressources.

TRUC

Pour supprimer une icône du tiroir, et donc faire que cette application ne soit plus multitâche, touchez l'une de ces icônes jusqu'à ce que toutes se mettent à vibrer. Touchez ensuite le X blanc dans le cercle rouge et hop ! l'icône disparaît.

Placer des icônes dans des dossiers

Trouver une icône d'application quelque part parmi les onze écrans peut être quelque peu difficile. Mais fort heureusement, il est possible de les placer dans des dossiers thématiques où elles seront beaucoup plus faciles à trouver. Vous pouvez créer des dossiers pour des applications d'hôtellerie (nommé Voyages dans la Figure 2.10), d'achats en ligne (Conso), de photographie (Prise de vue et PhotoUtils) ou les jeux, l'astronomie…

Pour créer un dossier, touchez continûment une icône jusqu'à ce que toutes les icônes vibrent. Faites ensuite glisser une icône jusque sur une autre. Un dossier est spontanément créé pour les recevoir (Figure 2.11). Apple propose un nom de dossier approprié au type d'applications, mais il est très facile de le remplacer par un autre au moment de la création du dossier (touchez le bouton X puis saisissez le nouveau nom).

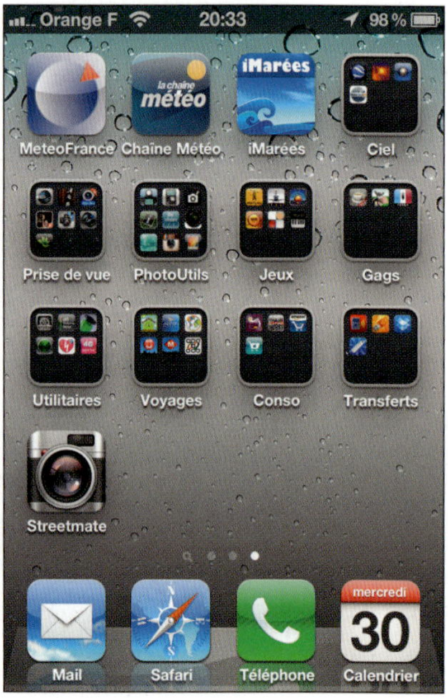

Figure 2.10 : Des icônes d'applications et des dossiers thématiques.

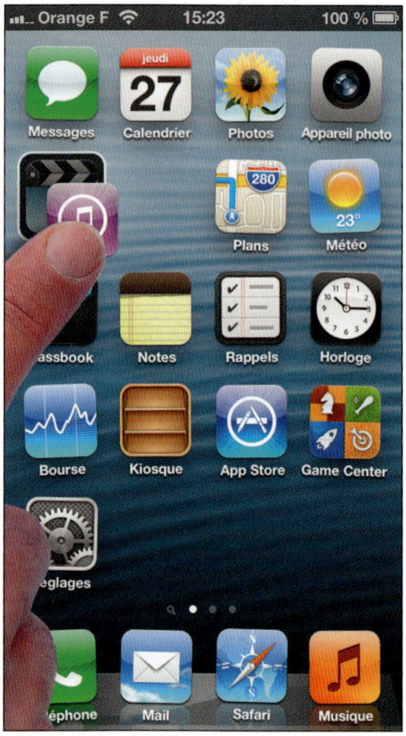

Figure 2.11 : L'icône iTunes est glissée jusque sur l'icône Vidéos afin de les réunir dans un dossier.

Pour démarrer une application qui se trouve dans un dossier, touchez le dossier en question, puis touchez l'icône de l'application à ouvrir.

Des applications peuvent être déposées ou extraites d'un dossier. Chaque dossier peut contenir jusqu'à 12 applications. Comme l'iPhone peut recevoir jusqu'à 180 dossiers, vous pouvez engranger jusqu'à 2 160 applications. Enfin, lorsque vous tirez toutes les applications hors d'un dossier, ce dernier disparaît.

Rechercher

Le navigateur Safari décrit au Chapitre 10 permet d'effectuer des recherches avec Google ou tout autre moteur. Une fonctionnalité fort utile permet de rechercher des personnes et des programmes dans la totalité de votre iPhone, dans des applications spécifiques et, au besoin, sur le Web. Nous vous expliquerons comment, dans les différents chapitres consacrés aux applications Mail, Contacts, Calendrier, Notes et iPod.

Cette recherche est fondée sur la fonction Spotlight familière aux utilisateurs de Mac. Pour accéder à Spotlight, effleurez vers la gauche, dans l'écran d'accueil (appuyez sur le bouton principal s'il n'est pas affiché).

Figure 2.12 : Une recherche effectuée par Spotlight.

Saisissez le critère de recherche dans la barre qui apparaît tout en haut de l'écran (Figure 2.12). L'iPhone fournit des résultats dès la saisie de la première lettre, puis les réduit peu à peu. Toutes les occurrences des lettres « belle » dans le nom d'un contact (Isabelle…), d'une chanson (« Qu'elle est belle ») ou d'un(e) interprète (« Marie-Paule Belle ») seront affichées. En fin de liste, Spotlight propose deux options : Rechercher sur le Web (avec Google) ou Rechercher dans Wikipedia, la célèbre encyclopédie collaborative gratuite.

Touchez le nom d'un contact pour accéder à sa fiche, ou le nom d'une application pour la démarrer.

Les notifications

Un smartphone est un outil fort commode, mais peut l'être encore davantage si vous accédez en un clin d'œil aux informations du jour les plus importantes : vos rendez-vous (à ne pas manquer), la météo (pour sortir couvert), les cours de la Bourse (pour flipper) les appels téléphoniques manqués (pour flipper encore plus), les tweets Twitter et bien d'autres infos.

Auparavant, accéder à tous ces renseignements vous obligeait à ouvrir et consulter quantité d'applications, ce qui n'était pas très pratique quand par ailleurs vous aviez trente-six mille choses à faire. Apple a donc eu cette idée géniale d'une sorte de couvercle virtuel que l'on tire par-dessus l'écran et qui contient les informations utiles.

Quel que soit l'écran ou l'application affiché, il suffit d'effleurer l'écran de haut en bas pour accéder au Centre de notifications que montre la Figure 2.13. Pour refermer ce panneau, tirez simplement sa base vers le haut.

Vous pouvez sélectionner le type de notifications à afficher. Touchez Réglages > Notifications (Figure 2.14), touchez celle à configurer puis activez-la et configurez-la.

Figure 2.13 : Soyez au courant en un clin d'œil de tout ce qui vous concerne.

Figure 2.14 : Configurez ici toutes vos notifications.

Pour chaque application envoyant des notifications, vous pouvez choisir d'afficher 1, 5 ou 10 éléments récents, avec ou sans son, sous forme de bannières qui apparaissent un instant en haut de l'écran ou de message d'alerte qui restent affichés, même sur un écran verrouillé.

Chapitre 3

Synchronisation : vers et de l'iPhone

Dans ce chapitre :

- Votre première synchronisation.
- La déconnexion pendant une synchronisation.
- Synchroniser manuellement les contacts, les calendriers, les comptes de messagerie et les signets.
- Synchroniser les sonneries, la musique, les podcasts, la vidéo, les photos et les applications.

Après avoir activé l'iPhone et vous être initié à son fonctionnement (au Chapitre 2), il s'agit à présent d'y introduire tout ou partie de vos contacts, rendez-vous, événements, paramètres de messagerie, signets, sonneries, musiques, vidéos, podcasts, photos et applications.

Nous avons une bonne nouvelle à vous communiquer et… une meilleure. La bonne nouvelle est qu'il est très facile de copier tous ces éléments de votre ordinateur dans l'iPhone. La meilleure nouvelle est que la copie une fois réalisée vous pourrez synchroniser vos contacts, rendez-vous et événements afin qu'ils soient automatiquement mis à jour aux deux endroits – dans l'ordinateur et dans l'iPhone – chaque fois que l'un d'eux sera modifié. Les informations sont ainsi toujours concordantes.

C'est ce procédé qui porte le doux nom de « synchronisation ». Il n'est pas bien compliqué et vous découvrirez l'ensemble de la manipulation dans ce chapitre.

Mais il y a d'autres bonnes nouvelles. Les éléments que vous gérez dans votre ordinateur, comme les paramètres de messagerie, photos, musiques, films et podcasts, ne sont synchronisés que dans un seul sens : de votre ordinateur vers l'iPhone, car c'est ainsi que cela doit l'être.

Configurer la synchronisation

Si vous comptez utiliser votre iPhone sans ordinateur, vous pouvez vous dispenser de lire le reste de ce chapitre, puisque vous n'aurez pas de synchronisation à effectuer. Allez directement au Chapitre 4.

La synchronisation est une phase importante. Elle fait en sorte que les données présentes dans votre ordinateur et celles présentes dans votre iPhone soient identiques.

Pour cela, vous devez configurer la synchronisation dans iTunes et sélectionner les éléments à configurer. Pour la suite des opérations, nous présumons que l'iPhone a déjà été connecté une première fois, comme préconisé au chapitre précédent à la section « Enregistrer l'iPhone ».

Déconnecter l'iPhone

Lors de l'échange des données, l'écran de l'iPhone affiche un message « Synchronisation en cours ». Lorsqu'elle est terminée, il affiche le message « La synchronisation de l'iPhone est terminée ». L'iPhone peut alors être déconnecté.

Si vous déconnectez l'iPhone avant la fin de la synchronisation, les données ou une partie d'entre elles risquent de ne pas être copiées.

Pour mettre fin à une synchronisation et déconnecter l'iPhone en toute sécurité, tirez la glissière sur laquelle figure le mot Annuler.

La configuration de la synchronisation s'effectue en principe une seule fois, mais vous pouvez à tout moment revenir dans les différents panneaux et modifier les paramètres.

1. **Connectez l'iPhone à l'ordinateur grâce au câble USB qui vous a été fourni.**

   La connexion de l'iPhone à l'ordinateur démarre automatiquement iTunes. Si cela ne se produit pas, essayez manuellement, en cliquant sur son icône dans le Dock du Mac.

   Sous Windows 7 ou Vista, cliquez sur le bouton Démarrer et choisissez Tous les programmes > iTunes > iTunes. Sous Windows 8, saisissez simplement le mot iTunes pendant que l'écran d'accueil est affiché, et son icône sera affichée avant même que vous ayez fini de taper. Double-cliquez ensuite dessus.

N'OUBLIEZ PAS

Évitez de brancher l'iPhone à un concentrateur USB (ou *hub*) ou au port USB d'un clavier ou d'un écran, car leur alimentation électrique n'est pas toujours aussi bonne que celle d'un port USB directement placé sur l'ordinateur.

2. **Sélectionnez l'iPhone dans le volet de gauche d'iTunes, sous la rubrique Appareils.**

   Le panneau de l'onglet Résumé apparaît (Figure 3.1).

Figure 3.1 : Le panneau Résumé d'iTunes. D'autres onglets donnent accès à d'autres panneaux.

3. **Pour qu'iTunes ne démarre pas automatiquement chaque fois que l'iPhone est connecté à l'ordinateur, décochez la case Ouvrir iTunes à la connexion de cet iPhone, dans la rubrique Options.**

Si vous voulez connecter l'iPhone à l'ordinateur uniquement pour charger sa batterie, vous n'avez peut-être pas envie qu'iTunes apparaisse systématiquement.

En revanche, quand cette option est sélectionnée, iTunes démarre chaque fois que vous connectez l'iPhone puis il synchronise les fichiers.

4. **Pour ne synchroniser que les éléments cochés, dans la bibliothèque d'iTunes, cochez la case Ne synchroniser que les morceaux et vidéos cochés.**

   Autrement, iTunes synchronise tous les éléments, ce qui n'est pas toujours souhaitable.

5. **Pour que les clips vidéo en haute définition que vous importez soient automatiquement convertis dans un standard à moindre définition, lorsque vous les copierez vers votre iPhone, cochez la case Préférer les vidéos en définition standard.**

   Les fichiers des clips vidéo en définition standard sont notablement moins volumineux que les clips en haute définition. Vous discernerez à peine la différence lorsque vous les regarderez sur l'iPhone, mais vous pourrez en stocker davantage car ils occuperont moins de place dans la mémoire de stockage.

   NOTE TECHNIQUE

   La conversion de la définition HD (haute définition) vers une définition standard est extrêmement longue. Il vaut mieux le savoir si vous êtes pressé.

6. **Si vous désirez que les morceaux de musique dont le débit binaire est supérieur à 128 kilobits par seconde (kbps) soient convertis en fichiers au format AAC à 128 kbps lors du transfert dans l'iPhone, cochez la case Convertir les morceaux dont le débit est supérieur en 128 kbps en AAC.**

   Un débit binaire élevé garantit une meilleure qualité du son mais au prix d'un fichier plus volumineux. Celui des morceaux de musique achetés sur iTunes Store ou sur Amazon, par exemple, est de 256 kbps. Quatre minutes de son à 256 kbps occupent environ 8 Mo dans la mémoire de stockage. Converti au format AAC à 128 kbps, le fichier est à peu près deux fois moins volumineux, soit 4 Mo, pour un son d'une qualité quasiment similaire. Notez que l'option de conversion permet de fixer le seuil de conversion à 128 kbit/s, 192 kbit/s et 256 kbit/s.

   À vrai dire, c'est seulement en connectant l'iPhone à une chaîne stéréo très performante équipée d'enceintes haut de gamme qu'une oreille exercée parviendra à faire la différence. Avec des écouteurs ou des enceintes grand public, elle est indiscernable.

7. **Pour désactiver la synchronisation automatique du contenu des panneaux Musique et Vidéo, cochez la case Gérer manuellement la musique et les vidéos.**

8. **Pour protéger les sauvegardes par un mot de passe – l'iPhone crée automatiquement une sauvegarde de son contenu chaque fois que vous synchronisez –, cochez la case Chiffrer la sauvegarde de l'iPhone.**

Et bien sûr, si dans le panneau Appareils des Préférences d'iTunes, vous cochez les cases Empêcher la synchronisation automatique des iPod, iPhone et iPad, vous pourrez malgré tout synchroniser manuellement votre iPhone en cliquant sur le bouton Synchroniser, en bas à droite de la fenêtre.

Notez que si vous avez modifié un paramètre de synchronisation – n'importe lequel – depuis la dernière synchronisation, le bouton Synchroniser est remplacé par un bouton Appliquer.

iCloud

Le service iCloud d'Apple est plus qu'un espace de stockage sur un disque dur distant. C'est en effet une solution de stockage et de synchronisation complète ; iCloud a en effet été conçu pour que vous puissiez stocker et gérer toutes vos données numériques : musiques, photos, contacts, événements, *etc.* Elles sont automatiquement maintenues à jour pour tous vos ordinateurs et appareils numériques Apple, sans fil et sans aucune action de votre part. Comme beaucoup de choses signées Apple, iCloud fonctionne à merveille.

Avec iCloud, les données telles que les courriers électroniques, calendriers, contacts et signets sont poussées vers vos ordinateurs, iPhone et iPad. iCloud comprend des options non synchronisées comme Flux de photos (voir Chapitre 9) et le courrier électronique (Chapitre 12).

L'abonnement gratuit comprend 5 gigaoctets (Go) de stockage gratuit, ce qui est suffisant pour beaucoup d'utilisateurs. De l'espace supplémentaire peut être loué à l'année moyennant finances.

Ce qui est sympa est que tous les morceaux de musique, applications, livres, périodiques, films et émissions de télévision achetés sur l'iTunes Store ne sont pas comptés dans les 5 Go. De ce fait, si vos documents, courriers, photos prises avec l'iPhone, informations de compte et autres données issues d'application n'occupent guère de place, vous devriez être à l'aise avec les 5 Go.

Si vous envisagez de vous passer d'ordinateur mais que tous vos courriers, calendriers, contacts et signets soient synchronisés automatiquement et sans fil, procédez comme suit :

1. **Touchez l'icône Réglages, sur l'écran d'accueil.**
2. **Touchez iCloud.**
3. **Touchez Compte, puis saisissez votre identifiant Apple et votre mot de passe.**
4. **Touchez le bouton Terminé.**

Activez à présent les commutateurs afin d'activer la synchronisation des données suivantes :

- Courrier
- Contacts
- Calendriers
- Rappels
- Signets
- Notes
- Flux de photos
- Documents et données
- Localiser iPhone

Nous reviendrons sur iCloud dans le reste de ce chapitre et dans plusieurs autres. En attendant, passons à la synchronisation.

La synchronisation

Nous allons maintenant passer à la synchronisation des données. Les manipulations sont quasiment identiques sous Mac et sous Windows, car l'interface d'iTunes est la même.

ATTENTION

Si vous utilisez iCloud pour synchroniser vos contacts, calendriers, signets ou notes, **n'activez surtout pas ces éléments dans iTunes.** Une mise en garde en caractères fins figure en bas de chaque panneau, mais elle n'est pas assez visible. Si vous activiez la synchronisation à la fois avec iTunes et sur iCloud, toutes vos données seraient dupliquées dans votre iPhone, réduisant considérablement sa capacité de stockage. À vous donc de faire votre choix : iCloud ou iTunes.

Synchroniser les contacts

La rubrique Contacts, dans le panneau Infos, détermine comment iTunes doit gérer la synchronisation des contacts. Une technique consiste à les synchroniser tous. Ou alors, vous pouvez synchroniser un groupe, ou tous les groupes de contacts que vous avez créés dans le carnet d'adresses de votre ordinateur. Cochez les cases de la liste Groupes sélectionnés afin de ne synchroniser que ces groupes.

La rubrique Synchroniser les contacts du carnet d'adresses est ainsi nommée sur un Mac, car il contient une application nommée Carnet d'adresses. Sur un PC, un menu déroulant donnerait le choix entre Outlook, Contacts Google, Carnet d'adresses Windows ou Carnet d'adresses Yahoo!. Pas de problème, car la manipulation est identique dans tous les cas.

L'iPhone synchronise les carnets d'adresses suivants :

- **Mac :** Carnet d'adresses.
- **PC :** Carnet d'adresses Windows, Carnet d'adresses Yahoo!, Contacts Google, Outlook.
- **Mac et PC :** Carnet d'adresses Yahoo!, Contacts Google.

Sur un Mac, la synchronisation peut être effectuée avec de multiples applications. Sur un PC, elle ne peut être effectuée qu'avec une seule application à la fois.

Si vous utilisez le Carnet d'adresses Yahoo!, cochez la case Synchroniser les contacts du carnet d'adresses Yahoo!, puis cliquez sur le bouton Configurer afin de saisir vos identifiant et mot de passe Yahoo!. Si vous utilisez le Carnet d'adresses de Google, cochez la case Synchroniser les contacts Google, puis cliquez sur le bouton Configurer afin de saisir vos identifiant et mot de passe Google.

La synchronisation ne supprimera jamais un contact de votre carnet d'adresses Yahoo! s'il possède un identifiant (ID) Yahoo! Messenger, même si vous le supprimez dans l'iPhone ou dans l'ordinateur.

Pour supprimer un contact possédant un identifiant Yahoo! Messenger, connectez-vous à votre compte Yahoo! avec un navigateur Web et supprimez ce contact directement dans le carnet d'adresses de Yahoo!.

Lorsque vous synchronisez les contacts et le calendrier de Microsoft Exchange (un service destiné aux entreprises), tous les contacts et calendriers personnels déjà présents dans votre iPhone sont effacés.

Synchroniser les calendriers

La rubrique Calendriers du panneau Infos détermine comment iTunes doit gérer la synchronisation des rendez-vous et des événements. Vous pouvez synchroniser tous vos calendriers, comme à la Figure 3.2, ou synchroniser tout ou partie de ceux que vous avez créés dans votre ordinateur. Cochez les cases appropriées.

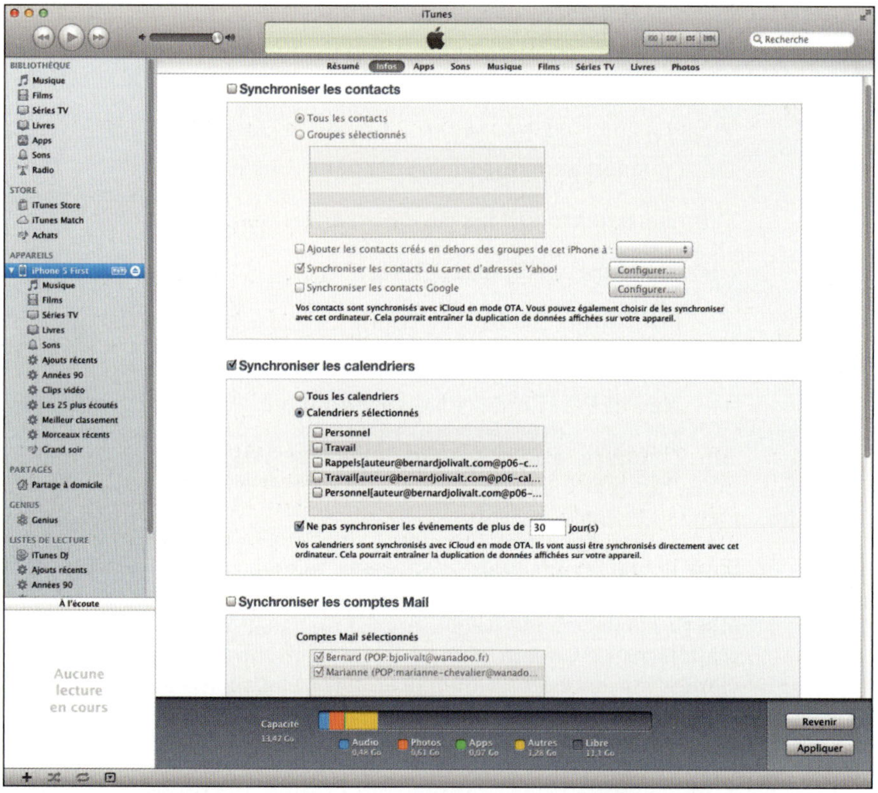

Figure 3.2 : Synchronisez ici vos contacts, rendez-vous, événements et comptes de messagerie.

La rubrique Synchroniser les calendriers iCal est ainsi nommée parce que la Figure 3.2 a été réalisée avec un Mac. Sur un PC, elle serait nommé Synchroniser les calendriers avec [application, Outlook par exemple]. Là encore, ne vous souciez pas de ces détails, car la procédure est la même dans tous les cas.

L'iPhone synchronise les programmes de calendriers suivants :

- **Mac :** iCal.
- **PC :** Microsoft Outlook 2003, 2007 et 2010.

Sur un Mac, la synchronisation peut être effectuée avec de multiples applications. Sur un PC, elle ne peut être effectuée qu'avec une application à la fois.

Le compte Mail

Les paramètres de compte de messagerie sont visibles à la rubrique Synchroniser les comptes Mail du panneau Infos (reportez-vous à la Figure 3.2). Vous pouvez synchroniser tous les comptes ou, si plusieurs ont été configurés, uniquement ceux que vous désirez copier, en cochant leur case.

L'iPhone synchronise les programmes de messagerie suivants :

- **Mac :** Mail.
- **PC :** Microsoft Outlook 2003, 2007 et 2010.

Les paramètres de comptes de messagerie ne sont synchronisés que dans un seul sens : de l'ordinateur vers l'iPhone. Si vous modifiez un compte de messagerie dans l'iPhone, les changements ne seront pas répercutés dans l'ordinateur.

À propos, il se peut que le mot de passe de votre compte de messagerie soit ou ne soit pas sauvegardé dans votre ordinateur. Si vous avez synchronisé des comptes et que l'iPhone demande un mot de passe lorsque vous échangez du courrier, touchez l'icône Réglages, sur l'écran d'accueil, puis Mail, Contacts, Calendrier > nom du compte, puis saisissez le mot de passe dans le champ approprié.

Autres

La rubrique Autres ne contient que deux options : Synchroniser les signets de Safari et Synchroniser les notes.

Cochez ou ne cochez pas la case Synchroniser les signets de Safari, selon ce que vous préférez. À titre simplement informatif, sachez que l'iPhone synchronise les signets ou favoris des navigateurs Web suivants :

- **Mac :** Safari.
- **PC :** Internet Explorer, Safari.

Cochez la case Synchroniser les notes pour synchroniser vos pense-bêtes rédigés avec l'application Notes de l'iPhone avec les notes de Mail sur un Mac, ou celles d'Outlook sur un PC.

Avancé

De temps en temps, il y a une telle pagaille dans les contacts, calendriers, comptes de messagerie et/ou signets, dans l'iPhone, que la meilleure solution est de supprimer ce fatras et de le remplacer par des données fraîches provenant de votre ordinateur.

Si cela vous arrive, cochez les cases appropriées, comme à la Figure 3.3. À la prochaine synchronisation, les données correspondantes, dans l'iPhone, seront remplacées par celles copiées depuis l'ordinateur.

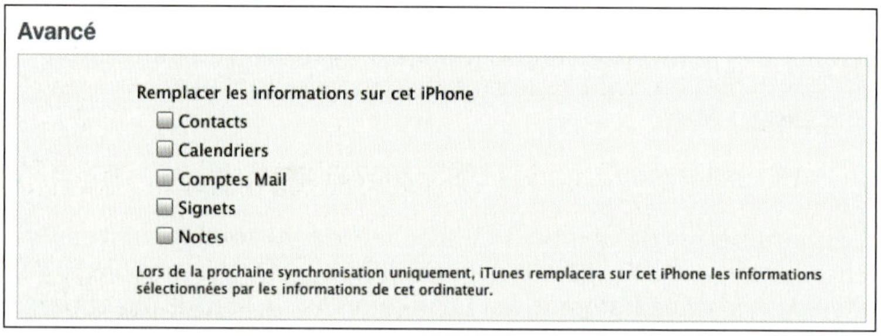

Figure 3.3 : Remplacez des données dans l'iPhone par des données identiques provenant de l'ordinateur.

Synchroniser les fichiers audiovisuels

Si vous avez choisi la synchronisation automatique des données, vous apprendrez dans cette section comment copier vos morceaux de musique, sonneries, podcasts, clips vidéo et photos de l'ordinateur vers l'iPhone.

N'OUBLIEZ PAS

Les podcasts et les vidéos – mais pas les photos – ne sont synchronisés que dans un seul sens : de l'ordinateur vers l'iPhone. Supprimer l'un de ces éléments de l'iPhone ne les supprime pas de l'ordinateur lors de la synchronisation. Il existe toutefois des exceptions à ce comportement unidirectionnel, à savoir les musiques, podcasts, vidéos et les applications achetés ou téléchargés depuis iTunes Store, l'App Store, ainsi que les listes de lecture que vous avez créées sur l'iPhone. Comme vous vous en doutez, tous ces éléments sont automatiquement copiés vers l'ordinateur.

Vous utiliserez les panneaux Applications, Musique, Films, Séries TV, Podcasts, iTunes U, Livres et Photos pour indiquer les éléments audiovisuels à copier de l'ordinateur vers l'iPhone. Les sections qui suivent les passent tous en revue.

Synchroniser les applications

Si vous avez acheté ou téléchargé des applications iPhone depuis iTunes Store ou l'App Store, vous configurerez la synchronisation de la manière suivante :

1. **Cliquez sur l'onglet Applications, puis cochez la case Synchroniser les applications.**

2. **Cochez la case de chacune des applications que vous désirez copier vers votre iPhone.**

3. **À droite du panneau, cliquez sur l'écran de l'iPhone dans lequel les boutons des applications à synchroniser doivent être placés (voir Figure 3.4).**

Figure 3.4 : Dans la colonne de gauche, cochez la case des applications à synchroniser avec l'iPhone. Choisissez ensuite l'écran de l'iPhone dans lequel elles doivent être placées.

Les applications peuvent être triées par noms, catégories, date d'acquisition ou taille. Ou alors, vous pouvez saisir un mot ou une phrase dans le champ de recherche – reconnaissable à sa petite loupe – pour rechercher une application spécifique.

4. **Réarrangez éventuellement les icônes dans les écrans de l'iPhone affichés par iTunes, en les faisant glisser aux emplacements qui vous conviennent.**

5. **Cliquez sur le bouton Synchroniser ou Appliquer, en bas à droite d'iTunes.**

   Les applications sont synchronisées et les icônes de l'iPhone sont réarrangées exactement comme dans iTunes.

Synchroniser les sonneries

1. **Cliquez sur l'onglet Sonnerie, puis cochez la case Synchroniser les sonneries.**

   Vous pouvez synchroniser toutes les sonneries, ou seulement certaines d'entre elles.

Synchroniser la musique, la vidéo et les mémos vocaux

Procédez comme suit pour copier les morceaux de musique de l'ordinateur vers votre iPhone :

1. **Cliquez sur l'onglet Musique, puis cochez la case Synchroniser la musique.**

2. **Sélectionnez le bouton d'option Toute la bibliothèque musicale ou Listes de lecture, artistes et genres sélectionnés.**

   Si vous choisissez cette dernière option, cochez les cases qui se trouvent dessous. Vous pouvez aussi choisir d'inclure les clips vidéo ou des mémos vocaux, ou les deux (voir Figure 3.5).

3. **Cliquez sur le bouton Synchroniser ou Appliquer, en bas à droite, dans iTunes.**

   Les morceaux de musique, clips de musique et mémos vocaux sont synchronisés.

Les fichiers audio et vidéo sont notoirement connus pour occuper énormément de place dans une mémoire de stockage. Pour éviter ce problème, sélectionnez les listes de lecture, les artistes et/ou les genres en veillant à ce que tous ces éléments ne saturent pas la mémoire de l'iPhone. Et surtout, abstenez-vous de cocher la case Remplir automatiquement l'espace libre avec des morceaux, car iTunes remplirait toute la mémoire de l'iPhone avec des morceaux de musique.

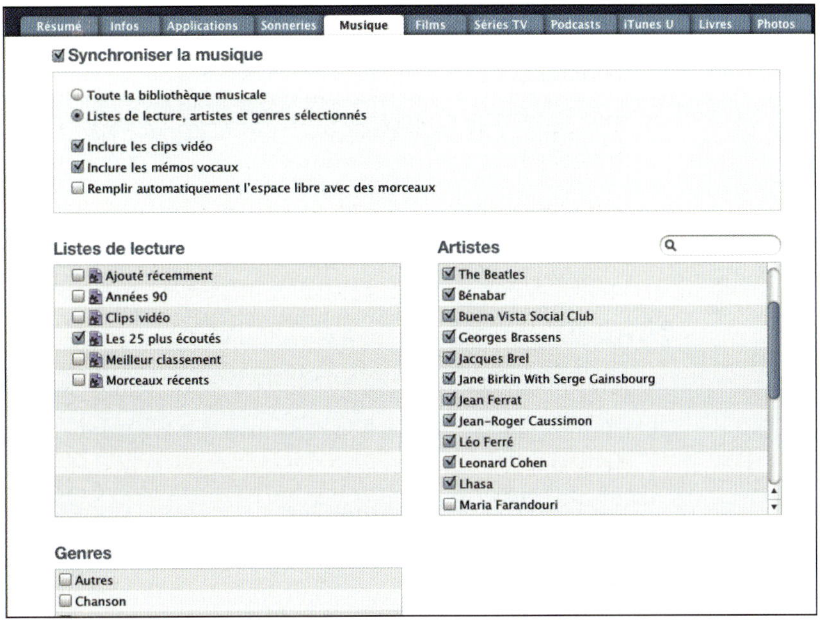

Figure 3.5 : Utilisez le panneau Musique pour copier les fichiers audio dans votre iPhone.

Que reste-t-il comme place dans l'iPhone ? C'est une bonne question. La réponse se trouve en bas d'iTunes, lorsque l'iPhone est sélectionné. Un graphique montre le contenu de l'iPhone ; un jeu de couleurs permet d'identifier la nature des données. Nous y reviendrons au Chapitre 18.

Synchroniser les films

Procédez comme suit pour copier des clips vidéo dans votre iPhone :

1. **Cliquez sur l'onglet Films, puis cochez la case Synchroniser les films.**

2. **Choisissez une option, dans le menu que montre la Figure 3.6, pour les vidéos à synchroniser automatiquement, ou cochez la case de chacune des vidéos à prendre en compte.**

TRUC

Quel que soit votre choix dans le menu déroulant, vous pourrez néanmoins sélectionner des vidéos unitairement en cochant leur case. Pour cela, décochez l'option Inclure automatiquement, puis sélectionnez les vidéos.

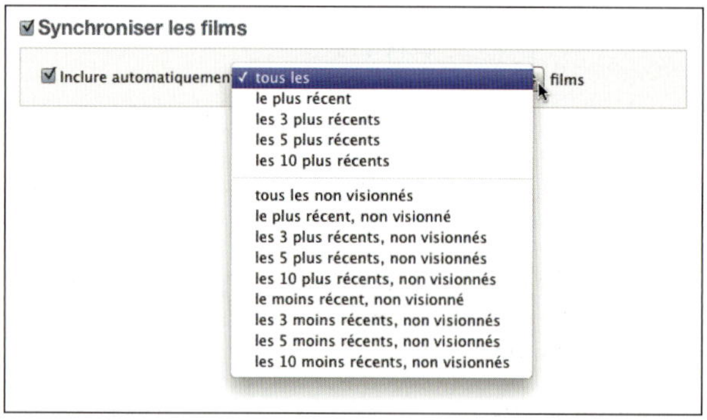

Figure 3.6 : Choisissez un critère de synchronisation.

3. **Cliquez sur le bouton Synchroniser ou Appliquer, en bas à droite, dans iTunes.**

   Vos vidéos sont synchronisées.

Synchroniser les séries TV

La synchronisation des émissions de télévision s'effectue un peu différemment de la synchronisation des vidéos :

1. **Cliquez sur l'onglet Séries TV puis cochez la case Synchroniser les séries TV.**
2. **Dans le menu en haut à gauche, choisissez le nombre d'épisodes à inclure.**
3. **Dans le coin en haut à droite, précisez s'il faut synchroniser tous les épisodes ou seulement ceux qui sont sélectionnés.**
4. **Pour inclure tel ou tel épisode en particulier, cochez leur case dans les rubriques Épisodes ou Inclure les épisodes des listes de lecture.**
5. **Cliquez sur le bouton Synchroniser ou Appliquer, en bas à droite, dans iTunes.**

   Les émissions de télévision sont synchronisées.

TRUC

Quel que soit votre choix dans le menu déroulant, vous pourrez néanmoins sélectionner des émissions en cochant leur case.

Synchroniser les podcasts

Procédez comme suit pour copier vos podcasts vers l'iPhone :

1. **Cliquez sur l'onglet Podcasts puis cochez la case Synchroniser les podcasts.**

   Deux menus déroulants, identiques à ceux de l'onglet Synchroniser les séries TV, permettent de spécifier quels épisodes et quels podcasts doivent être synchronisés.

2. **Dans le menu de gauche, sélectionnez le nombre d'épisodes d'un podcast à synchroniser.**

3. **Dans le menu en haut à droite, indiquez s'il faut synchroniser tous les podcasts ou seulement ceux qui sont sélectionnés.**

4. **Si des épisodes de podcasts se trouvent dans des listes de lecture, vous pourrez les inclure dans la synchronisation en cochant leur case à la rubrique Inclure les épisodes des listes de lecture.**

5. **Cliquez sur le bouton Synchroniser ou Appliquer, en bas à droite, dans iTunes.**

   Les podcasts sont synchronisés.

Quel que soit votre choix dans le menu déroulant, vous pourrez néanmoins sélectionner des podcasts en cochant leur case.

Synchroniser iTunes U

Voici comment synchroniser le contenu éducatif d'iTunes U :

1. **Cliquez sur l'onglet iTunes U puis cochez la case Synchroniser iTunes U.**

2. **Choisissez le nombre d'épisodes à inclure.**

3. **Indiquez dans les deux menus déroulants si vous désirez synchroniser toutes les collections ou seulement certaines d'entre elles.**

4. **Pour inclure aussi des épisodes qui se trouvent dans des listes de lecture, cochez leur case dans les rubriques Collections et Éléments.**

5. **Cliquez sur le bouton Synchroniser ou Appliquer, en bas à droite, dans iTunes.**

Les épisodes iTunes U sont synchronisés.

Quel que soit votre choix dans le menu déroulant, vous pourrez néanmoins sélectionner des épisodes en cochant leur case.

Synchroniser les livres

Procédez comme suit pour synchroniser des livres numériques et des livres audio :

1. **Cliquez sur l'onglet Livres puis cochez la case Synchroniser les livres.**
2. **Choisissez Tous les livres ou Livres sélectionnés.**
3. **Si vous avez choisi Livres sélectionnés, cochez les cases des ouvrages à synchroniser.**
4. **Faites défiler la page puis cochez la case Synchroniser les livres audio.**
5. **Si vous avez choisi l'option Livres sélectionnés, cochez les cases des livres audio à synchroniser.**

   Si le livre est divisé en plusieurs parties, chacune sera dotée d'une case à cocher.

6. **Cliquez sur le bouton Synchroniser ou Appliquer, en bas à droite, dans iTunes.**

   Les livres numériques et les livres audio sont synchronisés.

Synchroniser les photos

L'iPhone synchronise les photos vers les programmes suivants :

- **Mac :** iPhoto ou Aperture.
- **PC :** Photoshop Elements ou Photoshop Album.

Les photos peuvent aussi être synchronisées avec n'importe quel dossier de l'ordinateur contenant des images. Voici la procédure :

1. **Cliquez sur l'onglet Photos puis cochez la case Synchroniser les photos.**
2. **Choisissez une application ou un dossier dans le menu déroulant.**

3. **Le choix des photos à synchroniser peut être affiné de plusieurs manières :**

- *En sélectionnant des albums, événements, et autres éléments :* Si vous choisissez une application prenant en charge les albums, événements et/ou la reconnaissance des visages, comme iPhoto dans la Figure 3.7, vous pouvez inclure automatiquement les événements en les sélectionnant dans le menu déroulant ou dans les rubriques juste en dessous.

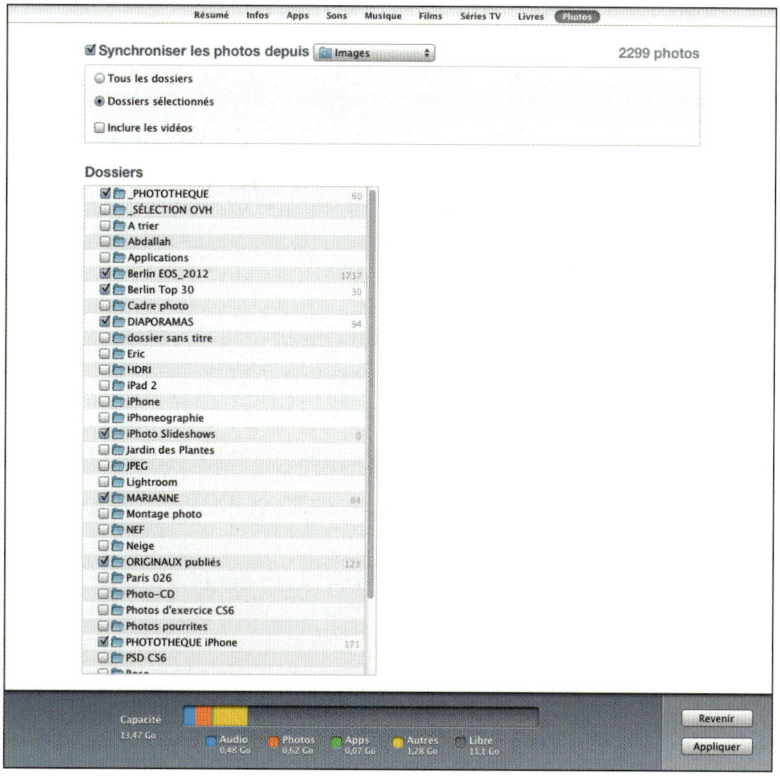

Figure 3.7 : Configurez ici la synchronisation des photos.

- *En recherchant les photos à synchroniser :* Si vous utilisez iPhoto, vous pourrez rechercher un événement en saisissant son nom dans le champ de recherche signalé par une petite loupe.

- *En sélectionnant un dossier d'images :* Si vous avez choisi un dossier contenant des images, vous pourrez créer des sous-dossiers qui apparaîtront sous la forme d'albums dans l'iPhone.

En revanche, si vous avez choisi une application qui ne prend en charge ni les albums ni les événements, ou si vous avez sélectionné un dossier d'images dépourvu de sous-dossiers, vous devrez tout copier ou rien du tout.

Comme nous avons sélectionné iPhoto dans le menu Synchroniser les photos depuis, et qu'iPhoto'09 possède une fonction de reconnaissance des visages, nous pouvons synchroniser les événements, les albums ou les visages, ou tous ces éléments.

4. **Cliquez sur le bouton Synchroniser ou Appliquer, en bas à droite, dans iTunes.**

   Les photos sont synchronisées.

Qu'y a-t-il dans l'iPhone ?

Peut-être voudriez-vous voir rapidement ce que contient votre iPhone. La solution qui vient à l'esprit est de parcourir son contenu en appuyant sur les boutons Vidéos, Photos ou autres. Mais avec iTunes, vous accéderez plus rapidement au contenu en cliquant sur l'une des catégories Musique, Films, Séries TV, Livres et Les 25 plus écoutés, dans le volet de gauche d'iTunes, sous le nom de l'iPhone.

Combien reste-t-il de place ?

Pour savoir combien il reste de place dans l'iPhone, consultez la partie inférieure d'iTunes, l'iPhone étant sélectionné dans le volet de gauche. Une jauge montre non seulement l'occupation de l'espace de stockage, mais aussi le type de données qui s'y trouve. À la Figure 3.8, l'iPhone ne contient que très peu de données, mais en rien de temps il sera beaucoup plus chargé.

Figure 3.8 : Découvrez d'un coup d'œil comment l'espace de stockage de l'iPhone est utilisé.

Cette jauge est affichée en bas du panneau, quel que soit celui que vous avez sélectionné.

Une astuce sympa : cliquez directement dans la jauge et voyez comment les unités permutent entre les gigaoctets et les mégaoctets, entre les morceaux, éléments et photos, et entre les jours et les heures.

Pour ceux que cela intéresse, la catégorie Autres est un fourre-tout comprenant les contacts, les calendriers, les rendez-vous, les événements, les signets et les courriers électroniques stockés. Ces données occupent généralement très peu d'espace.

Chapitre 4

Les bases de l'iTéléphonie

Dans ce chapitre :

- Téléphoner.
- La messagerie vocale visuelle.
- Enregistrer un message d'accueil.
- L'appel mains libres.
- Recevoir un appel.
- Choisir une sonnerie.
- Configurer des appels en conférence.
- Utiliser FaceTime

Vous avez peut-être craqué pour l'iPhone à cause de son écran qui montre magnifiquement les photos, de son côté iPod à grand spectacle ou pour le meilleur navigateur Web de poche jamais réalisé. Sans même parler de son aspect général hyper sympa.

Mais c'est surtout un téléphone destiné à communiquer. Quelles que soient ses qualités par ailleurs, c'est sur ses fonctions téléphoniques, c'est-à-dire sa capacité à recevoir des appels et à en envoyer, qu'il sera jugé.

Tout cela est pour une grande part dévolu à votre opérateur de téléphonie. Comme pour tout téléphone mobile, la qualité du signal dépend essentiellement de l'endroit où vous vous trouvez et de la couverture du réseau de l'opérateur.

Comme nous l'avons mentionné au Chapitre 1, les barres de signal de cellule, en haut à gauche de l'écran, donnent une idée de la force du signal. Plus elles sont nombreuses, meilleure est la communication. Le pire est l'apparition du redoutable message *Absence de service*.

Téléphoner

Commencez par toucher l'icône Téléphone, sur l'écran d'accueil. Vous appelez ensuite en utilisant n'importe laquelle des icônes qui apparaissent en bas de l'écran : Favoris, Appels, Contacts, Clavier ou Messagerie. Selon les circonstances, vous recourrez à l'une ou l'autre de ces icônes. Examinons-les en détail.

Contacts

Si vous avez lu le Chapitre 3 consacré à la synchronisation, vous savez comment importer dans l'iPhone les adresses postales, les adresses électroniques et – ce qui est le plus approprié dans ce chapitre – les numéros de téléphone qui se trouvent dans votre Mac ou dans votre PC. Si en plus vous avez effectué les manipulations préconisées, toutes ces informations sont déjà à leur place. Aucun endroit secret n'est révélé lorsque vous touchez l'icône Contacts.

Voici comment exploiter – eh oui… – ces contacts :

1. **Dans l'application Téléphone, touchez Contacts.**

2. **Effleurez l'écran du doigt pour faire défiler rapidement la liste des contacts.**

   TRUC

   Vous pouvez aussi toucher une des petites lettres à droite de la liste des contacts pour accéder rapidement aux prénoms commençant par cette lettre.

   Une liste de noms de contacts peut aussi être obtenue en commençant à taper un nom, dans le champ Recherche, tout en haut de la liste alphabétique. Elle se restreint au fur et à mesure de la saisie. Vous pouvez aussi rechercher un contact par son lieu de travail et, depuis OS 3.0, avec la fonction Spotlight décrite au Chapitre 2.

3. **Quand le nom apparaît, touchez l'écran pour arrêter le défilement.**

   TRUC

   Toucher l'écran pour immobiliser le défilement ne sélectionne pas l'élément dans la liste. Cela peut paraître peu intuitif, mais vous constaterez à l'usage que c'est vraiment pratique.

   Touchez la barre d'état pour revenir aussitôt en haut de la liste. Cette fonction est surtout utile si votre liste de contacts est bien fournie. Toucher la petite loupe en haut à droite produit le même résultat.

4. **Touchez le nom de la personne à appeler.**

   Comme le montre la Figure 4.1, chaque contact a droit à plusieurs champs pour le numéro de téléphone, les adresses postale et électronique, celle du site Web et bien d'autres.

5. **Touchez le numéro de téléphone et l'iPhone le compose aussitôt.**

Si vous avez groupé des contacts dans votre ordinateur, touchez le bouton Groupe, en haut à gauche de l'écran Tous les contacts, pour y accéder.

Votre propre numéro de téléphone, au cas où vous auriez tendance à l'oublier, est affiché en haut de la liste des contacts, à condition toutefois que vous ayez accédé à la page Contact en passant par l'application Téléphone.

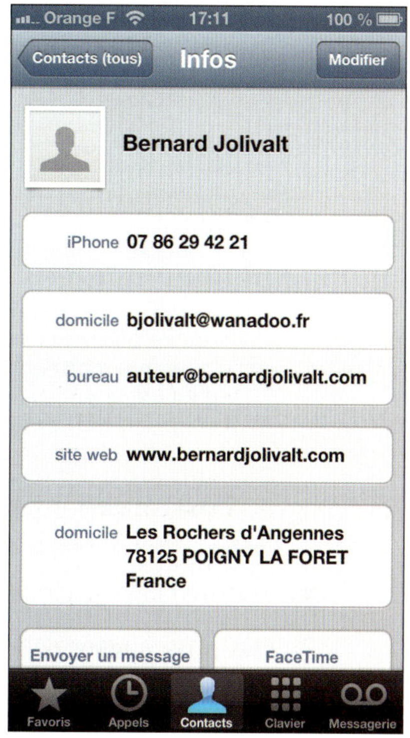

Figure 4.1 : Les coordonnées d'un contact.

Vous pouvez aussi démarrer la rédaction de messages textuels et de courriers électroniques depuis l'application Contacts. Ces sujets sont respectivement approfondis dans les Chapitres 5 et 11.

Créer un contact

Si vous n'avez pas synchronisé vos contacts, ou si vous voulez en ajouter un, touchez Téléphone > Contacts, puis, à droite du titre, touchez le bouton « + ».

Un formulaire vide apparaît. Remplissez les champs Prénom, Nom, Société, *etc.*

Si vous désirez soigner la présentation en mettant le prénom en minuscules et le nom en majuscules, comme dans Pierre DUPONT, n'oubliez pas que le double-toucher sur la touche Majuscule la bloque en capitales. La saisie tout en majuscules est ainsi rapide et facile.

L'unique champ pour le numéro de téléphone porte la mention Mobile. Comment faire pour choisir une autre catégorie, comme Domicile ou Fax bureau ? Vous avez le choix entre deux options :

- **Si le libellé sera utilisé pour de nombreux numéros de téléphone :** C'est le cas pour une catégorie Internet, par exemple. Touchez la mention Mobile pour afficher une liste de libellés dans laquelle vous choisirez celui que vous désirez. Dans la liste des libellés, touchez Ajouter un libellé personnalisé, tout en bas de la liste, puis saisissez Internet (ou ce que vous voudrez) dans le panneau qui apparaît et une nouvelle catégorie est créée, comme le montre la Figure 4.2.
- **Si le libellé ne servira que pour un seul numéro de téléphone :** Tout en bas de la liste, choisissez Autre. C'est un peu vague mais passe-partout.

Figure 4.2 : Une catégorie de numéro de téléphone Internet (avant-dernière ligne) vient d'être créée.

Plusieurs numéros de téléphone, mais aussi d'adresses électroniques, peuvent être affectés à un même contact. Au moment d'appeler ou d'envoyer un courrier électronique, l'iPhone vous demandera de choisir le numéro ou l'adresse dans une liste.

Saisissez les autres informations. Notez que le champ Sonnerie est précédé d'un signe « + ». Touchez dessus pour associer une sonnerie particulière à tel ou tel correspondant (Aboiement pour les appels de vos correspondants professionnels, Canard pour les appels de la famille...).

Touchez le bouton OK pour terminer la saisie. Vérifiez les informations dans la fiche que vous venez de créer puis touchez le bouton Contacts (tous) pour revenir à la liste des contacts.

Favoris

Considérez les favoris de l'iPhone comme des numéros abrégés. C'est là que vous placerez les correspondants – ainsi que leur numéro de téléphone – que vous appelez le plus souvent. Il suffit de toucher un nom dans les favoris pour que l'iPhone l'appelle aussitôt.

TRUC

Vous pouvez définir autant de favoris que vous le voulez pour une même personne. Par exemple, vous pouvez créer des favoris distincts pour le téléphone fixe du bureau et pour le téléphone mobile de votre conjointe ou conjoint.

Un favori est créé en un clin d'œil :

1. **Dans la liste des contacts, touchez celui que vous désirez placer dans les favoris.**

   La fiche du contact apparaît.

2. **Effleurez vers le haut afin d'arriver en bas de la fiche.**

3. **Touchez le bouton Ajouter aux favoris.**

   C'est fait, sauf si le contact possède plusieurs numéros de téléphone, la liste de ces numéros est affichée (Figure 4.3), ainsi que les adresses de messagerie.

Figure 4.3 : Choisissez, parmi les nombreux numéros de téléphone de ce contact, celui qui doit être placé dans les favoris. Vous pouvez aussi placer une adresse de messagerie parmi les favoris.

4. **Touchez le numéro de téléphone à placer dans les favoris.**

   Un second panneau propose deux options :

   - **Appel vocal :** Touchez cette option pour établir une communication téléphonique classique, par la voix.
   - **FaceTime :** Touchez cette option pour que la communication soit systématiquement établie avec FaceTime. Ce type de communication vidéophonique n'est possible que si le correspondant possède un iPhone, un iPad 2 ou ultérieur, un Mac tournant sous Mac OS X Lion ou supérieur, ou un iPod touch de 4e génération ou ultérieure. La fonction FaceTime est décrite plus loin dans ce chapitre.

5. **Touchez l'option Appel vocal ou FaceTime.**

   Et voilà, c'est fait !

Pour accéder aux favoris, il suffit bien sûr de toucher le bouton éponyme.

Vous pouvez modifier l'ordre dans lequel les favoris sont affichés. Touchez le bouton Modifier puis, à droite du nom à modifier, touchez l'icône à trois barres superposées. Tirez-la à l'emplacement que le favori doit occuper.

De nouveaux favoris peuvent être désignés à partir de l'application Favoris, en touchant l'icône « plus » en haut à droite. Cette action vous ramène dans Contacts. Choisissez-y la personne et le numéro de téléphone à ajouter aux favoris.

Si l'un de vos favoris tombe en disgrâce, il est facile de l'éliminer sans vergogne. Voici comment :

1. **Touchez le bouton Modifier, en haut à gauche de l'écran.**

   Un cercle rouge à barre blanche, qui ressemble à un signal « sens interdit », apparaît à gauche de chacun des noms. Ce sont des boutons de suppression.

2. **Touchez le bouton de suppression du favori à éliminer.**

   La barre est basculée à la verticale et un bouton rouge Supprimer apparaît à droite du nom.

3. **Touchez le bouton Supprimer.**

   La personne, ou son numéro de téléphone, n'a plus l'insigne privilège de figurer dans le cercle très fermé de vos favoris.

Supprimer un correspondant de la liste des Favoris ne le supprime pas de la liste des Contacts.

Appels

Toucher l'icône Appels affiche le journal des communications. Il contient les appels émis et reçus (bouton Tous) ainsi que les appels auxquels vous n'avez pas répondu (bouton Manqués). Dans la liste Tous, les appels émis et reçus sont en noir, les appels manqués en rouge.

Toucher le bouton fléché bleu fournit des informations supplémentaires, notamment l'heure de l'appel émis ou manqué, ainsi que des informations concernant la personne qui a appelé, si elle figure parmi vos contacts.

Pour rappeler, touchez la zone du nom ou du numéro de téléphone.

Si un appel manqué provient de quelqu'un ne figurant pas parmi vos contacts, vous pouvez l'ajouter à la liste. Touchez le bouton rond bleu à chevron blanc, à droite du numéro de téléphone, puis touchez l'option Créer un nouveau contact. Si le correspondant figure déjà parmi vos contacts, mais qu'il possède un autre numéro de téléphone, touchez le bouton Ajouter à un contact existant. Si la liste commence à être bien longue ou si elle n'a plus de raison d'être, effacez le numéro en l'effleurant de gauche à droite, puis touchez le bouton Supprimer.

Clavier

Il vous arrivera bien sûr de devoir composer le numéro d'une personne ou d'une société ne figurant pas parmi vos contacts.

Vous toucherez alors l'icône Clavier afin d'accéder aux confortables touches du clavier tactile que montre la Figure 4.4. En dépit de ce que vous auriez pu lire par ailleurs, je trouve qu'il est très facile à utiliser. Il suffit de pianoter dessus pour entrer le numéro puis de toucher le bouton vert orné d'un combiné téléphonique.

Pour ajouter ce numéro au carnet d'adresses, effleurez la touche à gauche de la touche verte (celle avec une silhouette et le signe +) puis cliquez, soit sur Créer un nouveau contact, soit sur Ajouter à un contact existant.

Le clavier de l'iPhone peut aussi servir à écouter une messagerie vocale ou un répondeur.

Cela nous amène à l'une des fonctionnalités les plus appréciables de l'iPhone : la messagerie vocale visuelle.

Figure 4.4 : Une manière virtuelle très classique de composer un numéro de téléphone.

La messagerie vocale

Vous le savez sans doute déjà : la messagerie est le service qui permet à un correspondant de vous laisser un message, si vous n'avez pas répondu à son appel téléphonique.

Les appels manqués

Sur l'iPhone 5, ce service est accessible en touchant l'icône Téléphone, dans le Dock. Mais auparavant, une petite question : comment savez-vous que vous avez manqué des appels ?

Le premier indice est le chiffre qui apparaît en haut à droite de l'icône Téléphone, comme à la Figure 4.5. Il indique le nombre d'appels auxquels vous n'avez pas pu ou voulu répondre. Le même chiffre apparaît sur l'icône Messagerie, après avoir touché l'icône Téléphone. On ne peut pas dire que vous n'avez pas été prévenu.

Touchez Téléphone > Messagerie pour prendre connaissance des messages manqués. La voix féminine de la messagerie vocale (Figure 4.6) vous informe si des messages ont été reçus. Suivez ses instructions pour les écouter.

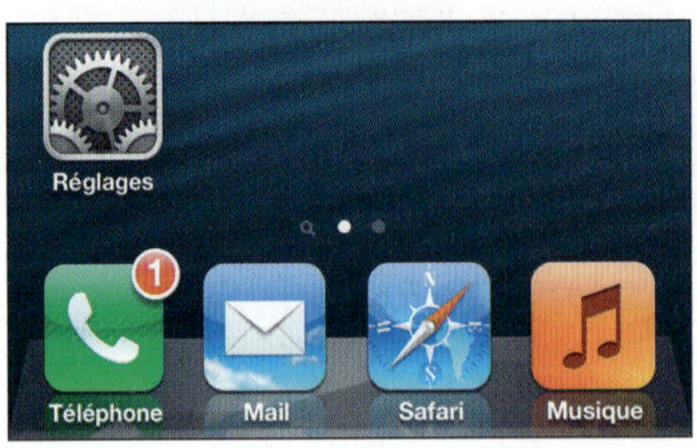

Figure 4.5 : Vous avez manqué deux appels.

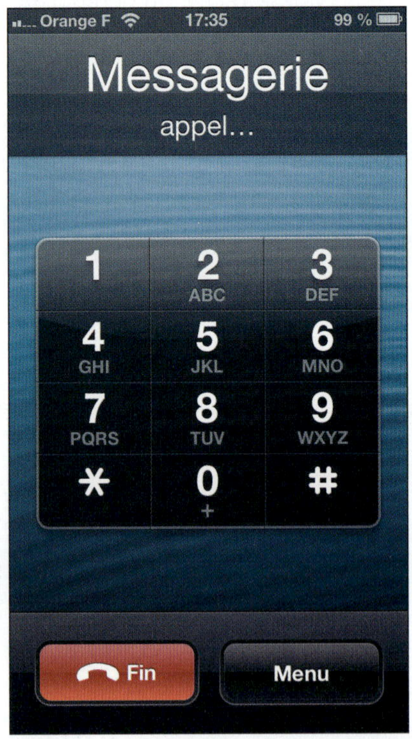

Figure 4.6 : Écoutez la messagerie vocale pour prendre connaissance des messages laissés par vos correspondants.

TRUC

La messagerie vocale permet d'enregistrer une annonce personnalisée que vous dicterez à l'iPhone. Écoutez les instructions vocales pour procéder étape par étape.

TRUC

Vous pouvez écouter votre messagerie vocale à partir d'un autre téléphone, si vous avez configuré un code en quatre chiffres lorsque vous avez activé la messagerie vocale auprès de votre opérateur téléphonique.

Composer vocalement un numéro

L'iPhone 5 permet de téléphoner les mains libres en faisant appel à Siri. Pour activer cette fonction, enfoncez le bouton principal pendant deux secondes environ, ou approchez le téléphone de votre visage. Vous avez ensuite le choix entre deux méthodes :

- **Composer un numéro de téléphone :** Dites « Compose le … » suivi du numéro. Siri vous confirme vocalement qu'il va appeler ce numéro et passe à l'action.
- **Appeler un contact :** Dites « Compose le numéro de » suivi du prénom ou du nom d'un contact. S'il existe plusieurs options, parce que votre carnet d'adresses contient trois Pierre, par exemple, Siri affichera leurs numéros de téléphone et vous demandera de toucher celui que vous désirez utiliser.

Nous reviendrons sur Siri au Chapitre 7.

N'OUBLIEZ PAS

Les commandes vocales existent toujours dans l'iPhone 5, mais il faut désactiver Siri pour les utiliser, ce qui serait bien dommage. Pour info, voici comment les activer :

1. **Touchez Réglages > Général > Siri, puis désactivez le commutateur Siri tout en haut du panneau.**
2. **Appuyez continûment sur le bouton principal jusqu'à ce qu'une voix annonce que le Contrôle vocal est activé.**

Pour désactiver le Contrôle vocal et rétablir Siri, procédez de même, mais à rebours.

Comparé à Siri, le contrôle vocal est très rudimentaire.

Recevoir un appel

C'est bien beau de disposer de plusieurs manières d'appeler. Mais si c'est vous qui êtes appelé, comment cela se passe-t-il ? Tout dépend si vous acceptez l'appel ou non.

Accepter un appel

Pour accepter un appel, vous avez le choix entre trois possibilités :

- Touchez le bouton Répondre et commencez à jacasser.
- Si le téléphone est verrouillé, tirez la glissière vers la droite.
- Si l'ensemble écouteurs-microphone est branché, appuyez sur le bouton du microphone. L'adaptateur pour jack standard, destiné aux écouteurs et microphone non Apple, peut être utilisé.

Vous disposez en réalité d'une quatrième option si vous possédez une oreillette Bluetooth ou un ensemble mains libres pour voiture. Cliquez sur le bouton Répondre (reportez-vous au manuel pour savoir éventuellement où il est). Le Chapitre 13 en dit plus sur Bluetooth.

Si vous écoutez de la musique au moment d'un appel, elle s'interrompt ; c'est à vous de décider si vous acceptez l'appel. Si oui, la musique reprendra exactement là où elle s'était interrompue, sitôt que vous aurez raccroché.

Refuser un appel

Il devient insistant ce banquier… Si vous estimez être trop occupé pour répondre – le choix du costume pour le restau chic de ce soir n'est pas une mince affaire –, vous disposez de trois possibilités pour ne pas répondre et inviter votre correspondant à s'épancher dans la messagerie vocale :

- Touchez le bouton Refuser (et hop !).
- Appuyez deux fois de suite, très rapidement, sur le bouton Marche/Veille (il se trouve sur le dessus de l'iPhone).
- Si vous utilisez les écouteurs-micro, pincez le microphone pendant deux secondes puis relâchez-le. Deux bips vous informent que l'appel a bien été refusé (« pincez-moi, je rêve ? »).

Parfois, vous voudrez bien prendre la communication, mais souhaiterez que la sonnerie ne soit pas audible ou que le vibreur soit désactivé. Pour cela, appuyez une seule fois sur le bouton Marche/Veille ou appuyez sur l'un des boutons de volume. Vous conservez la possibilité de répondre.

Choisir une sonnerie

L'iPhone est doté de 25 sonneries, de l'aboiement – systématiquement relayé par ceux de mon chien à moi – au xylophone en passant par les grillons, le sonar, le klaxon rétro (« pouêt-pouêt », comme le camion). Voici comment choisir une sonnerie :

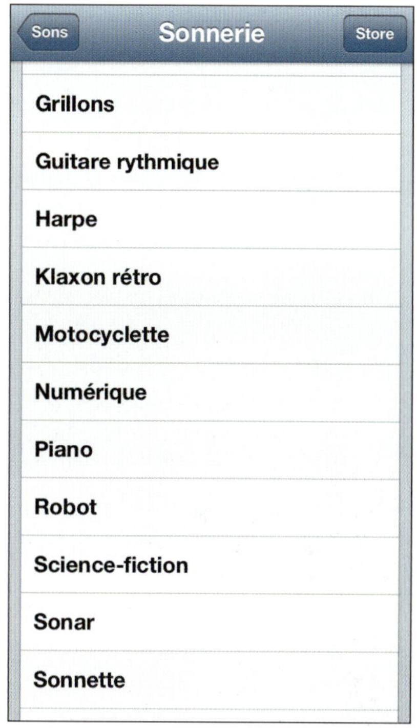

Figure 4.7 : Il y a là de quoi produire de belles cacophonies.

1. **Sur l'écran d'accueil, touchez Réglages.**
2. **Touchez l'option Sons.**
3. **Touchez Sonnerie afin d'accéder à toutes les sonneries de l'iPhone comme le montre la Figure 4.7.**
4. **Faites glisser la liste par un effleurement du doigt.**
5. **Touchez le nom d'un son pour l'écouter.**

   Une coche apparaît à gauche du son que vous venez d'écouter.
6. **Si le son vous plaît, vous n'avez rien de plus à faire, car il est d'ores et déjà sélectionné. Si vous ne l'aimez pas, essayez-en un autre.**

Il est facile d'associer des sonneries spécifiques à tel ou tel correspondant. Dans la liste Contacts, choisissez la personne à laquelle vous désirez associer une sonnerie. Touchez le bouton Modifier puis touchez Sonnerie. La liste mentionnée précédemment s'affiche. Choisissez le son le plus approprié (par exemple l'aboiement pour le banquier ou la harpe pour l'élu(e) de votre cœur…).

Pour supprimer la sonnerie affectée à une personne, retournez dans Contacts et touchez Modifier. Vous avez ensuite le choix entre toucher la flèche à droite pour changer de sonnerie ou toucher le cercle rouge puis le bouton Supprimer pour l'effacer.

iTunes : le coup des sonneries

Quand Apple dévoila le premier iPhone en juin 2007, grande fut la déception de ne pas pouvoir utiliser des extraits de musiques d'iTunes pour en faire des sonneries. Il a fallu de longs mois avant que les possesseurs d'un iPhone puissent enfin convertir en sonnerie un morceau qu'ils avaient acheté sur iTunes Store, ou un morceau présent dans la bibliothèque d'iTunes.

Dans iTunes, les morceaux susceptibles d'être utilisés comme sonnerie sont signalés par une petite cloche. Cliquer dessus ouvre un éditeur de musique ressemblant beaucoup à l'application Garage Band. Délimitez la partie du morceau à utiliser comme sonnerie (jusqu'à 30 secondes au maximum). Une option permet de créer un fondu à l'ouverture ou à la fermeture. Cliquez sur Aperçu pour vérifier le résultat, puis sur Acheter si la sonnerie vous plaît.

Connecter l'iPhone à l'ordinateur pour synchroniser la sonnerie. Des sonneries personnalisées peuvent aussi être créées avec l'application Garage Band (nous y reviendrons au Chapitre 19), ou avec un logiciel tiers comme iToner. Il est vrai qu'Apple faisait courir tout le monde avec cette histoire de son (NdT : Les amateurs découvriront dans le titre et dans la dernière phrase des contrepèteries qu'il eut été dommage de laisser passer).

En cours de conversation

De nombreuses activités sont possibles au cours d'une conversation comme consulter le calendrier, prendre des notes ou s'informer sur la météo. Appuyez sur le bouton principal pour accéder à ces applications. Vous découvrez ainsi les merveilles du multitâche à la sauce iPhone.

Si la connexion Wi-Fi est établie, vous pouvez aussi surfer sur le Web avec Safari tout en conversant au téléphone. Mais ce n'est pas possible si vous n'avez accès qu'au réseau EDGE.

Les autres options :

- **Silence :** Sur l'écran d'accueil que montre la Figure 4.8, touchez Silence si vous désirez communiquer avec quelqu'un qui se trouve à côté de vous sans que le correspondant entende cet aparté. Appuyez de nouveau sur cette icône pour reprendre la conversation.
- **Clavier :** Cette option est utile pour taper le mot de passe d'accès à une messagerie ou le numéro indiqué par la voix céleste de l'un de ces répondeurs robotisés qui vous baladent sans fin dans un labyrinthe d'options ne menant nulle part, privé de toute présence humaine. Mais je digresse…

- **Haut-parleur :** Touchez cette icône afin de dérouter le son vers le haut-parleur de l'iPod, et faire profiter votre entourage de la conversation.
- **Nouvel appel :** Met un appel en attente, comme décrit à la rubrique « Jongler avec des appels à la pelle », un peu plus loin.
- **FaceTime :** Cette fonctionnalité permet de voir votre correspondant (et lui de vous voir) à la condition expresse qu'il soit lui aussi équipé d'un appareil fonctionnant sous iOS ou sous Mac OS X. Cette option est détaillée à la fin de ce chapitre.
- **Contacts :** Ouvre la liste des contacts.

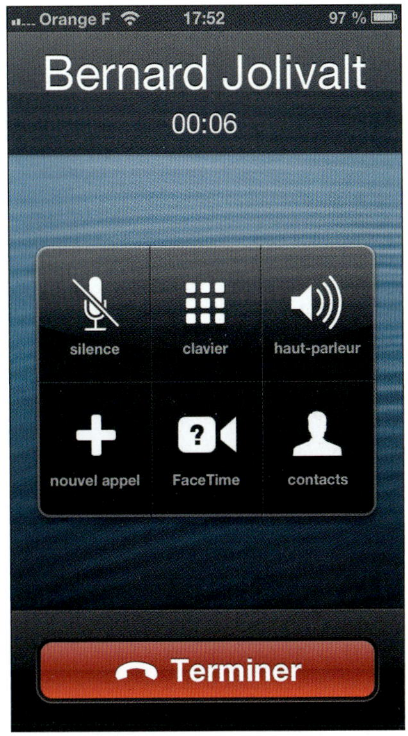

Figure 4.8 : Les options en cours d'appel. Si le correspondant figure parmi les contacts, son nom est indiqué en clair en haut de l'écran. Autrement, le numéro de téléphone ou la mention Inconnu sont affichés.

Jongler avec des appels à la pelle

Vous pouvez prendre un nouvel appel alors même que vous êtes déjà en ligne (ou ne pas le faire en touchant le bouton Ignorer).

Deux options sont possibles pour prendre un autre appel tout en mettant l'appel en cours en attente :

- Maintenez le doigt sur le bouton Silence et répondez au correspondant qui vient d'arriver.
- Appuyez sur l'icône Nouvel appel.

Vous pourrez ensuite passer d'un appel à l'autre en mettant l'un d'eux en attente, soit avec le bouton Permuter, soit en touchant le numéro de téléphone affiché en haut de l'écran.

Si la conversation avec le second correspondant est autrement plus importante que la première, touchez le bouton Raccr. et répondre pour écourter la communication avec le premier appelant.

Enfin, comme l'iPhone 5 est multitâche, vous pouvez démarrer une application en cours d'appel : touchez le bouton principal puis, sur l'écran d'accueil, touchez l'icône de l'application à utiliser.

Les appels Conférence

Supposons maintenant que le correspondant numéro 1 et le correspondant numéro 2 se connaissent. Ou, dans le cas contraire, que vous vouliez qu'ils fassent connaissance. Toucher le bouton Conférence vous permettra à tous les trois de causer ensemble.

Supposons que vous deviez parler à toute votre équipe en même temps. C'est peut-être le moment de démarrer une conférence téléphonique. Elle peut réunir jusqu'à cinq personnes, ce qui est parfois plus facile que de les amener dans une salle.

Voici la procédure : commencez par appeler chaque personne et à les mettre en attente, comme nous l'avons expliqué à la section « Jongler avec des appels à la pelle ». Touchez le bouton Ajouter l'appel pour en effectuer un autre, puis le bouton Conférence pour réunir tout le monde. Répétez cette manip pour tous les autres appels.

Quelques autres informations concernant les conférences :

- L'iPhone est en réalité un téléphone à deux lignes dont l'une peut être réservée aux appels en conférence.
- Pour mettre fin à l'un des appels de la conférence, touchez le bouton Conférence puis tapez sur le cercle rouge orné d'un petit combiné téléphonique visible en regard de l'appel à écourter. Touchez le bouton Fin pour que le correspondant disparaisse.
- Pour discuter en privé avec l'un des participants à la conférence, touchez Conférence puis Privé, en regard de l'appel en question. Touchez Conférence pour renvoyer l'appel dans la conférence.
- Vous pouvez ajouter un nouvel appel entrant à la conférence en touchant Suspendre et répondre, suivi de Conférence.

Se voir avec FaceTime

Les utilisateurs du logiciel Skype connaissent de longue date les joies de la vidéophonie, mais elle n'est pas moins spectaculaire sur un téléphone mobile. Sur l'iPhone, elle est prise en charge par la fonction FaceTime.

Autrefois limitée aux conversations *via* la Wi-Fi, FaceTime est désormais utilisable sur le réseau de téléphonie mobile, mais uniquement en 3G. De plus, votre correspondant doit posséder un iPhone 4, 4S ou 5 (les versions antérieures sont hélas exclues), ou un iPad 2, ou un iPod touch de 4e ou 5e génération, ou un Mac tournant sous OS X Lion ou supérieur.

Notez aussi que la vidéo *via* FaceTime n'est pas utilisable au cours d'une conférence téléphonique.

Rien n'est plus facile que d'activer la vidéo : au cours de l'appel, touchez le bouton FaceTime, bien visible au milieu de la Figure 4.8. Votre correspondant doit accepter la liaison vidéo en touchant le bouton Accepter. Son visage apparaît ensuite sur l'écran de l'iPhone (Figure 4.9). Si ce n'est pas le cas, assurez-vous que la connexion est bien acheminée par la Wi-Fi.

Figure 4.9 : Un appel en vidéophonie avec FaceTime.

Une vignette, en haut à droite de l'écran, montre ce que voit votre correspondant, c'est-à-dire votre visage. La fonction FaceTime utilise en effet la caméra frontale, au-dessus de l'écran. Il est toutefois possible d'activer la caméra au dos de l'iPhone afin que votre correspondant voie ce que vous voyez, en touchant le bouton du sélecteur d'objectif, en bas à droite de l'écran. Vous pourrez ainsi lui montrer où vous êtes.

Notez que votre numéro de téléphone apparaît sur l'iPhone de votre correspondant, même si votre numéro est bloqué. C'est un moyen de décourager les appels malveillants. Notez aussi, à ce propos, que la fonction FaceTime peut être désactivée sur votre iPhone en touchant, dans l'écran d'accueil, l'icône Réglages > FaceTime.

Pour mettre fin à la conversation, touchez le bouton Terminer, en bas de l'écran.

Deuxième partie

L'iPhone mobile

"L'iPhone permet bien sûr de regarder des vidéos, d'écouter de la musique et de surfer sur le Web. Mais sait-il défaire des nœuds bien entortillés ?"

Vous avez échappé au titre « L'iPhone iMobile » et gagné le droit de découvrir comment envoyer et recevoir des SMS, des MMS et des iMessages. En tant que journalistes, nous apprécions tout particulièrement ce qui suit : devenir des champions de la prise de notes.

Ensuite, nous passerons en revue ces sympathiques applications que sont le Calendrier, la Calculatrice et l'Horloge, et aussi les mémos vocaux. Elles permettent non seulement de résoudre des problèmes arithmétiques à la volée, mais aussi de ne pas manquer un rendez-vous et surtout d'être toujours ponctuel.

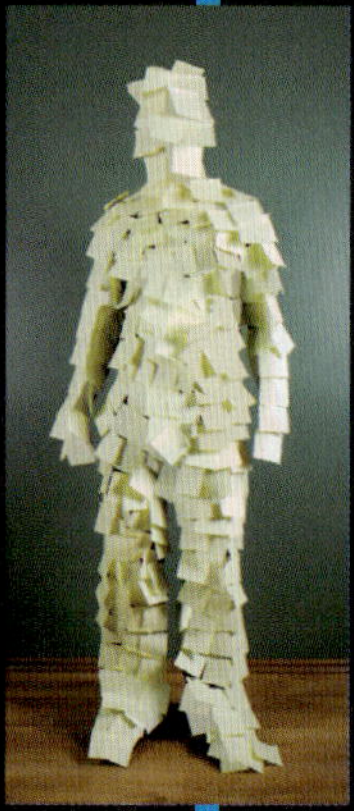

Vous verrez ensuite combien il est facile d'appeler un correspondant avec le Contrôle vocal et nous conclurons cette partie avec le fabuleux assistant intelligent et causant de l'iPhone 5 : Siri, qui comprend presque tout ce que vous lui dites.

Chapitre 5

Texto ou tard : SOS SMS

Dans ce chapitre :

- Envoyer et recevoir des SMS (texto), des MMS (multimédia) et des iMessages.
- Utiliser l'application Notes.

L'iPhone étant unique en son genre, vous n'avez probablement pas eu l'occasion d'essayer un clavier virtuel intelligent. Au début, il vous semblera peut-être malcommode. Mais, de l'avis des utilisateurs d'iPhone, il suffit de quelques jours pour être à l'aise avec lui et l'utiliser efficacement.

Quand vous aurez lu ce chapitre, vous serez vous aussi à l'aise avec le clavier et efficace. Vous avez découvert au Chapitre 2 ce qu'est ce clavier virtuel. Dans ce chapitre, nous nous attarderons sur deux applications textuelles : Messages (SMS) et Notes.

Messages

L'application Messages permet d'échanger `c pti msg 2 text` que tous les téléphones mobiles sont capables d'envoyer et de recevoir.

L'iPhone reconnaît en plus le protocole MMS qui permet d'échanger des images, des contacts, des vidéos, des sonneries et autres fichiers audio, ainsi que des lieux, avec n'importe quel téléphone mobile possédant lui aussi des capacités MMS.

NOTE TECHNIQUE

SMS sont les initiales de *Short Message Service*, « service de messages courts », appelés aussi « textos ». MMS sont celles de *Multimedia Messaging Service*, « service de messagerie multimédia ». La plupart des téléphones mobiles reconnaissent ces deux protocoles.

Notez que si les opérateurs offrent souvent un certain nombre de SMS gratuits dans leurs forfaits, les MMS, eux, sont systématiquement facturés.

Les iMessages sont des messages échangés par la Wi-Fi entre des appareils fonctionnant sous iOS (iPhone, iPad, iPod) ou sous OS X Mountain Lion (Mac).

Taper sur le minuscule clavier d'un téléphone mobile n'est pas commode. C'est pourquoi beaucoup de gens n'ont jamais envoyé un seul SMS ou MMS. L'iPhone changera cela car le clavier virtuel intelligent facilite la saisie des messages, et le vaste écran en haute résolution rend leur lecture plaisante. Et surtout, Siri permet de dicter directement un message, ce qui est extrêmement confortable.

Mais avant d'apprendre comment envoyer et recevoir des textos, passons en revue quelques notions de base :

- **L'expéditeur et le destinataire doivent tous deux disposer d'un téléphone mobile capable de créer et recevoir des SMS et/ou des MMS.** C'est le cas de l'iPhone et de presque tous les téléphones mobiles. Gardez à l'esprit que si vous envoyez un SMS ou un MMS à quelqu'un dont le téléphone n'a pas de fonction SMS ou MMS, il sera non seulement incapable de le recevoir, mais ne saura même pas que vous lui en avez envoyé un.
- **Quelques téléphones – mais bien sûr pas l'iPhone – limitent la longueur des SMS à 160 caractères** (exemple : « `on se voit plus tard comme d'habitude et on se fait une bouffe comme la dernière fois, sauf impondérable mais dans ce cas je te rappelle ou je laisse un message` »). Si vous envoyez un message plus long à un téléphone limité à 160 caractères, le message sera soit tronqué, soit divisé en plusieurs messages plus courts. Bref, il vaut mieux que vos SMS soient courts. D'où l'intérêt des abré*via*tions, plus faciles à saisir et qui permettent de communiquer davantage d'informations en peu de caractères (« `adtaleur comdab` »).
- Un forfait limite le nombre de SMS. Les messages supplémentaires seront facturés à part.
- Un message est un message – et sera décompté comme tel –, même s'il se limite à seulement quelques caractères comme `OK` ou `A+`.
- Il est souvent possible d'augmenter le nombre de SMS du forfait, ce qui revient moins cher que de payer des SMS supplémentaires.
- Les SMS ne peuvent être reçus qu'au travers d'un réseau de téléphonie mobile. Vous ne pouvez pas en échanger par une connexion Wi-Fi.

- Quand deux appareils Apple sont en liaison – votre iPhone et un iPad, par exemple –, l'application Messages envoie spontanément un iMessage plutôt qu'un SMS. L'avantage de l'iMessage est que sa longueur n'est pas limitée et que son envoi est gratuit. L'inconvénient est que des iMessages ne peuvent être échangés que si les deux appareils sont connectés à l'Internet par la Wi-Fi.

Cela dit, nous pouvons passer à l'envoi des SMS.

Envoyer des SMS

Touchez l'icône Messages, sur l'écran d'accueil, pour démarrer l'application Messages. Touchez ensuite l'icône en forme de feuille de papier et de crayon, en haut à droite, pour commencer la rédaction d'un nouveau message.

Le champ Destinataire est activé, dans l'attente d'une saisie. Vous avez le choix entre trois actions :

- Si le destinataire ne figure pas dans la liste des contacts, tapez son numéro de téléphone.
- Si le destinataire fait partie de vos contacts, tapez les premières lettres de son nom. Une liste d'occurrences apparaît. Parcourez-la au besoin puis touchez le nom du contact désiré (plus vous tapez de lettres, plus la liste de propositions se restreint).
- Touchez l'icône ronde bleue « plus », à droite du champ Destinataire, pour sélectionner un nom dans la liste des contacts.

Il existe une quatrième option permettant de composer le message avant d'indiquer l'adresse. Touchez la zone de saisie, juste au-dessus du clavier, à gauche du bouton Envoyer, puis tapez votre message. Touchez ensuite le champ Destinataire et utilisez l'une des techniques précédentes pour adresser le SMS.

Après avoir rédigé le message et indiqué le destinataire, touchez le bouton Envoyer.

Recevoir des SMS

Commençons par le commencement. Si vous voulez qu'une alerte sonore vous informe de l'arrivée d'un SMS, touchez le bouton Réglages, touchez Sons puis Nouv. message texte. Sélectionnez ensuite un bruitage.

Sachez cependant que même si vous avez choisi un son, vous ne serez pas prévenu de l'arrivée d'un SMS si l'interrupteur Sonnerie/Silencieux est en mode Silencieux (vous entendrez le son tant que l'écran Réglages est affiché, mais vous ne l'entendrez plus quand vous l'aurez quitté).

Si vous recevez un SMS pendant que l'iPhone est en veille, tout ou partie du message et du nom de l'expéditeur apparaît sur l'écran de déverrouillage, lorsque vous faites extirper l'iPhone de son profond sommeil.

La notification de l'arrivée d'un message est signalée, soit par une bannière dans laquelle le texte défile horizontalement, soit par une alerte fixe, comme le montre la Figure 5.1. Pour accéder directement au message, touchez la bannière, ou touchez le bouton Répondre, si une alerte est affichée.

Figure 5.1 : Réception d'un SMS. À gauche, la notification dans une bannière, à droite, la notification par une alerte. Le nom de l'expéditeur est mentionné en en-tête.

Pour choisir entre la bannière ou l'alerte, touchez Réglages > Notifications > Messages. À la rubrique Style d'alerte, touchez ensuite le pictogramme Bannières ou le pictogramme Alertes.

Pour accéder à l'ensemble des SMS reçus, touchez l'icône Messages. L'écran Messages apparaît. Touchez un SMS pour l'ouvrir. Pour y répondre, touchez le champ à gauche du bouton Envoyer, ce qui affiche le clavier. Tapez la réponse puis touchez Envoyer.

Votre conversation textuelle est enregistrée dans une succession de phylactères (des bulles, si vous préférez…). Les SMS reçus apparaissent à gauche dans les bulles grises, et vos propres messages à droite, dans des bulles vertes (SMS) ou bleues (iMessages), ainsi que le montre la Figure 5.2.

Une conversation peut être supprimée en touchant le bouton Modifier, en haut à droite de l'écran, puis Supprimer, en bas de l'écran.

TRUC

Vous pouvez affecter un son d'alerte de SMS à chacun de vos contacts. Choisissez une sonnerie comme expliqué au Chapitre 4 mais, au lieu de toucher Sonnerie, touchez l'option Sons SMS, juste en dessous.

Figure 5.2 : Une conversation par iMessages. En gris : ce que vous avez reçu. En bleu : les réponses que vous avez envoyées.

MMS : Comme SMS mais avec un M

Pour envoyer une image ou une vidéo, procédez comme pour envoyer un message textuel puis touchez l'icône Appareil photo, à gauche du champ de saisie de texte, en bas de l'écran. Vous aurez le choix entre la sélection d'une photo ou d'une vidéo existante, ou en prendre ou filmer une nouvelle. Vous pouvez ajouter du texte aux photos et vidéos, si vous le désirez. Cela fait, touchez le bouton Envoyer.

Quand vous recevez une photo ou une vidéo incluse dans un message, elle apparaît dans une bulle tout comme du texte. Touchez-la pour la voir en plein écran.

Touchez l'icône en bas à gauche – celle avec une flèche pointant hors d'un rectangle – pour accéder à des options supplémentaires. Si elle n'est pas visible, touchez une seule fois la photo ou la vidéo et elle apparaîtra aussitôt.

Astuces texto

Voici d'autres petites astuces et suggestions concernant les SMS :

- Pour envoyer un SMS à quelqu'un figurant dans les listes Favoris ou Appels, touchez l'icône Téléphone, sur l'écran d'accueil, puis l'icône Favoris ou Appels. Touchez l'icône fléchée ronde bleue, à droite du nom ou du numéro de téléphone, puis touchez le bouton Messages, en bas de l'écran Infos.
- Pour appeler ou envoyer un message électronique à quelqu'un à qui vous avez envoyé un SMS ou un MMS, touchez l'icône Messages sur l'écran d'accueil, puis le message figurant dans la liste. Touchez le bouton Appeler, en haut de la conversation, pour composer le numéro de cette personne, ou touchez Informations de contact, une adresse électronique, puis tapez le message électronique.

  Cette technique n'est utilisable que si le contact possède une adresse électronique.
- Pour ajouter à votre liste de contacts une personne qui vous a envoyé un SMS ou un MMS, touchez son nom ou son numéro de téléphone dans la liste Messages, puis touchez le bouton Ajouter aux contacts.
- Si un SMS ou un MMS comporte une adresse Interne, touchez-la pour afficher la page Web dans Safari.
- Si un SMS ou un MMS comporte un numéro de téléphone, touchez-le pour appeler ce numéro.
- Si un SMS ou un MMS comporte une adresse de messagerie, touchez-la pour ouvrir un message électronique préadressé dans l'application.
- Si un SMS ou un MMS comporte une adresse postale, touchez-la pour voir où elle se trouve dans l'application Plans.

Vous bénéficiez à présent de la Suprême Maîtrise des SMS des MMS (et vous avez droit à quelques bonbons M&M's).

Prendre de bonnes notes

Notes est une application permettant de formuler des petits textes que vous enregistrerez ou enverrez par courrier électronique. Pour créer une note, touchez l'icône Notes sur l'écran d'accueil ; touchez ensuite le bouton « plus » en haut à droite. Le clavier virtuel apparaît. Tapez votre prose. Lorsque vous avez fini, touchez le bouton OK, en haut à droite, pour enregistrer la note (voir Figure 5.3).

Lorsqu'une note a été enregistrée, vous pouvez :

- Toucher le bouton Notes en haut à gauche pour voir la liste de l'ensemble de vos notes. Touchez-en une pour l'ouvrir.
- Toucher le bouton Flèche gauche ou droite, en bas de l'écran, pour accéder à la note précédente ou suivante.
- Toucher le bouton en forme d'enveloppe, en bas de l'écran, pour ouvrir l'application Courrier et envoyer la note à quelqu'un par courrier électronique.
- Toucher le bouton en forme de poubelle, en bas de l'écran, pour supprimer la note.

Figure 5.3 : Une prise de note existentielle.

À ces actions, nous pouvons ajouter celles-ci, fort utiles :

- Touchez Réglages > Notes pour changer la police d'une note. Vous avez le choix entre la police Noteworthy (par défaut), Helvetica (police sans empattement) et Marker Felt (crayon-feutre).
- Touchez Réglages > Général > Clavier pour atteindre les options qui activent ou désactivent la majuscule automatique en début de phrase ou après un point, la correction automatique, le soulignement des mots mal tapés, le verrouillage des majuscules après un double-taper sur la touche Majuscule, et le point placé en double-touchant la barre Espace.

Si vous avez tout bien noté, vous savez tout ce qu'il faut savoir pour gérer vos notes.

Chapitre 6

Cinq utilitaires indispensables

Dans ce chapitre :

- Les différents affichages du calendrier.
- Calculer avec l'iPhone.
- Utiliser l'horloge comme alarme, chronomètre ou minuterie.
- Créer des pense-bêtes vocaux.
- Se rappeler des rappels.

L'iPhone est ce que l'on appelle un « téléphone intelligent ». Et, en tant que tel, il est capable de vous rappeler vos rendez-vous, de vous indiquer dans quel fuseau horaire vous vous trouvez, et d'effectuer des opérations arithmétiques.

Dans les pages qui suivent, nous examinerons trois des applications principales – bien que pas follement sexy – de l'iPhone. Nous pouvons même nous risquer à affirmer que personne parmi vous n'a acheté un iPhone rien que pour son calendrier, sa calculette ou son horloge. Mais ces fonctions n'en sont pas moins appréciables.

Une sixième application, Passbook, aurait dû se trouver dans ce chapitre. Mais tant qu'aucun commerçant n'ayant cru bon de collaborer avec Apple pour que ses cartes de fidélité, ses abonnements à des spectacles ou ses cartes d'embarquement puissent être numérisées et utilisées, cette application est pour le moment de peu d'intérêt.

Le calendrier : entre hier et demain

Le calendrier permet de ne manquer aucun rendez-vous ni événement (les anniversaires, entre autres…). Vous l'activez en touchant l'icône Calendrier, sur l'écran d'accueil. Cette icône est étonnante car elle change de jour en jour, affichant le jour de la semaine et le mois.

Sur l'écran d'accueil, l'icône Calendrier indique le jour actuel (par exemple : lundi 19).

Le calendrier peut être présenté de quatre manières – Liste, Jour et Mois – en touchant le bouton correspondant, en bas de l'écran, et aussi par semaine. Ne cherchez pas le bouton correspondant, car il n'existe pas. Pour voir votre planning de la semaine, basculez tout simplement l'iPhone en largeur (Figure 6.1). Effleurez ensuite l'écran horizontalement pour faire défiler les jours.

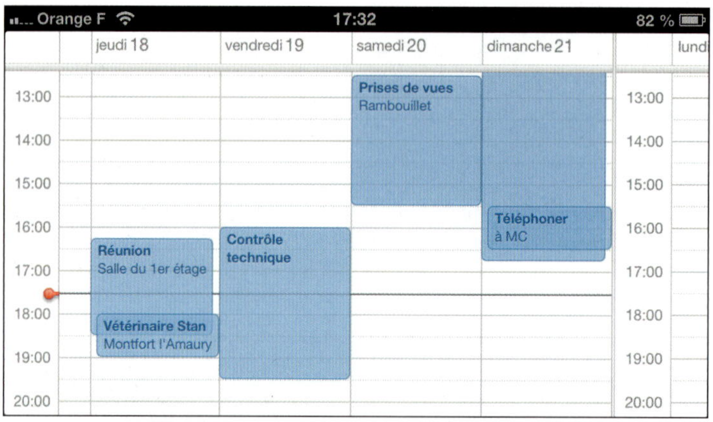

Figure 6.1 : L'affichage par semaines. La ligne rouge horizontale indique l'heure actuelle.

Dans chacune de ces vues, vous pouvez revenir instantanément au jour en cours en touchant le bouton Aujourd'hui, sauf en mode Semaine où vous devrez remettre l'iPhone en hauteur pour voir de nouveau ces boutons.

N'oubliez pas que vos rendez-vous du jour et du lendemain peuvent être consultés rapidement en effleurant l'écran de haut en bas. Cette action affiche le Centre de notifications. D'autres informations du jour vous sont fournies, comme la météo ou la Bourse, ainsi que les appels téléphoniques manqués et autres informations utiles.

Mais voyons ce calendrier de plus près…

L'affichage Liste

Rien de compliqué dans l'affichage Liste que montre la Figure 6.2. Comme son nom l'indique, elle montre les rendez-vous et événements prévus. Elle peut être parcourue en la faisant défiler du bout du doigt.

Si vous utilisez l'application iCal du Mac, vous pourrez créer de multiples calendriers parmi lesquels vous choisirez celui qui doit être synchronisé avec l'iPhone, comme nous l'avons expliqué au Chapitre 3. Mieux encore : vous choisirez d'afficher un seul ou tous les calendriers.

L'iPhone affiche le code de couleurs que vous avez choisi dans iCal. Sympa, non ?

Les tâches créées dans l'application iCal du Mac ne sont pas synchronisées et n'apparaîtront donc pas dans l'iPhone.

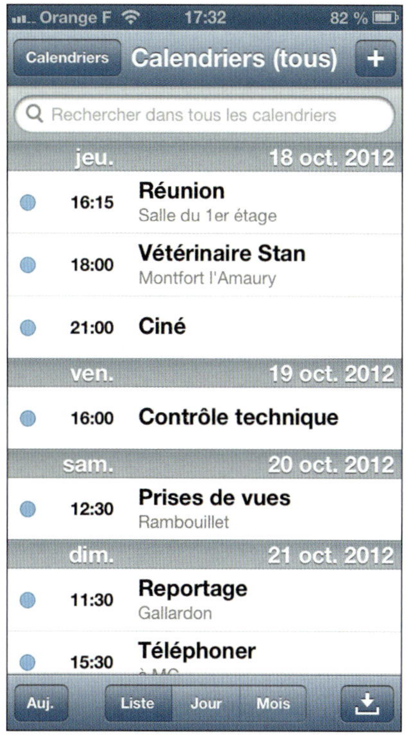

Figure 6.2 : L'affichage en mode Liste.

L'affichage Jour

La vue Jour que montre la Figure 6.3 affiche tous les rendez-vous d'une journée de 24 heures. Vous devrez faire défiler l'écran pour les parcourir.

Figure 6.3 : L'affichage en mode Jour.

L'affichage Mois

L'affichage en mode Mois montre les rendez-vous de janvier à décembre. Un point signale les jours comportant un rendez-vous ou un événement. Touchez une date pointée pour voir les activités prévues ce jour-là. Elles apparaissent dans la fenêtre en bas d'écran, comme l'illustre la Figure 6.4.

Figure 6.4 : L'affichage en mode Mois. En gris : le jour actuel, en bleu, le jour sélectionné en le touchant.

Saisir des données dans le calendrier

Vous avez appris au Chapitre 3 l'essentiel de ce qu'il faut savoir pour synchroniser votre iPhone. Cette opération concerne aussi les entrées du calendrier effectuées dans iCal ou Microsoft Entourage (Mac), ou dans Outlook (Windows).

Les occasions d'entrer des rendez-vous à la volée ne manquent bien sûr pas. Il est très facile de les saisir directement dans l'iPhone :

1. **Touchez l'icône Calendrier, sur l'écran d'accueil, puis touchez le bouton Liste, Jour ou Mois.**

   Si vous avez touché le bouton Mois, touchez ensuite le jour de l'événement. Notez que vous pouvez parcourir les mois en touchant les flèches de part et d'autre du mois actuel.

2. **Touchez le bouton « plus », en haut à droite de l'écran.**

   Ce bouton est affiché dans tous les modes Liste, Jour ou Mois. Le toucher ouvre la fenêtre Événement que montre la Figure 6.5.

   TRUC

   Au lieu de toucher le bouton « plus », vous pouvez aussi toucher continûment le calendrier à la date et/ou l'heure du début de l'événement.

3. **Touchez le champ Titre et indiquez l'objet de l'événement. Touchez ensuite le champ Lieu et indiquez où il se déroule.**

   Le clavier virtuel est affiché.

Figure 6.5 : L'ajout d'un événement dans l'iPhone commence ici.

4. **Si l'événement a une date de commencement et/ou une date de fin :**

   a. Touchez le champ Commence.

   b. Dans la partie inférieure de l'écran (Figure 6.6), réglez le jour, l'heure et la minute du début de l'événement.

   c. Touchez le champ Se termine, puis réglez le jour, l'heure et la minute de la fin de l'événement.

Figure 6.6 : Le réglage des dates et heures de début et de fin ressemble à un cadenas à code.

Actionnez séparément les rubans de date, d'heure et de minute (par intervalles de 5 minutes).

d. Touchez le bouton OK.

5. **Si vous entrez un anniversaire par exemple, activez le bouton Jour entier, puis touchez OK.**

Comme l'heure n'a pas d'importance pour un anniversaire, vous remarquerez que dans la partie inférieure de l'écran, le sélecteur affiche à présent le jour, le mois et l'année (et non le jour, l'heure et la minute).

6. **Si la saisie concerne un événement qui se répète – c'est notamment le cas d'un anniversaire mais aussi le jour où il faut sortir la poubelle –, touchez l'option Récurrence, indiquez la fréquence de l'événement, puis touchez Enregistrer.**

Les options sont Tous les jours, Toutes les semaines, Toutes les deux semaines, Tous les mois et Tous les ans.

7. **Pour placer un rappel ou une alerte, touchez l'option Alarme. Choisissez ensuite le laps de temps entre l'alarme et l'événement puis touchez OK.**

Une alerte peut se manifester 5, 15 ou 30 minutes avant l'événement, ou une heure ou deux, ou un jour ou deux avant, ou enfin le jour même. Le moment venu, un son retentit tandis que l'iPhone affiche un message.

Si l'iPhone est en veille, comme à gauche sur la Figure 6.7, actionnez la glissière Afficher. Autrement, cliquez sur le bouton Afficher.

Vous êtes du genre à qui il faut tout rappeler deux fois ? Et même plutôt deux fois qu'une ? Pas de problème, car vous pouvez définir une Deuxième alarme.

8. **Touchez Calendrier pour effectuer une saisie dans un calendrier en particulier, puis touchez le calendrier en question (Personnel, Travail, ou autre). Touchez ensuite OK.**

9. **Pour ajouter une note à propos du rendez-vous ou de l'événement, touchez l'option Notes. Saisissez la note puis touchez OK.**

Le clavier virtuel apparaît afin que vous puissiez saisir vos informations.

10. **Après avoir tout réglé, touchez le bouton OK, en haut à droite.**

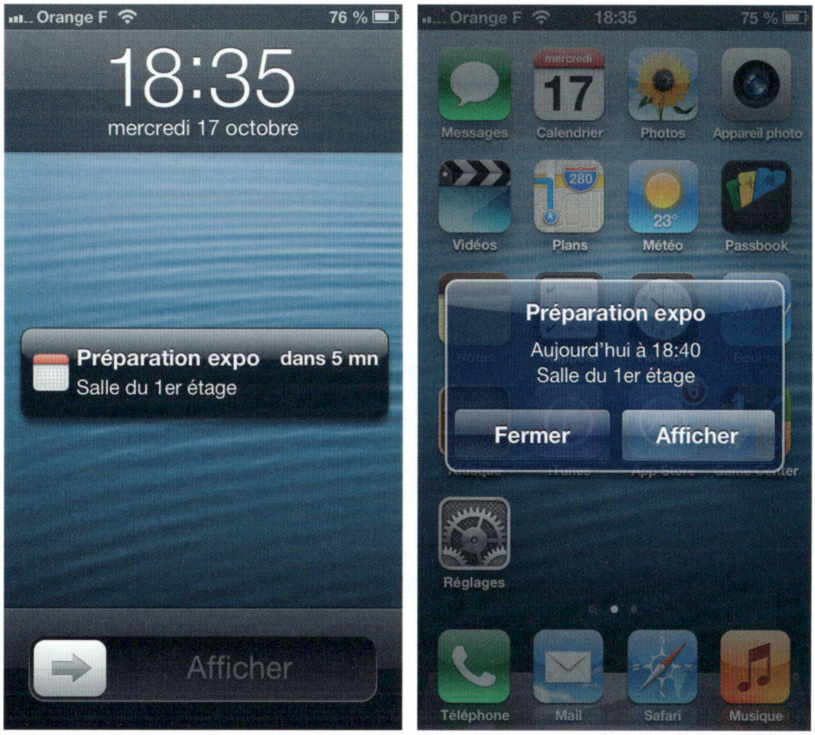

Figure 6.7 : Actionnez la glissière Afficher (à gauche dans l'écran de verrouillage) ou touchez le bouton Afficher (à droite dans l'écran d'accueil).

TRUC

Vous pouvez choisir un calendrier par défaut en touchant Réglages, Mail, Calendriers, et en faisant défiler l'écran jusqu'à la section Calendrier. Touchez Calendrier par défaut puis sélectionnez celui que vous désirez afficher régulièrement.

Quand vous voyagez au loin, vous pouvez faire en sorte que les événements soient affichés en tenant compte du fuseau horaire qui a été affecté à vos calendriers. Dans le réglage Calendrier, touchez Heure locale puis Fuseau horaire. Dans le panneau qui apparaît, saisissez la ville correspondant au fuseau horaire.

Lorsque l'option Heure locale est désactivée, les événements sont affichés selon le fuseau horaire où vous vous trouvez.

TRUC

Les alarmes du calendrier peuvent être désactivées en touchant Réglages > Sons > Alertes de calendrier. Assurez-vous que le commutateur est désactivé.

Pour modifier une entrée dans le calendrier, touchez-la, touchez Modifier puis effectuez les changements que vous estimez utiles. Pour supprimer une entrée, touchez Modifier, puis Supprimer l'événement. Si vous avez touché ce bouton par erreur, l'iPhone vous offre la possibilité d'annuler.

Les entrées effectuées dans le calendrier de l'iPhone sont synchronisées avec celles du calendrier spécifié dans le panneau Infos d'iTunes.

Vous pouvez demander à iCloud de synchroniser vos calendriers entre tous vos PC et/ou Mac et tous vos appareils mobiles tournant sous iOS. Touchez Réglages > iCloud puis assurez-vous que l'option Calendriers est active.

Un calendrier poussé (mais pas poussif)

Si la société pour laquelle vous travaillez utilise Microsoft Exchange ActiveSync, les saisies dans le calendrier et les invitations à des réunions provenant de vos collègues peuvent être *poussées* par la technologie « push » dans votre iPhone, afin qu'elles y soient affichées un moment après avoir été entrées, et cela même si la saisie a été faite depuis un ordinateur sur le lieu de travail. Configurer un compte qui facilite le poussage vers votre iPhone des saisies dans un calendrier s'effectue rapidement, bien que vous deviez préalablement vous assurer auprès du responsable informatique de la société que cette opération est autorisée. Procédez ensuite comme ceci :

Figure 6.8 : L'écran d'ajout d'un compte. Sélectionnez Microsoft Exchange.

1. **Touchez Réglages.**
2. **Touchez l'option Mail, Contacts, Calendrier.**
3. **Touchez Ajouter un compte.**
4. **Dans la liste Ajouter un compte, touchez Microsoft Exchange (voir Figure 6.8).**
5. **Remplissez les champs Adresse, Nom d'utilisateur, Mot de passe et Description, puis touchez Suivant.**

6. **À l'écran suivant, entrez l'adresse du serveur Exchange. Les autres champs contiennent l'adresse électronique, le nom de l'utilisateur et le mot de passe que vous venez de saisir, comme le montre la Figure 6.9.**

Figure 6.9 : Remplissez les champs vides pour configurer votre compte d'entreprise.

7. **Activez tous les types d'informations que vous désirez synchroniser avec Microsoft Exchange, parmi Mail, Contacts et Calendrier.**

   Tout devrait bien se dérouler à partir d'ici, bien que certaines sociétés puissent exiger des mots de passe supplémentaires, pour d'évidentes raisons de sécurité.

Si votre iPhone professionnel est égaré ou perdu – ou s'il s'avère que vous êtes une taupe infiltrée, travaillant pour la concurrence –, le responsable informatique de votre entreprise peut effacer à distance tout le contenu de votre appareil.

Si votre entreprise utilise Microsoft Exchange 2007 ou 2010, vous n'avez pas à saisir l'adresse du serveur Exchange, car l'iPhone peut la déterminer automatiquement.

Un seul compte Microsoft Exchange ActiveSync peut être configuré sur votre iPhone.

Répondre aux invitations à des réunions

Un autre bouton important se trouve à droite des boutons Liste, Jour et Mois, mais n'est affiché que si la synchronisation du calendrier avec Exchange est activée. Le bouton Invitations – une flèche pointée vers le bas dans un demi-rectangle – signale qu'une invitation a été placée dans votre calendrier.

Touchez le bouton Invitations pour voir les invitations en cours, puis sur l'une d'elles pour obtenir des détails.

Supposons qu'une invitation à une réunion émane de votre directeur. Vous pouvez voir qui d'autre y participera, vérifier s'il n'y a pas de conflit de planning, *etc.* Touchez Accepter pour prévenir l'organisateur de la réunion que vous serez présent, ou Refuser si vous estimez que vous avez mieux à faire – pour une fois que la nouvelle stagiaire de la photocopieuse vous invite au McDo… – ou touchez Peut-être, si peut-être bien que oui, peut-être bien que non, c'est à voir…

TRUC

Vous pouvez choisir de recevoir une alerte chaque fois que quelqu'un vous envoie une invitation. Dans le réglage Calendrier, touchez Nouvelle invitation, Alertes, afin que le bouton soit en bleu.

Si vous avez opté pour le service payant MobileMe vous pouvez synchroniser les entrées du calendrier entre votre iPhone et un PC ou un Mac. Dès que vous modifiez votre planning dans l'iPhone, la date est automatiquement modifiée dans l'ordinateur, et inversement. Choisissez MobileMe, dans l'écran Ajouter un compte.

S'abonner à des calendriers

Vous pouvez vous abonner à des calendriers conformes aux standards CalDAV et iCalendar (`.ics`) supportés par les populaires calendriers Google et Yahoo!, ou par iCal sur le Mac. Bien qu'il soit possible de lire, avec l'iPhone, les entrées se trouvant dans les calendriers auxquels vous vous êtes abonné, il n'est pas possible d'en écrire ou de les modifier.

Pour vous abonner à l'un de ces calendriers, touchez Réglages puis choisissez Mail, Contacts, Calendriers. À partir de là, choisissez Ajouter un compte, puis Autre. Vous avez ensuite le choix entre Ajouter un compte CalDAV ou Ajouter un calendrier (abonnement). Vous devez indiquer le serveur où l'iPhone trouvera le calendrier en question et, au besoin, le nom d'utilisateur et le mot de passe, ainsi qu'une description facultative.

La calculette : y a pi !

Allez, rapido : combien font 3 467,80 multipliés par 982,30 ? La réponse est bien sûr – mouline, mouline, mouline… – 3 406 419,94.

Le problème peut être résolu rapidement en pianotant de vos petits doigts agiles sur la Calculette de l'iPhone. Elle se trouve dans le dossier Utilitaires, lui-même placé dans l'écran supplémentaire auquel vous accédez en effleurant l'écran d'accueil vers la gauche.

La calculette est parfaite pour additionner, soustraire, multiplier et diviser. Les chiffres et les symboles, comme C pour *Clear,* « effacer » ou M+ pour la mémorisation, sont grands et faciles à lire, comme le montre la Figure 6.10.

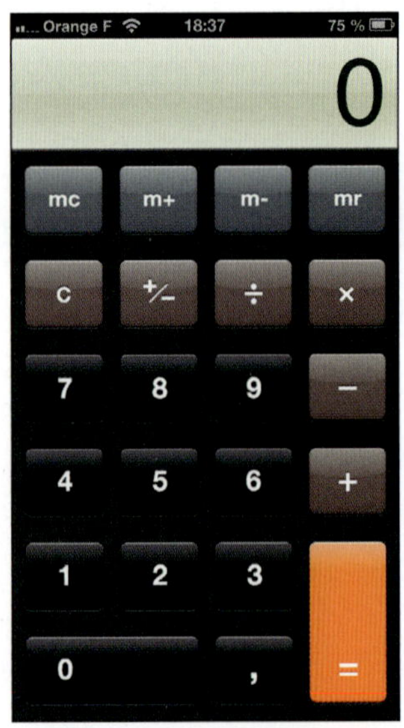

Figure 6.10 : La calculette de l'iPhone.

Cette calculette démontre combien un iPhone, vraiment, ça compte.

Peut-être estimerez-vous que pour une calculette, elle est bien simpliste. Où sont les boutons de racine, sinus ? En attendant d'avoir la réponse – renversante –, c'est très classe d'exhiber l'iPhone pour savoir combien la boulangère doit vous rendre de monnaie sur le bâtard que vous zigouillerez d'un coup de couteau – pour tartiner du beurre et glisser une tranche de jambon, qu'alliez-vous croire ?

Pour accéder à une véritable calculatrice scientifique, basculez tout simplement l'iPhone de côté : l'humble petite calculette se pare de quantités de fonctions mathématiques capables de mouliner des opérations complexes (voir Figure 6.11).

Figure 6.11 : La calculatrice scientifique de l'iPhone vient de calculer le nombre d'or : $(1+\sqrt{5})/2$.

Un iPhone, vraiment, ça compte…

L'horloge : avec le temps, va, tout s'en va

L'iPhone a une horloge ! « Grande nouvelle », penserez-vous, puisque le plus modeste des téléphones mobiles donne l'heure, et que de surcroît, l'heure est très souvent affichée – en petit, certes ! – en haut de l'écran.

C'est vrai. Mais tous les téléphones mobiles ne donnent pas l'heure partout dans le monde, et n'affichent pas celles dans plusieurs grandes villes sur plusieurs continents. Et tous les téléphones mobiles n'ont pas une alarme, un chronomètre ou une minuterie.

L'heure dans le monde

Vous voulez connaître l'heure à Cayenne ou à Nouméa ? L'application Horloge permet d'afficher l'heure dans de nombreuses villes du monde, comme le montre la Figure 6.12.

Figure 6.12 : Quelle heure est-il ailleurs dans le vaste monde ?

Touchez le bouton « plus », en haut à droite de l'écran, et utilisez le clavier virtuel pour saisir le nom d'une ville ou d'un pays. L'iPhone affiche une liste correspondant aux premières lettres saisies. C'est ainsi que taper *Par* affiche *Paramaribo* au Surinam ainsi que *Paris*, France. Mais aussi *Asunción*, car c'est la capitale du *Paraguay*. Vous pouvez créer autant d'horloges que vous le désirez, mais seulement quatre d'entre elles seront affichées simultanément. Pour les autres, il faudra faire défiler l'écran.

Pour supprimer une ville, touchez Modifier puis touchez le cercle rouge à barre blanche. Touchez ensuite le bouton Supprimer.

L'ordre des villes peut être réarrangé en touchant le symbole à trois barres horizontales, à droite d'une horloge, et en tirant cette dernière jusqu'à un autre emplacement.

L'alarme

Vous avez déjà essayé de régler le réveil automatique dans un hôtel ? Même sur le réveil le plus rudimentaire, ce n'est pas une mince affaire, mais sur l'iPhone, c'est très facile :

1. **Sur l'écran d'accueil, touchez l'icône Horloge.**
2. **En bas de l'écran, touchez l'icône Alarme.**
3. **Touchez le bouton « plus », en haut à droite.**
4. **Réglez l'heure de l'alarme en actionnant les molettes, en bas de l'écran.**

   Le principe est le même que pour le réglage d'un événement dans le Calendrier.

5. **Si vous désirez conserver l'alarme pour les autres jours, touchez Récurrence puis touchez le jour de la semaine auquel l'alarme doit retentir.**

6. **Touchez le bouton Retour.**

7. **Touchez Sonorité pour choisir le bruitage qui vous réveillera (voir Chapitre 4).**

   C'est une question de choix personnel, mais je puis vous assurer que le son fort opportunément nommé Alarme réveillerait un mort.

8. **Touchez Rappel d'alarme pour qu'en plus de l'affreux bruitage, un bouton de rappel apparaisse à l'écran.**

   Touchez le bouton de rappel pour reporter l'alarme de neuf minutes.

9. **Si vous désirez nommer l'alarme, touchez Description, puis tapez un autre nom comme Réveil ou ce que vous voudrez.**

10. **Touchez le bouton Enregistrer afin de mémoriser vos réglages.**

Vous savez qu'une alarme a été réglée et activée grâce à la petite icône en forme d'horloge – qui l'eût cru ? – affichée en haut à droite de l'écran.

N'OUBLIEZ PAS

Une alarme est prioritaire sur tout morceau que vous seriez en train d'écouter avec l'application iPod. Il est suspendu le temps que l'alarme retentisse, puis il reprend quand vous la désactivez ou touchez le bouton de rappel de l'alarme.

ATTENTION

L'iPhone ne sonne pas quand le commutateur Sonnerie/Silencieux est mis sur Silencieux ; il n'émet aucune alerte audio et la fonction iPod est muette. Par contre, les alarmes de l'application Horloge retentissent toujours ! C'est bon à savoir quand vous êtes au cinéma ou à l'opéra, où vous risqueriez de vous faire détester. Un autre point qui peut sembler évident mais que l'on peut oublier où que l'on soit : assurez-vous que le volume de l'iPhone est assez élevé pour vous réveiller.

Le chronomètre

Vous vous entraînez pour le marathon de Paris, de New York ou le tour du Groenland ? Le chronomètre de l'iPod permettra de mesurer votre performance. Touchez l'application Horloge puis l'icône Chronomètre, en bas de l'écran.

Touchez le bouton Démarrer pour commencer le compte et le bouton Arrêter en franchissant la ligne d'arrivée. Pour mémoriser le temps à chaque tour ou passage et l'afficher, touchez le bouton Tour.

Le bouton Effacer réinitialise le chronomètre et efface tous les temps mémorisés avec Tour.

Mais si vous désirez faire quelque chose de plus attrayant, comme regarder des photos, le son sélectionné ainsi qu'un message vous préviendront que le temps est passé.

Le minuteur

Vous avez mis des piécettes dans un parcmètre ? Vous vous préparez des œufs à la coque, mollets ou durs ? Dans tous ces cas, vous devez décompter le temps imparti. Dans l'écran d'accueil, touchez l'application Horloge puis l'icône Minuteur, en bas de l'écran.

Le minuteur décompte jusqu'à 23 heures 59 minutes. C'est plus qu'il n'en faut pour la plupart des tâches. Réglez la durée à l'aide des deux molettes, puis choisissez une sonnerie (il est préférable qu'elle soit différente de celles que vous avez déjà sélectionnées pour d'autres fonctions, comme le téléphone). Touchez ensuite le bouton Démarrer.

L'iPhone décompte les minutes (à droite, Figure 6.13). Au moment de faire des mouillettes, vous pourrez dire, à l'instar de Jean Gabin dans *Quai des Brumes* : « T'as de beaux œufs, tu sais. »

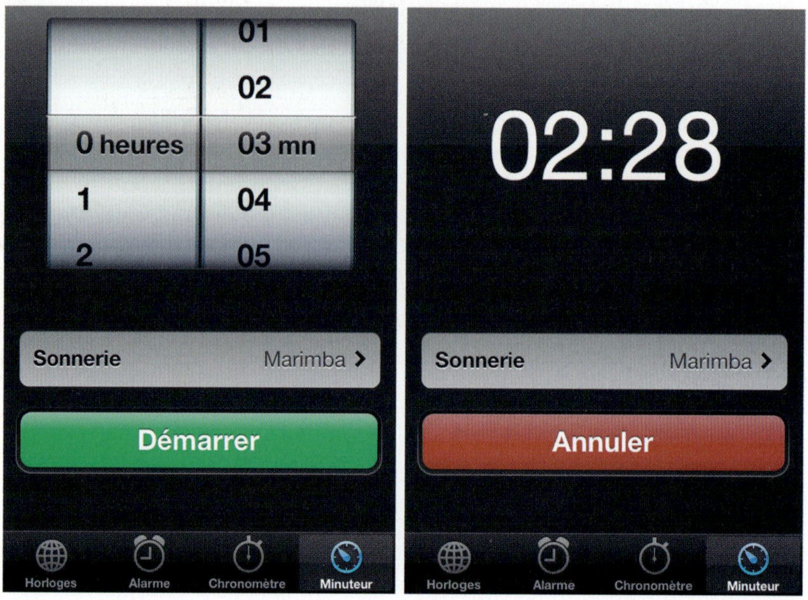

Figure 6.13 : À gauche, le réglage de la minuterie. À droite, le compte à rebours est en cours.

Le dictaphone

Pensez à tous ces moments où il vous serait utile d'avoir un petit magnétophone sous la main, notamment quand vous écoutez une conférence ou quand vous interviewez quelqu'un (pour un journal d'entreprise, par exemple). Ou encore pour vous souvenir d'une idée ou d'une tâche à effectuer.

Pour accéder à l'application Dictaphone, effleurez l'écran principal de droite à gauche pour accéder au deuxième écran. Touchez ensuite le dossier Utilitaires puis l'application Dictaphone.

Effectuer un enregistrement

Toucher l'icône Dictaphone, sur l'écran d'accueil, affiche le microphone que montre la Figure 6.14. Vous ne parlez évidemment pas dans ce micro au *look* rétro car le véritable microphone, lui, se trouve sous l'iPhone.

Figure 6.14 : L'enregistrement d'un message.

Touchez le bouton d'enregistrement, en bas à gauche de l'écran, pour démarrer la prise de son. L'aiguille du vumètre oscille en fonction du volume sonore reçu, même lorsque l'enregistrement a été mis en pause en touchant le bouton une seconde fois. Une horloge, en haut de l'écran, indique la durée de l'enregistrement.

TRUC

Le vumètre permet de déterminer le niveau d'enregistrement idéal. Selon Apple, il se situe entre -3 dB et 0 dB. Parlez à voix normale et réglez le niveau d'enregistrement en éloignant ou rapprochant l'iPhone de la bouche.

Écouter un enregistrement

Comment écouter les pensées et autres élucubrations que vous venez d'enregistrer ? Vous avez le choix entre deux moyens, en touchant à chaque fois le même bouton :

- **Immédiatement après avoir enregistré le mémo vocal, touchez une première fois le bouton à droite du vumètre pour mettre fin à l'enregistrement, puis une seconde fois pour accéder à la liste de tous vos mémos vocaux classés par ordre chronologique.** Le plus récent est en tête de liste, comme le montre la Figure 6.15. Celui que vous venez d'enregistrer est immédiatement lu.

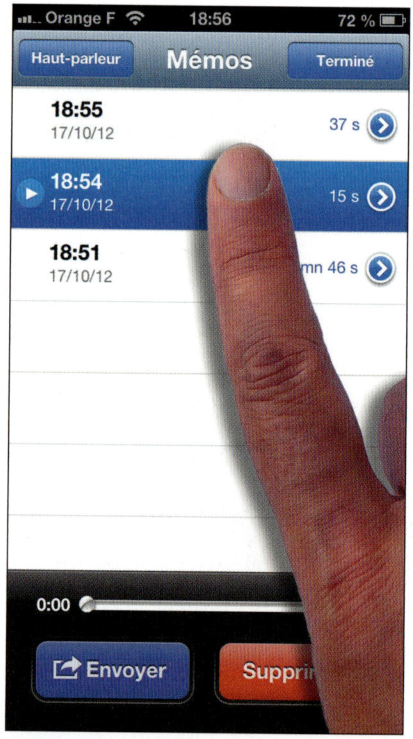

Figure 6.15 : Touchez le mémo vocal que vous désirez lire.

- **Si vous ne venez pas d'enregistrer un mémo vocal, toucher le bouton de droite affiche immédiatement la liste de tous vos enregistrements.** Aucun mémo n'est lu tant que vous n'avez pas touché l'un d'entre eux pour le sélectionner, puis touché le bouton de lecture situé à droite, juste à côté de la date et de l'heure de l'enregistrement, ou à gauche du titre affecté à l'enregistrement (vous apprendrez à la section « Ajouter un titre à un enregistrement », plus loin dans ce chapitre, comment intituler un mémo).

TRUC

Vous pouvez actionner la tête de lecture pour lire le mémo à n'importe quel point.

TRUC

Si vous n'entendez rien après avoir touché le bouton de lecture, touchez le bouton Haut-parleur en haut à gauche. Le son passera par le haut-parleur interne de l'iPhone.

Raccourcir un enregistrement

La personne que vous avez enregistrée s'est peut-être interminablement attardée sur des détails inutiles. Vous voulez donc réduire l'enregistrement à l'essentiel. Il est heureusement possible de raccourcir un enregistrement directement dans l'iPhone.

Touchez le bouton fléché à droite du mémo à raccourcir, et touchez ensuite le bouton Raccourcir. Une jauge bleue représentant l'enregistrement apparaît dans une barre jaune, comme le montre la Figure 6.16. Repositionnez les extrémités de cette partie audio pour définir le début et la fin du mémo. Un aperçu des modifications peut être écouté avant le moment fatidique consistant à toucher le bouton Raccourcir l'enregistrement.

Figure 6.16 : Coupez le début et/ou la fin d'un discours qui s'éternise.

Les modifications sont définitives. Vérifiez soigneusement la pertinence des coupes avant de toucher le bouton Raccourcir l'enregistrement.

Ajouter un titre à un enregistrement

Le mémo que vous venez d'enregistrer n'est identifié que par la date et l'heure, et rien d'autre. Lorsque les enregistrements s'accumulent, il devient difficile de se souvenir à quoi correspond tel ou tel enregistrement. Vous pouvez leur attribuer l'un des titres prédéfinis fournis par Apple, ou mieux, créer des titres personnalisés :

1. **Dans la liste des enregistrements, touchez le bouton fléché du mémo vocal auquel vous désirez ajouter un titre.**

   L'écran Info apparaît.

2. **Touchez le panneau supérieur contenant l'heure et la durée du mémo vocal.**

3. **Dans le panneau Titre qui apparaît, choisissez un titre prédéfini.**

   Vous avez le choix entre Podcast, Interview, Conférence, Idée, Réunion et Mémo.

4. **Si aucun titre prédéfini ne vous convient, choisissez Personnalisé puis saisissez l'intitulé de l'enregistrement (*Cours de biologie*, par exemple).**

   Le mémo vocal est à présent identifiable par son titre.

Envoyer un mémo vocal

Peut-être voudrez-vous faire profiter d'autres personnes du cours de biologie que vous avez enregistré. Touchez le bouton Envoyer, dans la liste des mémos ou dans l'écran Info. Vous avez alors le choix entre l'envoyer par courrier électronique ou, si votre opérateur de téléphonie mobile le permet, l'envoyer sous la forme d'un MMS, d'une image multimédia ou d'un message.

Un mémo vocal peut aussi être transféré dans un Mac ou un PC avec la fonction de synchronisation d'iTunes, comme expliqué au Chapitre 3.

Si un mémo n'a plus de raison d'être, effacez-le en le touchant dans la liste, et en touchant ensuite le bouton Supprimer.

Rappels

L'application Rappels n'est pas qu'un simple pense-bête. Elle est capable de savoir où vous êtes en ce bas monde et elle collabore activement avec les applications iCal, Outlook et iCloud. Cette dernière est capable de synchroniser vos rappels entre tous les ordinateurs et appareils mobiles fonctionnant sous iOS.

La fonction de localisation permet à Rappels de vous notifier les courses à faire au moment même où vous vous garez sur le parking du supermarché. Ou alors, un message vous rappellera de téléphoner à votre conjoint (ou amant, ou maîtresse ou directeur général) dès que vous serez arrivé au bureau.

Les rappels sont classés par listes. Apple en propose une par défaut, mais vous pouvez créer les vôtres : une pour les courses, une pour les tâches professionnelles… Effleurez l'écran horizontalement pour passer de l'une à l'autre.

Les rappels peuvent être affichés dans une liste ou par dates.

Pour ajouter un élément dans un affichage en liste (voir Figure 6.17), touchez le bouton [+] en haut à droite puis saisissez l'élément à ne pas oublier. Pour créer une liste ou la modifier, touchez l'icône à trois barres en haut à droite. Dans l'écran qui apparaît, vous pouvez aussi effectuer des recherches dans tous les rappels.

Figure 6.17 : Les rappels affichés par liste.

Dans l'affichage Date que montre la Figure 6.18, touchez l'icône en haut à gauche. Elle donne accès à un calendrier contenant les rappels. Vous pouvez consulter ceux d'une journée en particulier ou rechercher des rappels quelle que soit leur date.

Pour accéder aux détails d'un rappel ou modifier un rappel, touchez-le – en affichage Liste ou Date –. Dans l'écran qui apparaît, vous pouvez indiquer la date à laquelle le rappel doit vous être notifié, ou le lieu. Si vous choisissez cette option, vous devez préciser : Lieu actuel, ou Quand je pars, ou Quand j'arrive. Lorsque la localisation est active, l'iPhone sait où vous êtes. Pour indiquer à quel endroit le rappel doit être déclenché, touchez Lieu actuel > Choisir une adresse, puis sélectionnez une adresse dans la liste de vos contacts.

Figure 6.18 : Les rappels affichés par date.

ATTENTION

Vous ne pouvez pas saisir une adresse manuellement dans l'application Contacts. Vous avez uniquement le choix entre Lieu actuel ou une adresse postale parmi vos contacts. Donc, si vous voulez que Rappels fonctionne au supermarché ou à l'école des enfants, vous devrez ajouter ces lieux à vos contacts (en indiquant bien sûr leur adresse postale).

Notez que les rappels ne fonctionnent pas avec des comptes Microsoft Exchange ni en tous lieux. Et si votre téléphone est verrouillé, les rappels peuvent être effectués avec un certain retard.

Tiens, un rappel m'informe qu'il va falloir passer au chapitre suivant…

Chapitre 7

Sirieuses conversations

Dans ce chapitre :

- Activer Siri.
- Comment le dire Sirieusement.
- Corriger les erreurs.

Comment ne pas aimer Siri ? L'assistant personnel vocal est comme un petit génie enfermé dans la lampe à huile qu'est pour lui l'iPhone 5. Non seulement il écoute ce que vous avez à lui dire, mais en plus, il essaie de comprendre ce que vous attendez de lui. Après quoi, il se démène comme un beau diable pour assouvir vos désirs les plus… non, là je m'égare… Surtout qu'aux États-Unis, en Australie et en Allemagne, Siri parle avec une voix féminine alors qu'en Angleterre et en France, c'est un homme.

Bref, Siri est capable d'entendre le message que vous lui dictez et de l'envoyer, de donner des instructions, d'appeler un correspondant, de régler le réveille-matin, de rechercher sur le Web, de vous trouver un restaurant, *etc.* Quand il a besoin d'informations supplémentaires ou quand il ne comprend pas, Siri vous répond, parfois avec humour. Si vous lui dites « je suis fatigué », il vous demande : « Vous n'avez pas fermé l'œil de la nuit ? ».

Siri était d'abord une application tierce. Apple a finalement acheté la société qui l'avait développé afin d'incorporer Siri à l'iPhone 5. Puis Apple a supprimé l'application indépendante de l'App Store. Tant pis pour les possesseurs de versions antérieures de l'iPhone qui ne l'avaient pas encore téléchargée.

Apple reconnaît que Siri n'est pas parfait. Il lui arrive parfois de ne pas bien comprendre ce qu'on lui dit ou de répondre n'importe quoi. Mais c'est néanmoins une fonction pratique et très spectaculaire.

S'adresser à Siri

Si vous n'avez pas activé Siri au moment de la configuration, quand vous avez allumé votre iPhone 5 pour la première fois, touchez le bouton Réglages > Général > Siri. Touchez ensuite le commutateur Siri afin d'activer la fonction (quand Siri est inactif, l'iPhone utilise l'ancienne fonction Contrôle vocal, beaucoup plus rudimentaire).

Pour démarrer Siri, appuyez continûment sur le bouton principal jusqu'à ce qu'un carillon retentisse. Parlez ensuite. L'icône d'un microphone apparaît (Figure 7.1) avec la mention « Que puis-je faire pour vous ? ». Ou alors, si l'écran n'est pas verrouillé, portez l'iPhone à l'oreille, attendez le carillon puis parlez. Siri réagit aussi lorsque vous appuyez sur le bouton d'une oreillette-micro Bluetooth.

Figure 7.1 : Siri attend votre demande.

Ensuite, il ne vous reste plus qu'à dire à Siri ce que vous attendez de lui. Si vous n'avez pas été bien compris, touchez l'icône du microphone et réessayez.

Siri est à la fois un logiciel de reconnaissance vocale et d'intelligence artificielle. Il répond en langage courant, bien qu'un tout petit peu synthétique. Ses réponses sont accompagnées d'une version textuelle, comme vous le découvrirez d'ici peu.

Mais d'où Siri extrait-il ses réponses ? Il les cherche sur le Web à partir de sources comme des moteurs de recherche et des annuaires. Il farfouille aussi dans les services de localisation du téléphone. Et enfin, Siri collabore avec de nombreuses applications : Bourse, Calendriers, Contacts, Horloge, Mail, Messages, Météo, Musique, Note, Plans, Rappel et Safari.

À partir de vos contacts, Siri est capable de déterminer qui sont votre conjoint, vos collègues, vos amis, et où se trouve votre domicile. Vous pouvez lui demander « Trouve un restaurant à Rambouillet » et il effectue la recherche avec Safari.

ATTENTION

Siri exige un accès à l'Internet. La précision de ses réponses dépend de nombreux facteurs, notamment les bruits ambiants ou un accent particulier.

Que peut-on demander à Siri ?

L'immense avantage de Siri est qu'il n'est pas nécessaire de s'astreindre à un langage stéréotypé. Demandez-lui « Est-ce que j'aurai besoin d'un parapluie demain ? » et si la météo est défavorable, il répond : « Certainement de la pluie pour demain » en affichant la météo de la semaine en cours (Figure 7.2).

Si vous ne savez pas comment formuler une question, touchez le petit *i* en bas à droite de Siri. Vous accéderez ainsi à quelques questions types (Figure 7.3).

Figure 7.2 : Siri est aussi une grenouille.

Figure 7.3 : Quelques questions types.

Voici quelques questions associées à des applications :

- **Téléphone :** « Appelle ma femme sur son mobile. »
- **Musique :** « Joue un morceau de Gainsbourg. »
- **Messages :** « Envoie un SMS à Françoise. »
- **Calendriers :** « Programme une réunion à neuf heures pour discuter du financement. »
- **Plans :** « Trouve un distributeur de billets près d'ici. » (NdT : Pas encore opérationnel à l'heure où ses lignes sont traduites. Siri recherche sur le Web et non avec Plans).
- **Mail :** « Envoie un e-mail à la société First. »
- **Bourse :** « Quel est le cours de Air Liquide ? »
- **Safari :** « Recherche sur le Web : Pierre Desproges. »
- **Horloge :** « Réveille-moi demain à six heures. »

Dicter avec Siri

Dans bien des cas où vous taperiez de vos gros doigts sur les minuscules touches du clavier virtuel de l'iPhone, vous pourrez à la place dicter votre texte à Siri. Effleurez la touche Microphone puis dites votre phrase. Touchez le bouton OK quand vous avez fini. Siri mouline un instant ce que vous avez dit, puis il écrit la prose correspondante.

N'OUBLIEZ PAS

La voix ne fait pas tout. La mise en œuvre de Siri s'effectue par de la voix, un soupçon de toucher et un coup d'œil pour voir ce qu'il y a sur l'écran.

Corriger une erreur

Aussi artificiellement intelligent que soit Siri, il faut parfois le remettre en place. Ses erreurs sont heureusement assez faciles à corriger. Le moyen le plus simple est de toucher l'icône en forme de microphone puis de reformuler la demande. Vous pouvez rester sur le même sujet et vous contenter de préciser : « Je voulais dire Botswana ».

Vous pouvez aussi toucher le phylactère contenant le texte de ce que vous avez dit puis corriger au clavier ou vocalement. Si un mot est souligné en bleu, il peut être corrigé de l'une de ces deux manières.

Avant que Siri envoie un message dicté, il vous demande l'autorisation. C'est une précaution appréciable. Si le message doit être modifié, vous pouvez le faire en disant par exemple « Remplace mardi par jeudi » ou « Ajoute : je suis tout excité rien qu'à l'idée de te revoir point d'exclamation ».

Configurer Siri

Dans les réglages de Siri, vous pouvez choisir la langue. Siri parle l'anglais du Royaume-Uni, l'anglais des États-Unis et l'anglais australien, l'allemand et le français.

Vous pouvez aussi demander à Siri qu'il transcrive toujours ou seulement avec l'option Mains libres uniquement.

Vous pouvez indiquer à Siri qui vous êtes en touchant l'option Mes infos. La liste des contacts est affichée ; touchez votre propre nom.

Si vous n'avez pas envie que Siri se manifeste chaque fois que vous portez l'iPhone à l'oreille, désactivez l'option Porter à l'oreille.

Comme mentionné précédemment, Siri peut se manifester même à partir de l'écran verrouillé. C'est le comportement par défaut, qui n'est pas forcément le meilleur. Ne pas avoir à saisir un code pour utiliser Siri est commode. Mais par ailleurs, si votre iPhone tombe entre de mauvaises mains, le malfaisant pourra se servir de Siri pour téléphoner, envoyer un message ou courrier électronique en votre nom, outrepassant ainsi tous les codes de protection que vous auriez pu concocter. On peu espérer qu'Apple corrigera cette faille sécuritaire ; c'est peut-être déjà fait au moment où vous lisez ces lignes. Pour verrouiller Siri, touchez Réglages > Général > Verrouiller par code, puis saisissez un code. Ensuite, en bas du panneau, désactivez le commutateur Siri (celui au-dessus de la légende Autoriser l'accès à Siri lorsque l'appareil est verrouillé par code).

Troisième partie

L'iPhone multimédia

"Nous y sommes, le point de vue est juste devant. Tout le monde met *America the Beautiful* à plein volume sur son iPhone."

Votre iPhone est incontestablement le meilleur iPod jamais inventé (avec un zeste d'iPad). C'est pourquoi, dans cette partie, nous aborderons l'aspect multimédia de votre téléphone : le son, la vidéo et la photo. Jamais un téléphone ne fut aussi plaisant à utiliser. Nous vous montrerons comment profiter pleinement de ses capacités multimédias.

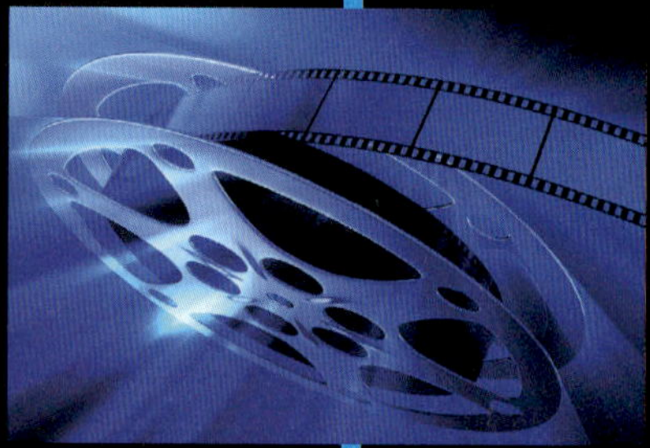

Nous verrons d'abord comment écouter de la musique, des podcasts et des livres audio avec l'iPhone. Puis nous visionnerons quelques vidéos et vous indiquerons où en trouver. Nous vous donnerons aussi des instructions pour regarder la vidéo sur un iPhone. Vous apprendrez aussi comment filmer des séquences vidéo avec votre iPhone 5 et les partager.

Nous passerons ensuite à tout ce que vous avez toujours voulu savoir sur la photo avec un iPhone : comment les prendre, les stocker, les synchroniser, *etc.*

Et enfin, pour finir, vous découvrirez comment regarder des dizaines de chaînes de télévision, y compris celles de la TNT, sur votre iPhone.

Chapitre 8

L'iPhone audioPhone et vidéoPhone

Dans ce chapitre :

- Découvrir l'iPod tapi dans l'iPhone.
- Les commandes audiovisuelles.
- Personnaliser les fonctions audio.

Nous commencerons par un rapide tour de l'application Musique. Puis nous verrons comment utiliser l'iPhone comme lecteur audio. Quand vous serez familiarisé et à l'aise avec ces commandes, nous vous expliquerons comment personnaliser l'iPhone afin d'écouter vos morceaux comme vous l'entendez. Nous vous livrerons quelques astuces pour utiliser au mieux l'iPhone en tant que lecteur audio, et pour finir, vous découvrirez comment utiliser l'application iTunes pour acheter de la musique, des livres audio, des vidéos, *etc.*, et comment télécharger du contenu gratuit, comme des podcasts.

Nous présumerons que vous avez synchronisé l'iPhone avec votre ordinateur et qu'il contient des morceaux : de la musique, des podcasts et des livres audio. Si ce n'est pas le cas, nous vous suggérons d'en transférer dans l'iPhone (reportez-vous au Chapitre 3 et suivez les instructions) avant de lire ce chapitre, et aussi le suivant.

L'iPod qui sommeille dans l'iPhone

Il y a longtemps, bien longtemps et même plus que ça, l'application Musique, en bas à droite de l'écran d'accueil, s'appelait iPod. C'était dire à quel point l'iPhone s'identifiait à l'iPod.

Touchez l'application Musique. L'écran qui apparaît contient cinq icônes : Listes, Artistes, Morceaux, Albums et Autre.

Si ces icônes ne sont pas visibles, touchez le bouton Précédent (en forme de flèche), en haut à gauche de l'écran.

Ou, si vous le tenez en largeur, faites-le pivoter de 90° afin qu'il soit en hauteur.

TRUC

Vous comprendrez l'importance de l'orientation de l'iPhone lorsque nous aborderons la section Cover Flow, un peu plus loin.

Les listes de lecture

Touchez l'icône Listes, en bas de l'écran, pour accéder aux listes de lecture. Pas de problème si rien n'apparaît : sachez simplement que si vous en aviez défini, c'est là qu'elles se trouveraient. Les listes de lecture sont des ensembles thématiques : airs d'opéra, balades romantiques, musique celtique, invasion de hordes barbares…

Touchez une liste de lecture et vous verrez les morceaux qu'elle contient. Au besoin, faites défiler l'écran pour parcourir tous les titres. Touchez un morceau et il est aussitôt lu.

C'est tout ce qu'il y a à dire pour la sélection et l'écoute d'un morceau d'une liste de lecture.

Licence artistique

Choisissons maintenant un morceau d'après le nom de l'artiste plutôt que dans la liste de lecture. Touchez l'icône Artistes, en bas de l'écran : une liste d'artistes apparaît.

Touchez le nom de l'un d'eux : les morceaux qu'il interprète sont affichés. Au besoin, faites défiler l'écran pour parcourir les titres et touchez le nom d'un morceau pour l'écouter.

Un champ de recherche se trouve en haut de l'écran. Touchez-le puis saisissez le nom de l'artiste que vous désirez écouter. Touchez ensuite le bouton Rechercher pour voir la liste de tous les artistes correspondant au critère.

Une autre manière de trouver un artiste consiste à toucher l'une des lettres, sur le bord droit de l'écran. Tous les artistes dont le nom commence par cette lettre sont affichés, comme à la Figure 8.1.

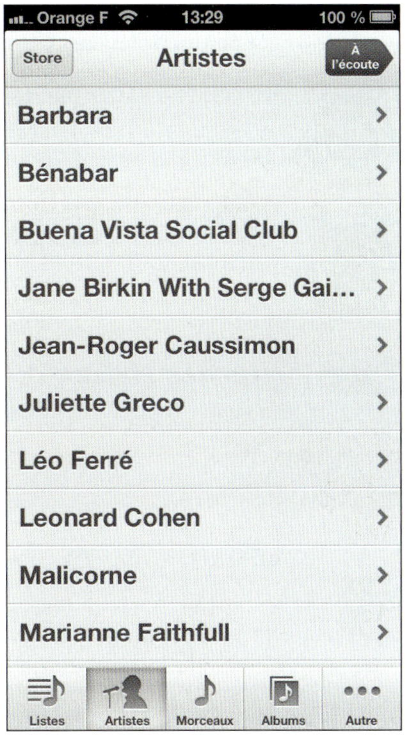

Figure 8.1 : Touchez l'une des lettres à droite pour trouver tous les artistes et morceaux dont le nom commence par cette lettre.

Remarquez la minuscule loupe au-dessus de la lettre « A », à droite. Touchez-la pour accéder directement au champ de recherche.

Comme vous le constatez, les lettres sont très petites. À moins d'avoir des doigts de fée, vous aurez du mal à toucher celle qui vous intéresse (la touche, pas la fée). Dans ce cas, touchez à plusieurs reprises près de la lettre voulue, jusqu'à ce qu'elle soit sélectionnée.

L'une des deux actions suivantes se produit quand vous saisissez le nom d'un artiste :

- **Si des morceaux de l'artiste figurent dans plusieurs albums,** une liste d'albums est affichée. Touchez l'un d'eux pour voir les morceaux qu'il contient. Ou alors, touchez le premier élément dans la liste des albums – Tous les morceaux – pour voir tous les albums et tous les morceaux de cet artiste.
- **Si tous les morceaux de cet artiste appartiennent à un même album, dans la bibliothèque de musique, ou ne sont pas associés à un album spécifique,** la liste de tous les morceaux de cet artiste est affichée.

Il vous suffit ensuite de toucher un morceau pour l'écouter.

Sélectionner un morceau

Choisissons maintenant une chanson d'après son titre et écoutons-la : touchez l'icône Morceaux, en bas de l'écran, pour accéder aux titres.

La liste des morceaux est sans doute beaucoup plus longue que celle des listes de lecture et des artistes. À tel point que la faire défiler du doigt risque d'être long et fastidieux. Touchez plutôt une des lettres à droite, comme expliqué précédemment.

TRUC

Si vous ne savez pas exactement ce que vous désirez écouter, touchez le bouton Aléatoire, en haut de la liste, entre le champ de recherche et le titre du premier morceau. L'iPhone choisira ainsi un morceau au hasard.

TRUC

Vous pouvez aussi trouver des morceaux – ou des artistes, en l'occurrence – en saisissant un nom dans le champ Spotlight, comme expliqué au Chapitre 2.

Les commandes

Maintenant que vous avez acquis les bases, voyons ce qu'il est possible de faire d'autre avec l'application Musique.

Le mode Cover Flow

Rechercher des listes de lecture, artistes et morceaux est encore plus sympa en mode Cover Flow. Il permet de parcourir les collections en affichant les pochettes des albums. Pour utiliser cette fonctionnalité, tenez l'iPhone en largeur. Tant que vous ne parcourez ni ne visionnez de la vidéo – car l'iPhone se prend maintenant pour un iPod –, le mode Cover Flow occupe tout l'écran, comme le montre la Figure 8.2.

Figure 8.2 : Le mode Cover Flow.

Rien n'est plus simple que de parcourir les pochettes en mode Cover Flow. Il suffit d'effleurer l'écran de gauche à droite ou inversement, à la vitesse qui vous convient : rapidement pour que les pochettes défilent vite, ou plus lentement pour mieux les voir. Touchez l'une des pochettes qui se trouvent de côté, et elle s'affiche aussitôt au milieu de l'écran.

Essayez, vous apprécierez. Voici comment utiliser le mode Cover Flow :

- **Pour voir les pistes (morceaux) d'un album :** Touchez sa pochette lorsqu'elle est centrée ou touchez le bouton Infos (le petit *i*) en bas à droite de l'écran.
- **Pour écouter une piste :** Touchez son nom dans la liste. Si cette dernière est longue, faites-la défiler.
- **Pour revenir au mode Cover Flow :** Touchez la barre de titre en haut de la liste des pistes ou touchez de nouveau le petit *i*.
- **Pour écouter ou suspendre le morceau :** Touchez le bouton Lecture/Pause, en bas à gauche.

S'il n'existe pas d'illustration pour la pochette, l'iPhone affiche une icône représentant une note de musique. Le nom de l'album est visible en dessous.

C'est tout ce qu'il y a à dire sur le mode Cow for lover, oups… Cover Flow.

L'iPhone tenu bien droit

Comme vous l'avez appris précédemment dans ce chapitre, c'est une liste qui apparaît à la place du mode Cover Flow lorsque vous tenez l'iPhone à la verticale et que vous touchez une icône Listes, Artistes ou Morceaux.

Les commandes diffèrent selon l'orientation de l'iPhone. Quand vous le tenez à la verticale, comme à la Figure 8.3, il affiche des commandes qui n'apparaissent pas quand vous le tenez en largeur. De plus, elles varient quelque peu entre les affichages Listes, Artistes et Morceaux.

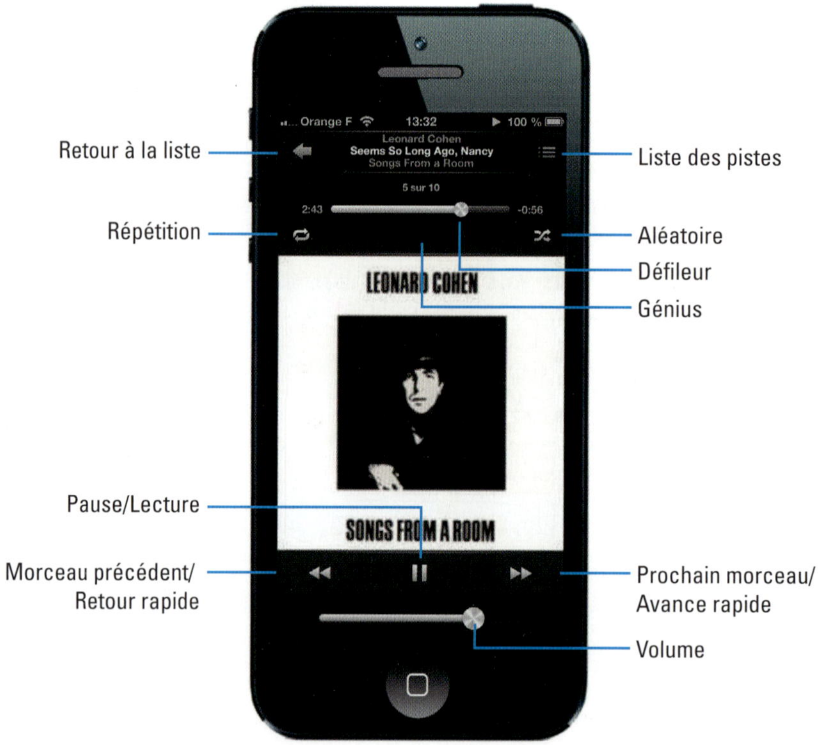

Figure 8.3 : Ces commandes apparaissent pendant la lecture d'un morceau, lorsque l'iPhone est tenu verticalement.

TRUC

Un autre effet sympa se manifeste quand vous tenez l'iPhone à la verticale : quand vous ajoutez les paroles d'un morceau – en le sélectionnant et en choisissant Fichier > Obtenir des informations, puis en saisissant ou en collant le texte de la chanson sous l'onglet Paroles –, le texte en question est affiché avec la pochette.

Voici comment utiliser les commandes accessibles lorsque l'iPhone est tenu verticalement :

- **Retour à la liste :** Touchez-le pour revenir dans la liste qui était affichée : Listes, Artistes ou Morceaux.
- **Liste des pistes :** Touchez pour afficher la liste des morceaux de l'album.

TRUC

Si les trois commandes qui suivent – le bouton Répétition, le Défileur et le bouton Aléatoire – ne sont pas visibles, touchez le milieu de l'écran pour les afficher.

- **Répétition :** Touchez-le une seule fois – il devient bleu – pour réécouter les morceaux de la liste ou de l'album courant. Touchez-le de nouveau pour répéter encore et encore. Le chiffre 1 apparaît sur le bouton lorsque ce mode est utilisé. Touchez de nouveau pour désactiver la commande. Le bouton redevient gris.

- **Défileur :** Tirez doucement la tête de lecture pour la positionner ailleurs dans le morceau.

- **Genius :** Touchez-le et une liste de lecture Genius affiche les 25 morceaux qui, selon iTunes, iraient bien avec celui que vous écoutez actuellement (*NdT :* Un compte doit préalablement avoir été ouvert sur iTunes Store pour utiliser Genius. Cette formalité gratuite est expliquée à la fin de ce chapitre).

  ATTENTION

  Moins un genre, un artiste ou un morceau est populaire, et plus Genius aura tendance à ne rien trouver. Dans ce cas, une alerte vous demande de réessayer car ce morceau ne possède pas suffisamment de caractéristiques permettant de le relier à d'autres et créer une liste de lecture Genius.

  Trois boutons se trouvent en haut d'une liste de lecture Genius :

  - **Nouveau :** Sélectionnez un autre morceau pour produire une liste de lecture Genius.
  - **Actualiser :** Affichez la liste des 25 morceaux dans le même style que celui que vous écoutez actuellement.
  - **Enregistrer :** Enregistrez la liste de lecture Genius afin de la réécouter à volonté.

  TRUC

  Si vous aimez les géniales listes de lecture Genius, vous pourrez en créer d'autres en touchant le bouton Listes de lecture, en bas de l'écran, et en touchant ensuite Genius (c'est le premier élément de la liste).

- **Bouton Aléatoire :** Touchez-le pour écouter un morceau choisi au hasard. Le bouton devient bleu. Touchez-le de nouveau pour écouter les morceaux dans l'ordre normal. Le bouton redevient gris.

  TRUC

  Des pistes peuvent être écoutées aléatoirement dans n'importe quelle liste – de lecture ou d'album –, en touchant le mot *Aléatoire* en haut de la liste Morceaux. Que le bouton Aléatoire ait été activé ou non, procéder ainsi joue toujours les morceaux au hasard.

- **Redémarrer/Morceau précédent/Retour rapide :** Touchez cette commande une seule fois pour revenir au début du morceau. Touchez-la de nouveau pour écouter le morceau précédent, dans la liste.

- **Lecture/Pause** : Touchez-le pour interrompre ou reprendre le morceau.
- **Prochain morceau/Avance rapide :** Touchez-le pour passer au morceau suivant, dans la liste. Touchez-le continûment pour écouter le morceau à la vitesse double.
- **Volume** : Réglez le volume en tirant le curseur dans un sens ou dans l'autre.

TRUC

Si vous utilisez le casque d'écoute livré avec l'iPhone, appuyer sur le microphone suspend le morceau. Appuyez de nouveau pour le reprendre. Vous pouvez appuyer deux fois de suite, à intervalles très réduits, pour passer au morceau suivant. Génial !

Figure 8.4 : Touchez le bouton Liste des pistes pour accéder à cet écran.

Quand vous touchez le bouton Liste des pistes, l'écran et les commandes changent, comme le montre la Figure 8.4. Voici un bref descriptif des commandes :

- **Bouton En lecture :** Touchez-le pour revenir à l'écran du morceau en cours de lecture (reportez-vous à la Figure 8.3).
- **Barre de classement :** Effleurez-la du doigt pour transformer les points en étoiles et noter ainsi les morceaux.

Les pistes sont celles des morceaux de la liste courante (album, liste de lecture, *etc.*). Le triangle à droite d'un numéro de piste indique celle qui est en cours de lecture ou en pause. Touchez n'importe quel morceau pour l'écouter.

Nous avons fait le tour de tout ce qu'il faut savoir pour écouter de la musique – mais aussi des podcasts et des livres audio – avec l'iPhone.

TRUC

La fonction Siri est très pratique pour écouter de la musique. Il vous suffit en effet de l'activer, puis de dire à l'iPhone de jouer un morceau ou un album, ou de lui demander de passer au morceau suivant ou précédent.

Personnaliser l'écoute

Il nous reste encore quelques points à voir avant de passer à la vidéo, au Chapitre 8. Vous trouverez ici une foule de conseils qui rendront l'écoute encore plus attrayante.

Toujours plus...

Il est possible de parcourir les fichiers de musique autrement que par listes de lecture, artistes ou morceaux. Il suffit pour cela de toucher le bouton Autre, en bas à droite de l'écran. Dans l'écran Autre, touchez l'un des choix : Albums, Livres audio, Compilations, Compositeurs, Genres ou Podcasts.

Mais ce n'est pas tout : en bas de l'écran de l'application Musique, les critères Listes, Artistes, Morceaux et Vidéos peuvent être remplacés. Par exemple, si vous écoutez de nombreux podcasts et ne regardez que rarement des vidéos, vous pouvez remplacer le bouton Vidéos par le bouton Podcasts. Voici comment :

1. **Touchez le bouton Autre, en bas à droite de l'écran.**
2. **Touchez le bouton Modifier, en haut à gauche.**
3. **Faites glisser n'importe lequel des boutons – Listes, Artistes, Morceaux, Vidéos, Albums, Compilations, Compositeurs, Genres, iTunes U, Livres audio ou Podcasts – jusque sur le bouton à remplacer.**
4. **(Facultatif) Les cinq boutons en bas de l'écran peuvent être réordonnés en les faisant glisser aux emplacements désirés.**
5. **Après avoir réorganisé les boutons à votre guise, touchez le bouton OK.**

TRUC

Vous pouvez à tout moment parcourir votre collection de morceaux à l'aide des boutons que vous avez remplacés en touchant le bouton Autre puis le critère désiré dans la liste qui apparaît.

Définir les préférences

Quelques préférences peuvent être modifiées afin de personnaliser encore plus l'iPhone.

Jouer tous les morceaux au même volume

L'application iTunes est dotée d'une fonction Égaliseur de volume qui joue tous les morceaux au même niveau sonore. Vous ne risquez ainsi pas d'exposer vos délicates oreilles à un brutal déferlement de décibels lorsque vous passez brusquement du mince filet de voix de Jane Birkin au déchaînement des Tambourinaires du Burundi.

Pour activer cette fonctionnalité dans l'iPhone, vous devez passer par iTunes, dans l'ordinateur. Voici la procédure :

1. **Choisissez iTunes/Préférences (Mac) ou Édition/Préférences (Windows).**
2. **Cliquez sur l'icône Lecture.**
3. **Cochez la case Égaliseur de volume.**

Il faut à présent indiquer à l'iPhone de tenir compte de l'option Égaliseur de volume activée dans iTunes :

1. **Sur l'écran d'accueil de l'iPhone, touchez l'icône Réglages.**
2. **Dans la liste des fonctionnalités, touchez Musique.**
3. **Touchez Égaliseur de volume afin de l'activer.**

Ne confondez pas cette commande avec Égaliseur, juste en dessous, décrit ci après.

Régler l'égaliseur

Un égaliseur augmente ou réduit les niveaux relatifs de certaines fréquences afin d'améliorer la restitution sonore. Certains réglages mettent les basses en valeur, d'autres restituent mieux les aigus. L'iPhone est livré avec vingt-deux prédéfinitions qui ont pour noms Acoustique, Amplificateur de basses, Réducteur de basses, Classique, Danse, Électronique, Pop, Rock, *etc.* Chacune est adaptée à un genre de musique bien particulier.

Le meilleur moyen de trouver l'égalisation appropriée pour tel ou tel morceau est de procéder à des essais. Démarrez l'écoute du morceau puis :

1. **Appuyez sur le bouton principal de l'iPhone.**
2. **Sur l'écran d'accueil de l'iPhone, touchez l'icône Réglages.**
3. **Dans la liste des fonctionnalités, touchez Musique.**
4. **Touchez Égaliseur.**
5. **Dans la liste des égalisations, touchez celles que vous estimez les plus appropriées (Pop, Rock R&B, Danse...) et, tout en écoutant attentivement le morceau, essayez de déterminer ce qu'apporte chacune d'elles.**

6. **Quand vous aurez trouvé l'égalisation qui vous semble la plus appropriée, appuyez de nouveau sur le bouton principal.**

Si vous n'appréciez aucune des égalisations prédéfinies, touchez l'option Désactivé, en haut de la liste.

Si vous avez défini une égalisation dans la fenêtre Égaliseur d'iTunes (cliquez sur Fenêtre/Égaliseur), ces paramètres sont appliqués automatiquement au morceau lors de la synchronisation. C'est le seul moyen pour régler finement les fréquences.

Activer l'option Secouer et mélanger

La fonction Secouer et mélanger est une nouveauté de l'iPhone 3.0 qui permet de choisir un morceau au hasard en secouant l'iPhone. Voici comment l'activer :

- Touchez l'icône réglages, sur l'écran d'accueil de l'iPhone.
- Dans la liste des réglages, touchez Musique.
- Touchez le bouton Secouer et mélanger pour activer ou désactiver cette option.

Secouer pour mélanger… Qui donc pourrait ne pas aimer cette fonction ? (NdT : Les parkinsoniens.)

Créer une liste de lecture sur l'iPhone

Vous pouvez bien sûr créer des listes de lecture dans iTunes et les synchroniser avec votre iPhone, mais il est aussi possible de créer des listes de lecture directement sur l'iPhone quand vous n'êtes pas chez vous. Voici comment :

1. **Touchez l'icône Musique, en bas à droite de l'écran d'accueil.**
2. **Touchez l'icône Listes, en bas de l'écran.**
3. **Tapez le premier élément de la liste, nommé Nouvelle liste.**
4. **Dans le petit panneau qui apparaît, nommez la liste de lecture puis touchez le bouton Enregistrer.**

   La liste alphabétique de tous les morceaux chargés dans l'iPhone apparaît, chacun accompagné d'un cercle bleu avec un signe « plus », à droite.

5. **Touchez le cercle bleu d'un morceau afin de l'ajouter à la liste de lecture.**

   Le texte des morceaux ajouté devient gris clair.

6. **Touchez le bouton OK, en haut à droite de l'écran.**

   La liste de lecture est affichée (Figure 8.5). Vérifiez son contenu. En haut à gauche de la liste, un bouton Modifier permet d'ajouter des morceaux manquants (en cliquant sur un bouton « plus », en haut à gauche) ou de supprimer des morceaux que vous désirez finalement ne pas conserver dans la liste.

   ATTENTION

   Le bouton Effacer, en haut de la liste de lecture, supprime cette dernière.

   Remarquez aussi l'option Aléatoire permettant de jouer les morceaux au hasard.

Figure 8.5 : Une liste de lecture vient d'être créée.

Après avoir créé une liste de lecture et synchronisé l'iPhone avec l'ordinateur, la liste de lecture se trouve à la fois dans l'iPhone et dans iTunes. La première que vous enregistrez est automatiquement nommée On-The-Go, et les suivantes On-The-Go 2, On-The-Go 3, et ainsi de suite.

La liste de lecture subsiste aussi longtemps que vous ne l'avez pas effacée d'iTunes. Pour la supprimer, sélectionnez-la dans le volet de gauche d'iTunes et appuyez la touche Supprimer ou Retour Arrière.

Une liste de lecture On-The-Go est modifiable : touchez le bouton Listes, en bas de l'écran, touchez l'élément On-The-Go, en tête de liste, puis le bouton Modifier. Ensuite :

- **Pour monter ou descendre un morceau dans la liste de lecture :** Touchez l'icône à trois barres, à droite du nom d'un morceau, et faites-la glisser jusqu'à l'emplacement désiré.
- **Pour ajouter des morceaux à la liste de lecture** : Touchez le bouton « plus », en haut à gauche de l'écran.

- **Pour supprimer un morceau de la liste de lecture :** Touchez le cercle rouge à barre blanche, à gauche du nom d'un morceau, puis touchez le bouton Supprimer qui vient d'apparaître. Notez que la suppression d'un morceau de la liste ne supprime pas son fichier de l'iPhone.
- **Pour vider la liste de lecture de tous ses morceaux** : Touchez le premier élément nommé Effacer la liste de lecture, tout en haut. Confirmez en touchant le bouton rouge qui apparaît en bas de l'écran.

Les modifications faites, touchez le bouton OK, en haut à droite.

Vous savez tout sur la création et la gestion des listes de lecture On-The-Go.

Régler l'extinction automatique

Si vous aimez bien vous endormir en musique, mais sans que l'iPhone joue toute la nuit, programmez son extinction automatique. Voici comment :

1. **Touchez l'icône Horloge, sur l'écran d'accueil.**
2. **Touchez l'icône Minuteur, en bas à droite.**
3. **Réglez le nombre d'heures et de minutes pendant lesquelles l'iPhone doit lire de la musique, puis touchez le bouton À expiration.**
4. **Touchez l'option Sonnerie.**
5. **Touchez le dernier élément de la liste des sonneries : Arrêter la lecture.**
6. **Touchez le bouton Choisir, en haut à droite.**
7. **Touchez le gros bouton vert Démarrer.**

C'est fait. Après le temps imparti, l'application Musique cessera de jouer et l'iPhone se mettra en veille.

Chapitre 9

Photos : c'est dans la boîte !

Dans ce chapitre :

- Prendre des photos.
- Importer des photos.
- Visionner et admirer des photos.
- Améliorer les photos
- Utiliser le Flux de photos.
- Créer un diaporama.

L'iPhone 5 est équipé d'un appareil photo de 8 mégapixels, ce qui est plus que correct pour un photophone. Cet appareil photo est doté d'un zoom numérique d'amplitude 5x et d'un flash. Un autre appareil photo se trouve en façade de l'iPhone, mais c'est plutôt une webcam prévue pour la vidéophonie avec FaceTime. Vous pouvez néanmoins l'utiliser pour prendre des autoportraits avec lesquels vous illustrerez un CV ou que vous posterez sur un réseau social.

Dans les pages qui suivent, vous découvrirez comment utiliser au mieux l'appareil photo de l'iPhone. Puis nous passerons à ce qui est véritablement génial : donner vie aux photos qui dorment dans l'iPhone, que vous les ayez prises avec lui ou que vous les ayez importées de l'ordinateur.

Dans le viseur

Un petit tour du propriétaire s'impose avant de prendre une première photo. Commencez par appuyer sur l'icône Appareil photo, dans la page d'accueil. Les lamelles d'un diaphragme s'ouvrent, dévoilant la scène visée ainsi que les commandes mentionnées à la Figure 9.1.

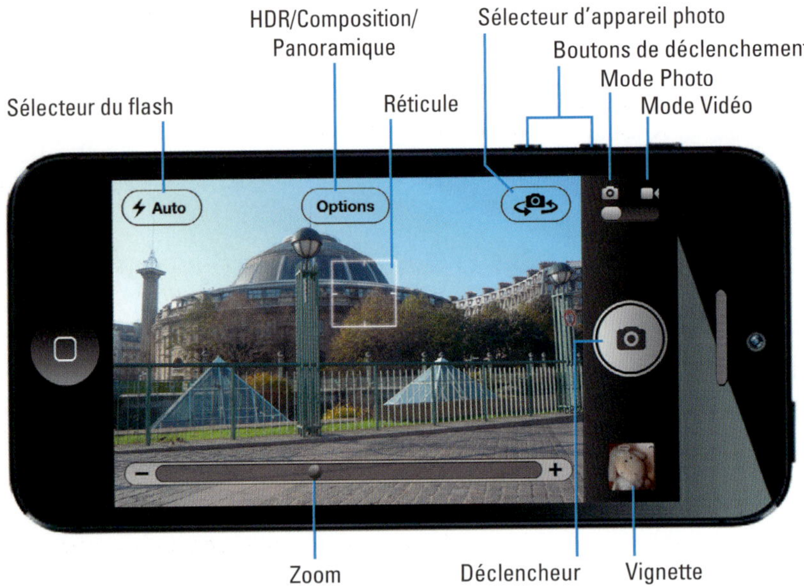

Figure 9.1 : Les commandes de l'appareil photo.

Voici à quoi elles servent :

- **Sélecteur d'appareil photo :** Touchez l'icône pour utiliser l'appareil photo à l'arrière de l'iPhone, ou la webcam en façade.
- **HDR/Composition/Panoramique :** Touchez le bouton Options pour accéder à trois commandes :
  - **HDR** (*High Dynamic Range,* plage dynamique étendue) : Lorsqu'une scène est très contrastée et que ce mode est actif, l'iPhone prend trois photos à brefs intervalles : l'une exposée normalement, l'autre légèrement surexposée et l'autre légèrement sous-exposée. Il fusionne ensuite ces trois photos pour fournir une photo avec du détail dans les ombres et du détail dans les parties très claires.
  - **Grille de composition :** Un quadrillage divisant l'écran par tiers apparaît sur l'image. Il facilite la composition des photos selon la règle des tiers bien connue des photographes : l'horizon doit se trouver sur une des lignes, et le sujet doit de préférence se trouver à l'une des intersections de ligne.
  - **Panoramique :** Après avoir sélectionné cette option, tenez l'appareil photo à la verticale, en hauteur, et cadrez le début du panoramique. Déclenchez puis pivotez lentement sur vous-même vers la droite en tenant l'appareil photo toujours bien droit, sans dévier vers le haut ou vers le bas (un repère fléché vous y aide). Arrivé à bout de course, l'iPhone assemble la série de vues puis délivre un spectaculaire panoramique.

- **Sélecteur du flash :** L'iPhone est équipé d'un flash. Contrairement aux flashs classiques formés d'un tube à éclat dans lequel une décharge électrique provoque l'éclair, le flash de l'iPhone est une puissante diode électroluminescente (DEL) qui s'illumine un bref instant. Touchez l'icône pour afficher les trois options proposées :
  - **Auto :** L'iPhone choisit de déclencher le flash ou non selon la lumière ambiante.
  - **Oui :** Le flash est déclenché pour chaque prise de vue. Utilisez cette option en plein jour pour déboucher un portrait contenant beaucoup d'ombres dures très sombres.
  - **Non :** Le flash ne se déclenche jamais. Utilisez cette option pour préserver l'ambiance d'un dîner aux chandelles ou des bougies d'un gâteau d'anniversaire que l'on souffle, ou dans un lieu, comme certains musées, où la prise de vue au flash est interdite.
- **Réticule :** Il apparaît lorsque vous touchez l'écran. La mise au point ainsi que la mesure de l'exposition sont effectuées à cet endroit précis.
- **Mode Photo** ou **Mode vidéo :** Assurez-vous que ce sélecteur est en mode Photo pour prendre des vues fixes. Placez au contraire le sélecteur sous l'icône représentant une caméra si vous préférez filmer.
- **Zoom :** Il faut toucher l'écran pour faire apparaître ce zoom numérique. Actionnez ensuite la glissière ou alors, écartez ou pincez les doigts pour zoomer en avant ou en arrière. L'amplitude du zoom est de cinq fois.

Comme tous les zooms numériques – et non optiques –, l'image finale est obtenue par agrandissement de la partie zoomée. Cette opération provoque inévitablement une dégradation de l'image.

- **Vignette :** Touchez la vignette pour voir la photo que vous venez de prendre. Elle apparaît dans l'album Pellicule de l'application Photos (Figure 9.2). Une icône permet de revenir à l'application Appareil photo pour continuer à photographier.
- **Déclencheur :** Nous allions l'oublier ! Le déclenchement peut être effectué de deux façons :
  - En touchant le bouton marqué d'un appareil photo, en bas ou sur le côté de l'écran. La prise de vue s'accompagne d'un classique déclic de déclencheur.
  - En appuyant sur l'un des boutons de réglage du volume, sur la tranche gauche de l'iPhone.

Figure 9.2 : Pour voir la photo que vous venez de prendre, touchez la vignette dans le viseur. L'image apparaît dans l'application Photos.

Le déclencheur est extrêmement sensible. Il lui arrive même de se déclencher alors que le doigt est encore à un ou deux millimètres de l'écran. Dans des lieux où la discrétion est de mise, un musée par exemple, le bruit du déclencheur peut être désactivé en basculant le commutateur Sonnerie/Silence (sur le côté gauche de l'iPhone) sur Silence.

On ne bouge plus...

Prenons sans tarder une photo avec notre iPhone :

1. **Touchez l'icône Appareil photo, sur l'écran d'accueil.**

   Vérifiez la propreté de l'objectif à l'arrière de l'iPhone. La moindre poussière, la moindre salissure, ou une empreinte digitale, rendra la photo moins nette.

2. **Assurez-vous que le mode Photo est enclenché.**

   Le commutateur à côté du déclencheur doit être sous l'icône représentant un appareil photo.

3. **Regardez l'écran de l'iPhone.**

   Il montre l'image que voit le minuscule objectif de l'iPhone. Il se trouve de l'autre côté du boîtier, en haut à gauche. Veillez à ne pas l'occulter partiellement à cause d'un doigt placé près de l'objectif.

4. **Visez ce que vous désirez photographier.**

Nous vous faisons part tout au long de ce livre de l'émerveillement qu'il suscite, et l'appareil photo n'y fait pas exception.

5. **Touchez la partie de la photo qui doit être nette et bien exposée.**

   Un collimateur de mise au point entoure la zone qui sera nette. Sa taille est variable ; le collimateur est plus grand lorsque le plan de mise au point est vaste. En raison de la petite taille du capteur, la profondeur de champ de l'appareil photo de l'iPhone est très étendue. Si une photo est floue, ce sera plus souvent à cause d'un bougé. Ce collimateur règle aussi la luminosité de la photo.

   Il est possible de verrouiller l'exposition et la mise au point afin de recadrer l'image et parfaire la composition sans perdre les réglages. Les photographes connaissent bien cette technique appliquée, avec un appareil photo, en enfonçant le déclencheur à mi-course. Sur un iPhone, ce verrouillage est obtenu en laissant le doigt une seconde sur le collimateur. La mention Verrouillage AE/AF (*Automatic Exposure, AutoFocus*) est alors affichée en bas de l'écran. Recadrez et déclenchez.

6. **Actionnez éventuellement le zoom pour serrer le cadrage.**

   N'oubliez pas que le zoom numérique dégrade sensiblement la qualité de l'image.

7. **Pour prendre la photo, touchez l'icône en forme d'appareil photo, en bas de l'écran ou sur le côté, ou appuyez sur l'un des boutons de volume.**

   Voilà, vous venez de prendre votre première photo avec l'iPhone.

8. **Répétez les Étapes 3 à 7 pour prendre d'autres photos.**

Voici quelques recommandations utiles lorsque vous prenez des photos avec l'iPhone.

Si vous avez du mal à immobiliser l'iPhone, essayez ceci : au lieu de toucher l'icône d'appareil photo à l'Étape 7, laissez le doigt dessus et ne le relâchez qu'au moment où vous êtes prêt à déclencher. Ou alors, utilisez l'un des boutons de volume.

Importer des photos

L'iPhone ne fait pas qu'héberger les photos que vous avez prises avec lui. Vous pouvez aussi synchroniser les photos présentes dans votre Mac ou votre PC à partir du panneau Résumé d'iTunes, décrit au Chapitre 3. Nous présumons dans les pages qui suivent que vous savez d'ores et déjà transférer des photos dans votre ordinateur.

Un petit rappel : sur un Mac, la synchronisation des photos s'effectue avec iTunes 10.7 ou ultérieur, iPhoto 4.0.3 et supérieur ou le logiciel Aperture. Sur un PC, elle s'effectue avec Adobe Photoshop Album 2.0 (il n'y eut jamais de version ultérieure) ou avec Adobe Photoshop Elements 3.0 ou ultérieur. De plus, sur les deux types d'ordinateurs, la synchronisation est possible avec n'importe quel dossier contenant des images.

Quand l'iPhone est connecté à l'ordinateur, cliquez sur l'onglet Photos, dans iTunes (l'iPhone étant sélectionné dans le volet de gauche). Cochez ensuite les cases correspondant aux emplacements à partir desquels vous désirez synchroniser les photos. Ou alors cliquez sur le bouton Tous, si vous estimez que la place est suffisante sur l'iPhone pour les recevoir.

La synchronisation des photos est bidirectionnelle. C'est pourquoi les photos prises avec l'iPhone se retrouveront dans la bibliothèque Photos de votre ordinateur.

TRUC

Pour les utilisateurs de Mac : connecter un iPhone affichant des photos dans l'écran Pellicule démarre généralement iPhoto, en plus d'iTunes.

Où se trouvent toutes mes photos ?

Où se trouvent les photos dans l'iPhone ? Celles que vous avez prises avec l'appareil intégré se retrouvent dans un album photo fort opportunément nommé Pellicule. Les photos importées sont bien sûr elles aussi accessibles, groupées dans les mêmes albums que dans l'ordinateur. Nous vous montrerons non seulement où elles sont, mais aussi comment les afficher ou les transférer, et aussi comment vous débarrasser des photos ratées que l'on a généralement honte de montrer. Voici comment accéder aux photos :

1. **Procédez comme indiqué ci-dessous selon que l'application Appareil photo est en service, ou selon que l'écran d'accueil est affiché.**

   - **Pour accéder aux photos depuis l'appareil photo :** Touchez la vignette montrant la dernière prise de vue, à côté du bouton de déclenchement. La photo est aussitôt affichée. Les flèches en bas de l'écran permettent de parcourir toutes les photos de la pellicule (la Pellicule est l'album réservé aux prises de vues, dans l'iPhone), comme le montre la Figure 9.3. Touchez le bouton Pellicule, en haut à gauche, pour accéder au rouleau de pellicule.

   - **Pour accéder aux photos directement :** Touchez l'icône Photos, sur l'écran d'accueil, puis touchez Pellicule. Toutes les photos stockées dans la pellicule apparaissent sous la forme d'une planche.

2. **Effleurez la planche de vignettes (voir Figure 9.3) jusqu'à ce que vous ayez trouvé la photo à visionner.**

   Si la vignette recherchée n'est pas visible, faites défiler les images du bout du doigt.

3. **Touchez la vignette à visionner.**

   La photo choisie s'étale à l'écran.

4. **Touchez de nouveau l'écran.**

   Des commandes apparaissent. Nous y reviendrons plus tard.

5. **Pour faire disparaître les commandes, touchez de nouveau l'écran ou attendez quelques secondes qu'elles disparaissent d'elles-mêmes.**

Figure 9.3 : Parcourez les photos et les vidéos de la Pellicule en effleurant les vignettes.

Double-touchez l'écran pour afficher en plein écran une photo n'occupant qu'une partie de l'écran. Pincez et écartez les doigts pour zoomer dans la photo.

Pour ne voir que les vignettes des photos, ou que les vignettes des vidéos, dans l'application Photos, touchez le bouton Photos ou le bouton Vidéos, en haut de l'écran. Autrement, touchez le bouton Tout.

Où cette photo a-t-elle été prise ?

L'iPhone 5 est doté d'une fonction de géolocalisation qui utilise le GPS intégré pour indiquer où une photo a été prise. Les coordonnées géographiques sont inscrites directement dans le fichier de la photo. Vous n'avez strictement rien à faire.

Pour savoir où vos photos ont été prises, assurez-vous que l'iPhone est connecté à l'Internet puis procédez comme suit :

1. **Touchez l'icône Photos, sur l'écran d'accueil.**

Si l'album Pellicule – ou un autre album – est affiché, cliquez sur le bouton Albums, en haut à gauche, pour revenir à la liste des albums.

2. **Touchez le bouton Lieux, en bas à droite de l'écran Albums.**

   L'iPhone démarre l'application Plans et indique, par des épingles, tous les lieux où des photos ont été prises.

   L'iPhone commence par afficher le lieu où vous vous trouvez. Pincez la carte pour agrandir son échelle et voir une plus grande partie du territoire, déplacez la carte en la faisant glisser, zoomez ensuite sur la ou les épingles afin de réduire la zone géographique affichée.

Figure 9.4 : Retrouvez tous les lieux où vous avez pris des photos.

3. **Touchez une épingle pour savoir combien de photos ont été prises à cet endroit.**

   Une étiquette indique le nombre de photos prises en ce lieu. Une minuscule vignette est affichée, de même qu'un bouton bleu (voir Figure 9.4).

4. **Touchez le bouton rond chevron à droite de l'étiquette d'une épingle.**

   Les vignettes des photos sont affichées. Touchez celle que vous désirez voir.

5. **Pour revenir à la carte de géographie, touchez sur le bouton en haut à gauche de l'image (il indique le nombre de photos indiqué par l'épingle, touchez éventuellement la photo pour le voir), puis sur le bouton Lieux, au même emplacement.**

TRUC

Comme les données géographiques inscrites dans les fichiers d'image sont standard – les photographes auront reconnu les données EXIF –, elles sont utilisables par tous les logiciels (notamment d'archivage) capables d'exploiter les coordonnées géographiques.

Admirer les photos

Les photos sont faites pour être vues, et non enfouies dans l'équivalent numérique d'une boîte à chaussures. L'iPhone propose plusieurs manières de manipuler, montrer et partager vos meilleures images.

Nous avons vu précédemment comment trouver une photo, la visionner et afficher les commandes. Mais bien d'autres actions sont possibles sans recourir aux commandes. En voici quelques-unes :

- **Passer à la photo suivante ou précédente :** Tirez le doigt vers la droite ou vers la gauche, ou touchez une des commandes fléchées.
- **Visionner en largeur ou en hauteur :** Basculez l'iPhone de côté, et l'image se réoriente d'elle-même pour être en hauteur ou en largeur, comme le montre la Figure 9.5. En raison du format 16/9e de l'écran de l'iPhone 5, les photos cadrées en largeur – en mode Paysage, ou « à l'italienne », comme disent les artistes peintres – n'emplissent plus l'écran sur toute sa largeur. L'accroissement de la taille de l'écran est cependant plus favorable aux photos cadrées en hauteur – en mode Portrait, ou « à la française » –, car il reste de la place pour afficher les barres de commandes. Mais tout cela est très anecdotique…

Figure 9.5 : Affichage, dans l'application Photos, d'une vue cadrée en hauteur (à gauche avec les commandes) et en largeur (à droite, sans les commandes).

- **Zoomer :** Double-touchez pour agrandir l'image. Refaites de même pour la rétablir à sa taille normale. Ou alors touchez la photo entre le pouce et l'index, et rapprochez-les pour zoomer en avant ou éloignez-les pour zoomer en arrière.
- **Déplacer et faire défiler :** Quand vous avez zoomé dans une image, vous pouvez la parcourir en la déplaçant du doigt. Cela permet de s'attarder sur la truffe de Toutounet plutôt que sur son maître qui n'a pas l'air commode.

Démarrer un diaporama

Ceux qui gèrent leur photothèque sur un ordinateur savent ce qu'est un diaporama : un ensemble de photographies qui défilent les unes après les autres. L'iPhone comporte une fonction identique :

1. **Choisissez la Pellicule ou un autre ensemble de photos, dans l'écran Albums photos.**

   Sur l'écran d'accueil, touchez l'icône Photos ou touchez le bouton Pellicule, dans l'application Photos.

2. **Touchez la photo à laquelle le diaporama doit débuter.**
3. **Touchez le bouton de lecture au milieu de la barre inférieure.**
4. **Touchez l'option Transitions et choisissez l'une des cinq transitions qui se produiront à chaque changement de photo.**

   Vous avez le choix entre Fondu, Cube, Onde, Balayage horizontal et Balayage vertical. Touchez le bouton Options de diaporama, en haut à droite, pour revenir à l'écran précédent.

5. **Touchez le commutateur Musique.**

   Une autre option Musique apparaît. Touchez-la puis choisissez l'un des morceaux qui se trouvent dans l'application Musique.

6. **Touchez le bouton Démarrer le diaporama.**

Admirez le spectacle de son et lumière.

Les effets de diaporama

La durée d'affichage des photos d'un diaporama est réglable, de même que la transition entre les images. Les photos peuvent aussi être présentées dans un ordre aléatoire.

Voici comment procéder pour transformer l'iPhone en joli cadre photo numérique : sur l'écran d'accueil, touchez Réglages puis Photos et appareil. Touchez et réglez ensuite l'une des options suivantes :

- **Afficher chaque photo :** Vous avez le choix entre 2, 3, 5, 10 et 20 secondes. Après avoir fait votre choix, touchez le bouton Photos pour revenir en arrière.
- **Boucle :** Lorsque cette option est activée, le diaporama se répète jusqu'à ce que vous y mettiez fin. Sinon, le diaporama n'est montré qu'une seule fois.
- **Aléatoire :** Activer cette option présente les photos dans un ordre aléatoire.
- **Conserver l'original :** Cette option ne concerne que les prises de vue en HDR. Lorsqu'elle est activée, l'iPhone enregistre deux photos : l'une sans traitement HDR, l'autre avec le traitement HDR. Comparez les deux dans l'application Photos et faites votre choix. La photo HDR est généralement moins contrastée que la photo exposée normalement.

Quand un sujet bouge au moment de la prise de vue, le traitement HDR peut provoquer un effet stroboscopique, comme le montre la Figure 9.6. Voilà pourquoi il est préférable d'activer l'option Conserver l'original. Vous pourrez ainsi utiliser la photo sans l'effet HDR en cas de problème.

Figure 9.6 : Le traitement HDR risque de décomposer le mouvement d'un sujet qui bouge.

> Quand l'option Conserver l'original est active, chaque photo est stockée en deux versions, comme expliqué précédemment, et occupe donc plus de place dans la mémoire de l'iPhone.

Touchez le bouton principal pour quitter l'application Réglages et revenir à l'écran d'accueil.

Créer un nouvel album

Dans l'application Photos, assurez-vous que l'écran Albums est affiché. Autrement, si vous êtes déjà dans un album, touchez le bouton Albums, en haut à gauche, pour reculer d'un niveau. Ensuite :

1. **Cliquez sur le bouton « plus » en haut à gauche de l'écran Albums.**
2. **Nommez le nouvel album.**
3. **Touchez le bouton Enregistrer.**

Pour placer des photos dans un album, procédez comme suit :

1. **Accédez à un album déjà existant.**

   Il en existe au moins un dans votre iPhone, nommé Pellicule.

2. **Touchez le bouton Modifier, en haut à droite.**
3. **Touchez les vignettes des photos à placer dans un autre album.**
4. **Touchez le bouton Ajouter à, en bas de l'écran.**

   Deux options sont proposées :

   - **Ajouter à un album existant :** Touchez cette option si l'album de destination existe déjà.
   - **Ajouter à un nouvel album :** Si aucun autre album n'existe, ou si aucun des autres albums présents dans l'iPhone ne vous convient, vous pourrez créer un album supplémentaire.

5. **Pour cet exemple, nous touchons l'option Ajouter à un album existant.**

   La liste des albums apparaît.

6. **Touchez l'album de destination.**

   Des noms d'albums peuvent être en caractère gris. Ils signalent les albums créés à partir de dossiers créés dans un ordinateur puis synchronisés. Or, il est impossible d'ajouter des photos dans ces albums importés. Vous devez impérativement choisir un album créé depuis l'iPhone.

Notez aussi qu'il est impossible de supprimer des photos stockées dans des albums créés par la synchronisation de dossiers informatiques. Pour les ôter de l'iPhone, vous devez les supprimer dans l'ordinateur – ou les déplacer dans un autre dossier – puis procéder à une nouvelle synchronisation.

Améliorer les photos

Avec son capteur de 8 mégapixels, l'iPhone 5 fait de belles photos, mais dans certains cas – une lumière pas très favorable, un cadrage approximatif... –, une intervention s'impose.

Procédez comme suit pour appliquer une correction :

1. **Sur l'écran d'accueil, touchez l'icône Photos.**
2. **Touchez un album puis touchez la photo à corriger.**
3. **En haut à droite de l'écran, touchez le bouton Modifier.**

   Quatre icônes apparaissent en bas de l'écran (Figure 9.7). De gauche à droite, ce sont les commandes :

Figure 9.7 : Les commandes de modification d'une photo.

- **Rotation :** Faites pivoter l'image de 90 degrés dans le sens antihoraire.

- **Correction automatique :** L'application Photos analyse l'image puis corrige automatiquement le contraste, la luminosité et d'autres paramètres. Cliquez sur le bouton Enregistrer, en haut à droite, pour conserver les corrections.

ATTENTION

Le résultat de la correction automatique n'est pas toujours concluant. Si elle ne vous satisfait pas, touchez de nouveau le bouton Correction automatique afin de la désactiver.

- **Correction des yeux rouges :** Si le flash a rendu les yeux du modèle rouges (par réflexion de la lumière sur la rétine), touchez ce bouton puis touchez l'œil à corriger. La zone rouge sera désaturée afin d'éliminer la coloration rouge. Répétez la correction sur l'autre œil. Cliquez sur le bouton Appliquer, en haut à droite, pour pérenniser la correction.

- **Rogner la photo :** Si la photo doit être recadrée, touchez ce bouton. Une grille de composition avec des équerres dans les coins est placée sur l'image (Figure 9.8). Tirez les coins vers l'intérieur afin de réduire la zone à conserver. Déplacez la photo sous la grille pour parfaire le cadrage. Touchez enfin le bouton Rogner, en haut à droite, pour ne conserver que la partie cadrée.

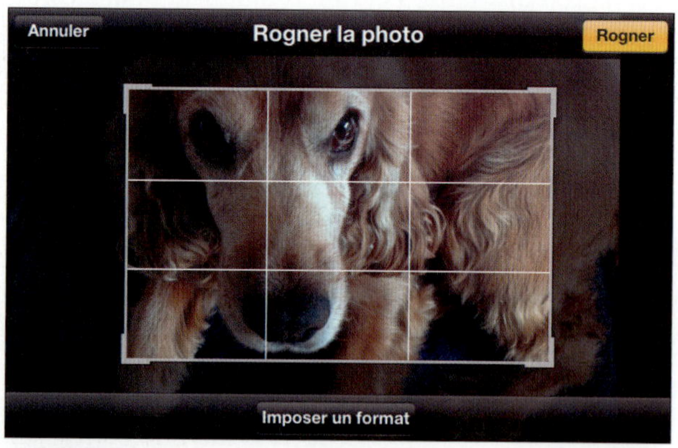

Figure 9.8 : Le recadrage d'une photo au carré avec l'option Imposer un format. Seule la partie dans la grille de composition sera conservée.

TRUC

- Un bouton Imposer un format se trouve sous l'image. Touchez-le pour accéder à des formats classiques, comme Carré (voir Figure 9.8), ou exprimés en pouces comme 4 x 6 (tirage au format 10 x 15 cm), ou 8 x 10 (20 x 25 cm), ou 16 x 9, commode pour visionner les photos sur un écran de télévision.

4. **Les modifications terminées, touchez le bouton Enregistrer, en haut à droite, pour conserver vos retouches.**

Supprimer des photos

Nous avons dit précédemment que les photos étaient faites pour être vues. En réalité, il nous faut nuancer le propos : certaines photos valent d'être montrées, d'autres doivent être corrigées, comme nous venons de le voir, et d'autres enfin ne méritent pas d'être conservées.

Pour supprimer une photo ratée ou inintéressante :

1. **Dans l'album Pellicule, touchez la photo à supprimer.**

   Il faut en effet commencer par l'afficher.

2. **Touchez la photo affichée pour faire apparaître les commandes, si elles ne sont pas déjà visibles.**

3. **Touchez l'icône en forme de poubelle.**

4. **Touchez le bouton Supprimer la photo (ou Annuler, si finalement vous changez d'avis).**

   La photo est définitivement supprimée.

Pour supprimer de nombreuses photos à la fois, allez dans Pellicule, ou dans n'importe quel autre album si vous en avez créé un, puis :

1. **Touchez l'icône en forme de rectangle d'où jaillit une flèche, en haut à droite de l'écran.**

2. **Touchez chacune des photos (ou vidéo) à supprimer.**

   Elles sont marquées d'un rond rouge avec une coche. En bas à droite de l'écran, le bouton Supprimer indique le nombre de photos qui seront éliminées (voir Figure 9.9). Effleurez éventuellement l'écran à la recherche d'autres photos à éliminer.

Figure 9.9 : Touchez chacune des photos à supprimer.

3. **Touchez le bouton rouge Supprimer, en bas à droite.**

   L'iPhone affiche un grand bouton rouge Supprimer la sélection et un bouton noir Annuler.

4. Touchez le bouton Supprimer la sélection.

C'est fait, les photos ont disparu de l'iPhone.

Il n'est pas possible de supprimer des photos importées par une synchronisation. Pour les ôter, vous devez refaire une synchronisation après les avoir ôtées dans le dossier de l'ordinateur ou dans iPhoto.

Utiliser le Flux de photos

Dans le cadre du service iCloud, toutes les photos prises avec l'iPhone, ou avec d'autres matériels tournant sous iOS 5, comme l'iPad 2, sont automatiquement poussées vers tous vos autres équipements, notamment vos PC, Mac, iPad, iPod touch, boîtier Apple TV ou vers un autre iPhone. Le transfert se produit par la magie de la fonction Flux de photos.

Ne vous souciez pas de l'espace de stockage. Les dernières 1 000 photos prises au cours des 30 derniers jours sont en effet stockées dans un album Flux de photos pendant 30 jours. C'est une durée qu'Apple estime suffisante pour que tous vos équipements aient eu l'occasion de s'interconnecter et récupérer ces photos *via* une connexion Wi-Fi. Toutes les photos restent sur le PC ou sur le Mac parce que leur capacité de stockage est la plus élevée. Il est toujours possible de déplacer les photos manuellement de l'album Flux de photos vers un autre album de votre iPhone ou de tous les autres matériels tournant sous iOS 5.

Les photos prises avec l'iPhone ne sont pas placées dans le flux de photos tant que vous n'avez pas quitté l'application Photos. De la sorte, vous avez la possibilité de supprimer celles qui ne doivent pas migrer vers d'autres équipements.

Si pour quelque raison des photos prises avec l'iPhone ne sont pas envoyées, touchez Réglages, faites défiler les commandes jusqu'à l'option Photos et assurez-vous que le commutateur Flux de photos est actif.

Que faire de vos photos ?

Les photos de l'iPhone peuvent être exploitées de diverses manières. Mais d'abord, assurez-vous que les commandes sont affichées en même temps que l'image. Touchez ensuite l'icône en bas à gauche, celle montrant une flèche jaillissant d'un rectangle. Vous accédez ainsi aux choix de la Figure 9.10 que nous examinons sans tarder :

- **Envoyer par courrier :** Vous voudrez sans doute montrer les plus belles de vos photos à votre entourage. Quand vous touchez le bouton Envoyer par courrier, la photo est jointe à un message électronique vierge. Il vous est demandé à quelle taille l'image doit être réduite : Petite, Moyenne, Grande ou Taille réelle. Pour les photos prises avec l'iPhone, optez plutôt pour la taille Moyenne ou Grande, car la taille réelle (640 x 960 pixels) ne permettrait pas de voir la photo en entier sur la plupart des écrans d'ordinateurs.

Figure 9.10 : Ce que vous pouvez faire de vos photos.

  Saisissez l'adresse électronique, l'objet du message et le message lui-même (reportez-vous au Chapitre 11 pour en savoir plus sur le courrier électronique), puis touchez le bouton Envoyer.

  Vous pouvez aussi maintenir le doigt en contact avec l'écran jusqu'à ce qu'un bouton Copier apparaisse. Touchez-le, après quoi vous pourrez coller l'image dans un courrier électronique.

- **Message :** La photo est jointe à un MMS (*Multimedia Messaging Service,* « service de messagerie multimédia ») ou à un iMessage (liaison par Wi-Fi avec un autre iPhone, un iPad, un iPod touch ou un Mac tournant sous Mac OS X Lion Mountain). Saisissez le numéro de téléphone mobile du destinataire ou son adresse Internet, puis touchez le bouton Envoyer.

  Le destinataire doit posséder un téléphone mobile ou un iPhone capable de recevoir des MMS. Autrement, il ne recevra rien et ne saura pas même que vous lui en avez envoyé un.

- **Flux de photos :** Ajoute l'image au Flux de photos, une fonction décrite à la section précédente.

- **Twitter :** Beaucoup de gens envoient des photos *via* leurs réseaux sociaux. Touchez le bouton Tweeter, et la photo est incorporée à un tweet. Ajoutez un peut mot sympa, dans la limite des 140 caractères autorisés.

- **Facebook :** Poste la photo sur votre mur dans Facebook, si vous êtes inscrit à ce réseau social. Là aussi, vous pouvez ajouter du texte.

- **Assigner à un contact :** La photo que vous assignez à quelqu'un figurant dans la liste de contacts apparaît lorsque cette personne vous envoie un message. Pour que cela se produise, touchez le bouton Assigner à un contact. Dans la liste Contacts, touchez le nom de la personne à laquelle vous assignerez la photo. Comme pour le fond d'écran, vous pouvez déplacer et redimensionner la photo. Touchez ensuite le bouton Valider.

  Une autre technique consiste à toucher l'icône Téléphone, dans l'écran d'accueil, puis l'icône Contacts. Touchez la zone du correspondant, touchez le bouton Modifier, puis touchez la zone carrée Ajouter photo, en haut à gauche. Vous avez ensuite le choix entre deux options : prendre une photo avec l'appareil photo intégré à l'iPhone ou sélectionner une photo dans l'un des albums.

  Pour changer la photo assignée à quelqu'un, touchez son nom dans la liste Contacts, touchez le bouton Modifier, puis touchez la vignette représentant la photo. À partir de là, vous avez le choix entre prendre une photo avec l'appareil photo intégré à l'iPhone, sélectionner une photo dans l'un des albums, ou déplacer et/ou redimensionner la photo actuelle.

- **Imprimer :** Si vous possédez une imprimante compatible AirPrint, il suffira de toucher ce bouton pour imprimer la photo. Vous trouverez la liste des imprimantes AirPrint sur l'Apple Store (`http://store.apple.com/fr`).

- **Copier :** Copie l'image. Vous pourrez ensuite la coller dans un message, par exemple, en touchant l'écran un instant jusqu'à ce qu'une barre de commandes apparaisse. Touchez ensuite l'option Coller.

- **Utiliser en fond d'écran :** L'image par défaut est une photo de vaguelettes. Vous souhaitez peut-être autre chose comme image d'arrière-plan : une photo de votre conjoint, des enfants ou de votre animal de compagnie comme à la Figure 9.11, ou encore un paysage.

Figure 9.11 : Pourquoi ne pas embellir l'iPhone avec une photo personnelle ?

> Après avoir touché le bouton Utiliser en fond d'écran, vous voyez ce que donnera l'image. La photo peut être recadrée en la repositionnant et en la redimensionnant par les classiques manipulations consistant à la tirer du bout du doigt ou par pincement. Pour faire de la photo un fond d'écran, touchez le bouton Définir (sinon, annulez), puis sélectionnez l'option Écran d'accueil, ou Écran verrouillé, ou Les deux, selon l'usage désiré. Nous reviendrons aux fonds d'écran au Chapitre 13.

Vous pouvez aussi partager des photos, les copier, les ajouter dans un nouvel album ou les supprimer par lot en touchant le bouton d'action en haut à gauche de Photos (et visible dans la marge). Touchez-le et des boutons Envoyer, Copier et Ajouter à sont affichés en bas de l'écran. Touchez la vignette de chacune des photos concernées, puis touchez le bouton correspondant à l'action désirée. Si vous avez touché Envoyer, un menu avec plusieurs options est proposé : Envoyer par courrier, Tweeter, Envoyer par SMS ou iMessage, Imprimer. Si vous avez touché Copier, un bouton Albums vous permettra d'indiquer l'album de destination. Enfin, si vous avez touché Ajouter à, deux options sont proposées : Ajouter à un album existant, ou Ajouter à un nouvel album. Si vous avez choisi la seconde option, vous serez invité à nommer puis enregistrer le nouvel album.

TRUC

Avant de quitter ce chapitre consacré à la photo, je vous recommande de visiter l'App Store que nous étudierons au Chapitre 14. À la rubrique Photographie, vous y trouverez quantité d'applications pour la photographie, notamment de retouche, dont certaines sont gratuites.

Vous voici devenu un pro de la photo avec l'iPhone, ce qui n'est pas peu dire.

Chapitre 10

Place à l'iMage

Dans ce chapitre :

- Trouver des vidéos.
- Regarder un film sur l'iPhone.
- Tourner des séquences vidéo.
- Monter les séquences.
- Regarder la télévision.

Imaginez la scène : dans l'odeur de graillon du pop-corn tiédasse qui imprègne toute la pièce, la famille entière est agglutinée pour regarder le dernier film à succès d'Olivoude. La bande-son retentit. Les images sont impressionnantes. Tous les yeux sont rivés sur l'iPhone.

Oui, bon, c'est un peu exagéré. L'iPhone n'est pas près de remplacer l'écran géant d'un *home cinema*. Mais nous tenions à insister sur le bel écran en 16/9e de 4 pouces de diagonale, soit plus de 10 cm.

Et surtout, comme vous le découvrirez d'ici peu, l'iPhone 5 est capable de filmer des séquences vidéo. À vous les superproductions à gros budget (celui d'un forfait iPhone, par exemple). Que le iSpectacle commence !

Où trouver des vidéos ?

Les vidéos que vous regarderez sur votre iPhone appartiennent généralement à l'une de ces catégories :

- **Films et séries de télévision achetés ou loués.** Vous pouvez les télécharger directement dans l'iPhone avec l'application iTunes, ou les télécharger d'abord dans votre ordinateur – Mac ou PC tournant sous Windows – puis les transférer dans l'iPhone par une synchronisation.
- **L'onglet Podcasts, dans l'iTunes Store installé dans l'ordinateur, contient une rubrique En HD. Beaucoup sont gratuits.** Le principe est le même que pour regarder des émissions de télévision sur leurs sites respectifs, sauf qu'au lieu de ne les diffuser qu'en flux continu (*streaming*), le fichier vidéo est enregistré sur le disque dur. Vous le transférez ensuite par une synchronisation.
- **Les vidéos que vous avez créées avec iMovie sur votre Mac ou avec d'autres logiciels sur PC.** Et aussi toutes les autres vidéos que vous avez peut-être téléchargées de l'Internet.
- **Les sites spécialisés dans la vidéo.** Le plus connu est incontestablement YouTube. Dans les versions précédentes d'iOS, une application YouTube figurait même en bonne place sur l'écran d'accueil. Pour des raisons commerciales qu'il ne nous appartient pas de commenter ici, Apple ne la propose plus. Mais il est heureusement possible de la télécharger gratuitement depuis l'App Store.
- **Les chaînes de télévision auxquelles vous donnent accès les forfaits des trois opérateurs d'iPhone en France.**

NOTE TECHNIQUE

Toujours pas de Flash ?

Comme ses prédécesseurs, l'iPhone 5 ne lit toujours pas les vidéos utilisant la technologie Flash, très abondante sur le Web. Apple a en effet décrété que cette technologie était en perte de vitesse à l'heure de l'HTML 5. Une excuse qui en vaut bien une autre et ne laisse aucune illusion sur l'avenir : l'iPhone ne lira jamais du Flash. Et ne permettra donc jamais de visionner d'innombrables journaux télévisés et films sur d'innombrables sites d'information ou de loisir.

De ce fait, il est inutile de chercher une solution lorsqu'en touchant une vidéo, vous obtenez un écran blanc avec, dans la première ligne, une mise en garde en anglais vous expliquant que cette vidéo ou cette galerie de photos exige le lecteur Flash Player de Macromedia et vous invite à le télécharger. Cela ne servira à rien.

NOTE TECHNIQUE

Vous devrez peut-être préparer les vidéos pour qu'elles soient lisibles par votre iPhone. Pour ce faire, sélectionnez-les dans iTunes, cliquez sur le menu Avancé, dans la barre de menus, et choisissez l'option Convertir la sélection pour l'iPod/iPhone.

Visionner une vidéo

Pour visionner une vidéo, touchez l'icône Vidéos, sur l'écran d'accueil. La première fois que vous l'utilisez, le seul bouton visible est Store. Touchez-le. Si vous ne voulez pas acheter un film immédiatement mais seulement voir comment l'application Vidéos fonctionne, touchez une affiche de film puis, dans le descriptif du film, touchez le bouton Bandes-annonces. La vidéo correspondante est aussitôt lue. Ensuite :

1. **Orientez l'appareil en largeur, car l'iPhone ne montre les vidéos que dans ce seul sens.**

   C'est évidemment une bonne chose, car le rapport largeur/hauteur de l'écran est celui du cinéma.

2. **La vidéo étant affichée, touchez l'écran pour afficher les commandes de la Figure 10.1.**

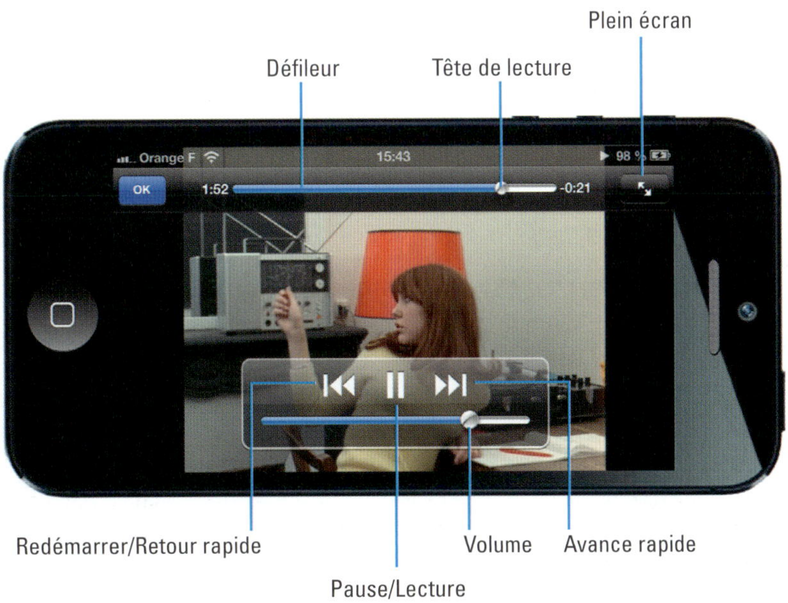

Figure 10.1 : Les commandes vidéo (Anne Wiazemsky dans *La Chinoise*, de Jean-Luc Godard).

3. **Actionnez les commandes :**

   - Pour suspendre puis reprendre la vidéo, touchez le bouton Lecture/Pause.
   - Pour régler le niveau sonore, actionnez le curseur de la glissière Volume. Ou alors appuyez sur les boutons de volume sur la tranche de l'iPhone.

- Touchez le bouton Redémarrer/Retour rapide pour recommencer la vidéo, ou touchez-le continûment pour rembobiner.
- Touchez continûment le bouton Avance rapide pour faire défiler rapidement la vidéo. Vous pouvez aussi visionner un autre moment de la vidéo en repositionnant la tête de lecture, dans la glissière supérieure.
- Touchez le bouton Plein écran pour passer du mode qui adapte la vidéo afin qu'elle emplisse totalement l'écran, quitte à rogner un peu les bords, au mode où la vidéo est montrée sans aucun recadrage, quitte à réduire un peu ses dimensions et à afficher des barres noires sur les côtés.

4. **Touchez de nouveau l'écran pour que les commandes disparaissent (ou attendez qu'elles disparaissent d'elles-mêmes).**
5. **Touchez le bouton OK, en haut à gauche, pour mettre fin à la vidéo (il n'est visible qu'avec les commandes).**

   L'écran Vidéos est de nouveau affiché.

Les commandes de vidéo peuvent varier légèrement selon les applications. Par exemple, dans l'application YouTube (Figure 10.2), téléchargeable gratuitement depuis l'App Store, la commande de volume n'existe pas et des boutons J'aime et Je n'aime pas ont été ajoutés, en haut à droite. De plus, un bouton d'options permet entre autres de partager la vidéo sur les réseaux sociaux.

Figure 10.2 : L'écran de l'application YouTube.

Filmer

L'iPhone 5 prend non seulement des photos, mais il est aussi capable de filmer en haute définition (1080p jusqu'à 30 images par seconde). Voici comment tourner une séquence vidéo :

1. **Sur l'écran d'accueil, touchez l'icône Appareil photo.**
2. **Tenez l'iPhone en largeur (en mode Paysage).**

   Si vous tenez l'iPhone en hauteur – une erreur très fréquente chez les débutants –, votre vidéo sera visionnée couchée.

3. **En haut à droite, mettez l'interrupteur Photo/Vidéo en position Vidéo, comme sur la Figure 10.3.**

   En mode Vidéo, le zoom numérique est désactivé.

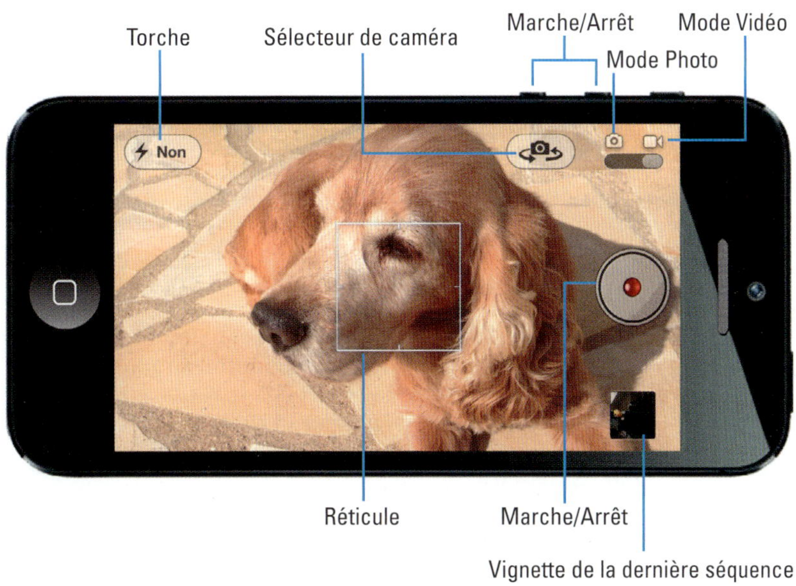

Figure 10.3 : La caméra de l'iPhone prête à filmer.

4. **Si la scène est sombre, appuyez sur l'icône de la torche et choisissez Auto ou Oui.**

   En mode Auto, l'iPhone allume automatiquement la torche (en fait, la LED près de l'objectif) lorsque la lumière est trop faible. En mode Oui, la torche reste allumée en permanence.

5. **Touchez le bouton rouge d'enregistrement, sur le côté, pour commencer à filmer.**

   Le bouton rouge clignote et un compteur indique la durée filmée.

6. **Pour cesser de filmer, touchez de nouveau le bouton rouge.**

   La vidéo est enregistrée là où se trouvent toutes les vidéos ainsi que les photos.

NOTE TECHNIQUE

L'iPhone 5 filme de la vidéo au standard HD 1080p (haute définition progressive 1920 x 1080 pixels), au format QuickTime (l'extension du fichier d'image est `.mov`), avec un son monophonique de qualité CD (44,1 kHz). La cadence est de 29,97 images par seconde. De plus, l'iPhone 5 bénéficie d'une stabilisation vidéo – mais pas photo – qui compense les secousses, ainsi que d'une fonction de réduction du bruit temporel permettant de filmer des vidéos de bonne qualité même quand la lumière est faible.

Monter les séquences vidéo

Nous supposerons que vous venez de filmer quelques belles séquences qu'il ne reste plus qu'à monter. Ce n'est pas un problème car l'iPhone 5 permet de réaliser des montages simples :

1. **Dans l'écran d'accueil, touchez l'application Photos.**

2. **Dans l'album Pellicule, touchez une vidéo pour accéder aux commandes de montage.**

3. **Tirez l'une des extrémités du ruban contenant les images, en haut de l'écran, ou les deux, afin de délimiter la partie de la vidéo à conserver, ainsi que le montre la Figure 10.4. Maintenez vos doigts sur la section afin d'étendre le visualiseur et de faciliter ainsi les coupes.**

Figure 10.4 : Découpage des parties superflues d'une vidéo : tirez les extrémités de la vidéo vers l'intérieur.

Touchez le bouton Lecture pour voir un aperçu des modifications.

4. **Touchez le bouton Raccourcir pour éliminer tout ce qui se trouve en dehors de la partie délimitée.**

Assurez-vous que la ou les coupes sont bien celles que vous désirez, car toucher le bouton Raccourcir est irréversible.

Envoyer des vidéos

Contrairement aux autres vidéos, les vôtres peuvent être visionnées en hauteur ou en largeur. Et si la vidéo est bonne – pourquoi ne le serait-elle pas ? – vous aurez envie de la montrer autour de vous. Pour cela, affichez les commandes en touchant l'écran, puis touchez la deuxième icône à partir de la gauche (comme celle dans la marge). Vous aurez ainsi le choix entre ces trois options :

- **Envoyer par courrier :** Le fichier de la séquence ne doit pas être trop volumineux car votre fournisseur d'accès Internet refuserait de l'acheminer. Renseignez-vous sur son site Web sur la taille maximale des pièces jointes.
- **Message :** La vidéo est envoyée par MMS ou par un iMessage. Par MMS, seules des vidéos extrêmement courtes peuvent être envoyées. Attention aux surcoûts de ce type d'envoi. Par iMessage, des séquences plus longues peuvent être acheminées.
- **YouTube :** La vidéo est postée sur ce célèbre réseau social. Vous devez cependant vous être préalablement inscrit à YouTube. Cette démarche est gratuite.

Regarder la télévision

Les trois opérateurs français proposent tous la télévision illimitée dans leur forfait. Par exemple, l'application TV d'Orange offre 20 chaînes gratuites de la TNT (Télévision Numérique Terrestre) et, moyennant un abonnement, ce chiffre peut être porté à 60.

Quatrième partie

L'iPhone Internet

L'iPhone permet bien sûr de regarder des vidéos, d'écouter de la musique et de surfer sur le Web. Mais est-ce qu'il sait envoyer des fils serpentins ?

La publicité de l'iPhone affirme qu'il offre le véritable Internet, et c'est bien vrai. Dans cette partie, nous étudierons donc les composants Internet de votre téléphone, en commençant par un chapitre consacré au meilleur navigateur Web jamais développé pour un appareil mobile : Safari. Puis nous verrons comment tirer parti des liens, des signets et des onglets, et comment ouvrir plusieurs pages Web en même temps. Nous vous montrerons comment lancer une recherche sur le Web à partir de l'iPhone. Et nous parlerons aussi de EDGE, de la 3G et de la Wi-Fi, les réseaux sans fil compatibles avec l'appareil.

Puis nous étudierons l'application Courrier. Vous découvrirez combien il est facile de définir des comptes de messagerie, de recevoir et d'envoyer du courrier avec ou sans pièces jointes.

Pour finir, nous examinerons quelques applications pratiques et utiles : Plans et Boussole, qui faciliteront vos déplacements et vous indiqueront même où vous êtes dans une ville qui vous est inconnue ; Météo, qui vous indiquera le temps qu'il fait là où vous êtes ou là où vous comptez aller, et Bourse, qui vous tiendra informé des fluctuations de vos investissements, à supposer que la crise ne vous ait pas complètement ratissé.

Chapitre 11

Le Safari mobile

Dans ce chapitre :

- Surfer sur le Web.
- Ouvrir et afficher des pages Web.
- Utiliser un réseau sans fil.
- Liens, signets et historiques.
- Sécuriser Safari.

« L'Internet dans votre poche. »

Ce qu'Apple avait promis, l'iPhone l'a matérialisé. Il est vrai que Steve Jobs avait préparé le terrain en alléchant le public dès janvier 2007, six mois avant la sortie de son petit bijou.

Depuis des années, les fabricants de téléphones mobiles proposent une version édulcorée d'un navigateur Internet, bien éloignée de ce que l'on trouve habituellement sur un écran d'ordinateur.

Apple s'est au contraire efforcé de reproduire exactement ce qu'est une page Web. Elle est exactement comme celles que vous verriez sur l'écran d'un Mac ou d'un PC, avec sa mise en page d'origine, ses graphismes et même la vidéo.

Voyons ce qu'est le cyberespace sur un iPhone.

Le surf vraiment Net

Si le Web est véritablement le Web et le Net vraiment net sur un iPhone, c'est au navigateur Safari qu'ils le doivent. Développé pour le Mac, puis pour Windows, c'est l'un des meilleurs navigateurs. Et à notre avis, il n'a aucun concurrent dans le domaine de la téléphonie mobile.

Un coup d'œil sur le navigateur

Démarrons notre cyber-expédition par un rapide tour du navigateur Safari (voir Figure 11.1). Toutes les commandes existant sur la version Mac ou Windows sont présentes. C'est pourquoi Safari n'est guère dépaysant. Ces diverses commandes seront décrites dans ce chapitre.

Figure 11.1 : Le navigateur Safari de l'iPhone.

Mais avant d'entrer dans le vif du sujet, nous ferons un petit détour : lisez l'encadré « Wi-Fi, EDGE, 3G et 4G » pour en savoir plus sur les réseaux sans fil qui vous permettent de surfer sur le Web.

NOTE TECHNIQUE

Wi-Fi, EDGE, 3G et 4G

Il est en principe impossible de recevoir ou d'envoyer un appel avec un téléphone mobile sans être préalablement connecté à un réseau cellulaire. Et il vous est impossible d'aller sur l'Internet – et recevoir ou envoyer du courrier électronique – si vous ne pouvez pas accéder à un *réseau de données sans fil*. L'iPhone est compatible avec quatre de ces réseaux : la Wi-Fi, 3G, le réseau EDGE et le réseau GPRS. Il est aussi compatible avec une troisième technologie sans fil nommée Bluetooth, décrite au Chapitre 13, dont l'usage est différent. L'iPhone 5 est aussi capable de se connecter à un réseau 4G. Encore faut-il que ce réseau soit compatible. Ce n'est aujourd'hui le cas, en Europe, que de ceux de l'Allemagne et du Royaume-Uni, comme expliqué au Chapitre 1.

L'iPhone se connecte automatiquement au réseau disponible le plus rapide, qui est presque systématiquement un réseau Wi-Fi, lorsqu'il s'en trouve un à portée. Wi-Fi est la marque déposée par la Wi-Fi Alliance, un consortium d'entreprises chargé de normaliser les produits basés sur le standard de communication sans fil IEEE 802.11 (suivi d'une lettre, *b, g* ou *n*, selon les spécifications et les performances).

L'iPhone est conforme aux standards 802.11b et 802.11g, ce qui signifie qu'il est capable de fonctionner avec la plupart des routeurs grand public, la plupart des points d'accès – ou *hotspots* – privés ou publics qui se trouvent dans les hôtels, les gares, les aéroports, les cybercafés et ailleurs. Si un nom d'utilisateur et un mot de passe sont demandés pour se connecter à un point d'accès Wi-Fi, vous les saisirez avec le clavier virtuel.

Le problème de la Wi-Fi est qu'elle ne couvre qu'une zone très modeste autour du point d'accès, ce qui nous amène aux réseaux EDGE (*Enhanced Datarate for GSM Evolution*, taux de transfert de données amélioré pour l'évolution du GSM) et 3G (de troisième génération, en attendant l'imminente 4G) ainsi que GPRS (*General Packet Radio Service,* service général de radiocommunication par paquets).

Quelques chiffres vous permettront de vous faire une idée précise des capacités de ces réseaux de données :

- **4G :** La compatibilité avec l'iPhone 5 n'est assurée, à l'heure où ces lignes étaient écrites, qu'en Allemagne, Australie, Canada, Corée du Sud, États-Unis, Hong-Kong, Japon, Royaume-Uni et Singapour. Le débit de la 4G est dix fois supérieur à la 3G+. Une réattribution des fréquences pourrait permettre d'utiliser le réseau 4G français.
- **3G+ :** C'est l'appellation commerciale de la technologie HSDPA (*High Speed Downlink Package Access,* accès par paquets en liaison descendante à haut débit), une évolution de la technologie 3G. Son débit maximal est de 3,6 Mbit/s en réception, mais seulement 384 Kbits/s en émission.
- **3G :** La quasi-totalité de la France métropolitaine et une partie des DOM-TOM sont couverts. Le débit est de 384 Kbit/s en réception et 128 Kbit/s en émission.

- **EDGE :** Ce réseau qui bouche les trous de la 3G couvre 99 % de la France métropolitaine et une bonne partie des DOM-TOM. Le débit est de seulement 214 kilobits/seconde (Kbit/s) maximum en réception.
- **GPRS :** c'est le plus lent des réseaux, une horreur. Avec 53,6 Kbit/s maximum en réception et seulement 26,8 Kbit/s en émission, c'est celui des connexions à bas débit.

En France métropolitaine, lez zones où aucun réseau n'est détectable sont rarissimes. Le réseau 3G+ est concentré sur les régions les plus peuplées et les plus industrialisées. Mais quand la réception est un peu déficiente, EDGE prend généralement le relais sans coup férir.

Incursion dans le cyberespace

Nous vous avons alléché en affirmant combien les pages Web sont belles sur un iPhone. Le moment est venu de voir cela.

Dès que vous touchez le champ d'adresse, le clavier virtuel apparaît. Remarquez, sur ce clavier, la touche `.com` destinée aux nombreuses adresses Web qui se terminent par ce suffixe. Mais pour d'autres suffixes très courants, comme `.fr`, `.org`, `.net` et bien d'autres, vous devrez procéder manuellement.

Le point (.) et la barre inclinée (/) se trouvent aussi sur le clavier, car ils sont abondamment utilisés dans les adresses Web.

TRUC

NdT : Pourquoi le signe deux-points (:) – comme dans `http://` – ne figure-t-il pas sur le clavier virtuel ? Parce qu'il est inutile de taper ce préfixe. Commencez directement par le nom de domaine – car même www est superflu –, et le navigateur se charge du reste. Exemple : `editionsfirst.fr` au lieu de `http://www.editionsfirst.fr`.

Dès que vous tapez une adresse Internet, vous voyez apparaître une liste d'adresses correspondant à la saisie, comme le montre la Figure 11.2. Par exemple, si vous tapez « e » , une liste d'adresses commençant par cette lettre est affichée. Touchez-la pour masquer le clavier virtuel et accéder à l'ensemble des suggestions.

L'iPhone dispose de deux moyens pour déterminer les sites à afficher lorsque vous saisissez une adresse :

L'un consiste à rechercher ceux figurant parmi les signets ou les favoris que vous avez créés dans l'ordinateur avec Safari ou Internet Explorer, et que vous avez ensuite synchronisés avec l'iPhone.

L'autre est la liste des sites de l'Historique qui conserve la trace de vos récentes pérégrinations cybernétiques. Nous reviendrons sur les signets et l'Historique plus loin dans ce chapitre.

Ouvrons notre première page Web :

1. **Touchez l'icône Safari, dans le dock en bas de l'écran d'accueil.**

   Il fait partie de la « bande des quatre » , les autres étant Téléphone, Mail et Musique.

2. **Touchez le champ d'adresse, en haut de l'écran.**

   Si vous ne le voyez pas, faites défiler la page vers le bas.

3. **Commencez à taper l'adresse.**

   NOTE TECHNIQUE

   Une adresse Internet est aussi appelée URL (*Uniform Resource Locator*, adresse de ressource unifiée) dans la littérature technique.

Figure 11.2 : Les pages Web correspondant à la saisie en cours.

4. **Exécutez l'une de ces actions :**

   a. Pour aller sur l'un des sites mentionnés sur un signet, touchez-le.

      Safari remplit automatiquement le champ d'adresse et ouvre la page en question.

   b. Continuez à saisir entièrement l'adresse Internet, puis touchez le bouton Accéder, en bas à droite.

      Il n'est pas nécessaire de tout taper. Par exemple, au lieu de taper `http://www.france.com`, ne tapez que `france` puis touchez le bouton .com puis le bouton Accéder. Vous êtes alors transporté non de joie (quoique…) mais vers le site en question.

C'est Net !

Ouvrir une page Web c'est bien, mais la consulter confortablement, c'est mieux. Vous découvrirez maintenant comment zoomer dans une page afin d'en lire le contenu sans recourir à une loupe.

Essayez ces petites manips sympas :

- **Double-touchez l'écran afin que la partie effleurée emplisse tout l'écran :** Il ne faut pas plus d'une seconde au contenu pour devenir net. La Figure 11.3 montre une même page du journal *Le Monde* juste après son chargement, et après avoir zoomé en double-touchant. Observez comment la colonne de texte est cadrée au mieux, sans jamais être tronquée. Pour revenir à l'affichage d'origine, double-touchez de nouveau.

Figure 11.3 : Une page chargée (à gauche) et agrandie (à droite).

- **Pincez la page :** Rapprochez deux doigts, faites-les toucher l'écran et écartez-les. La page grossit. Rapprochez les doigts et la page rétrécit. Là encore, patientez une seconde, le temps que le contenu, flou pendant le zoom, redevienne net.
- **Déplacez la page du bout du doigt :** De droite à gauche, de haut en bas, et inversement et en tous sens. C'est la course du lièvre à travers les champs.
- **Faites pivoter l'iPhone en largeur :** Inclinez l'iPhone. Vous bénéficiez non seulement d'une vue en panoramique, mais la barre d'adresse disparaît afin de libérer de la place. Et lorsque vous devez saisir du texte, les touches du clavier virtuel sont un peu plus larges, donc un peu plus confortables.

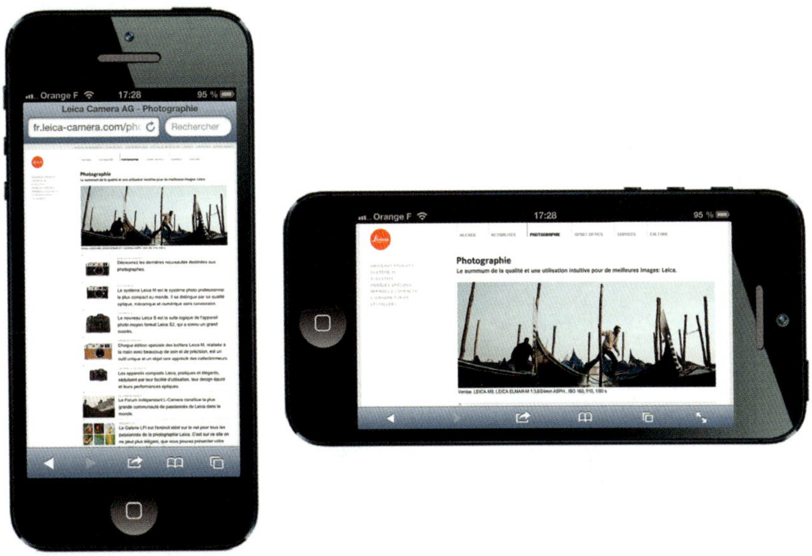

Figure 11.4 : Le Web en hauteur et en largeur. Remarquez, à droite, la disparition de la barre d'adresse.

Ouvrir plusieurs pages à la fois

Lorsque vous surfez sur le Web à partir d'un ordinateur de bureau ou portable, vous ne vous en tenez pas à une seule page. En réalité, vous en ouvrez plusieurs à la fois, soit par choix personnel, soit parce qu'un lien hypertexte s'est ouvert dans une nouvelle page sans fermer la précédente. Sans parler des indésirables fenêtres surgissantes et autres pollutions publicitaires.

Le navigateur Safari de l'iPhone est capable de conserver plusieurs pages en même temps. Touchez l'icône en bas à droite, dans la barre de navigation, puis touchez le bouton Nouvelle page. Saisissez ensuite l'adresse Internet de la page à ouvrir.

Le chiffre sur l'icône en bas à droite de Safari indique combien de pages sont ouvertes. Pour les voir, feuilletez-les en tirant du doigt vers la droite ou vers la gauche, comme à la Figure 11.5. Pour afficher une page en plein écran, touchez-la.

Pour fermer une page Web, touchez le bouton rouge en haut à gauche de la page.

Figure 11.5 : Faites défiler les pages Web en les effleurant horizontalement.

Les liens (affectifs)

Surfer sur le Web serait une galère s'il fallait saisir des adresses Web chaque fois que vous voudriez passer d'une page à une autre. C'est pourquoi les signets sont si appréciés, mais aussi et surtout les liens. Comme le navigateur Safari de l'iPhone fonctionne exactement comme celui du Mac ou du PC, les liens réagissent de la même manière.

Les liens textuels pointant vers un autre site ou une autre page sont généralement bleus et soulignés. Touchez un lien pour aller directement vers la page vers laquelle il pointe.

D'autres liens peuvent se comporter différemment :

- **Ouvrir un plan :** Toucher un plan démarre l'application Google Maps, étudiée au Chapitre 12.
- **Préparer un courrier électronique :** Saisissez une adresse électronique et l'iPhone démarre l'application Courrier présentée au prochain chapitre. Il place automatiquement l'adresse dans le champ À et déploie le clavier virtuel afin que vous puissiez ajouter d'autres destinataires, indiquer l'objet et composer le message.

- **Appeler au téléphone :** Touchez un numéro de téléphone figurant dans une page Web, et l'iPhone le mémorise aussitôt. Touchez ensuite le bouton Appeler, et l'iPhone compose le numéro.

Pour voir l'adresse Internet, ou URL, vers laquelle pointe un lien, immobilisez le doigt sur le lien pendant un instant. C'est aussi un moyen pour vérifier si une image contient un lien.

Tous les liens hypertextes ne s'accommodent guère de l'iPhone. Par exemple, au moment où ces lignes sont écrites, iPhone snobe quelques standards Web bien établis comme la vidéo Flash et Java. La version 3.0 du système d'exploitation de l'iPhone reconnaît le standard émergent HTML 5 ainsi que la diffusion en flux continu, ou *streaming*, du son et de la vidéo. Cela dit, en cas d'incompatibilité, il ne se passe rien. Ou alors, un message vous demande de télécharger un module complémentaire, ou *plug-in*.

Créer un signet

Pour en avoir utilisé sur votre ordinateur et les avoir synchronisés avec l'iPhone, vous savez d'ores et déjà combien les signets sont utiles. Il n'est pas plus difficile d'en créer directement dans l'iPhone :

1. **La page à marquer d'un signet étant ouverte, touchez le bouton d'action au milieu dans la barre de navigation, en bas de l'écran (le rectangle avec une flèche qui en jaillit).**

   Un panneau contenant neuf icônes apparaît :

   - **Envoyer par courrier :** Insère l'adresse Internet de la page sous la forme d'un lien dans un nouveau message. Le destinataire pourra visiter cette page en touchant le lien ou en cliquant dessus.
   - **Message :** Insère dans un nouveau SMS ou dans un nouvel iMessage un lien pointant vers l'adresse Internet de la page.
   - **Twitter :** Le lien de la page est inséré dans un tweet.
   - **Facebook :** Le lien de la page est inséré sur le mur de votre page Facebook.
   - **Sur l'écran d'accueil :** Une icône est créée sur l'écran de l'iPhone. Touchez-la pour accéder directement à la page Web.
   - **Imprimer :** Imprime la page à condition que l'imprimante soit compatible AirPrint.
   - **Copier :** Permet de coller l'adresse de la page Web dans Notes, Mail, ou dans n'importe quelle autre application capable de recevoir du texte.

- **Signet :** C'est l'option que nous sélectionnons dans le cadre de cet exercice.
- **Ajouter à la liste de lecture :** Utilisez cette option pour les pages que vous n'avez pas le temps de lire mais que voudrez consulter plus tard. Pour accéder au site, touchez ensuite l'icône Signets, dans la barre de navigation, puis l'option Liste de lecture. Les pages sont classées en Tous (la liste complète) ou Non lu (les sites que vous n'avez pas consultés depuis leur mémorisation).

La Figure 11.6 montre la page Nouveau signet qui apparaît lorsque vous touchez l'option Signet. Ce dernier comporte un nom et un emplacement par défaut.

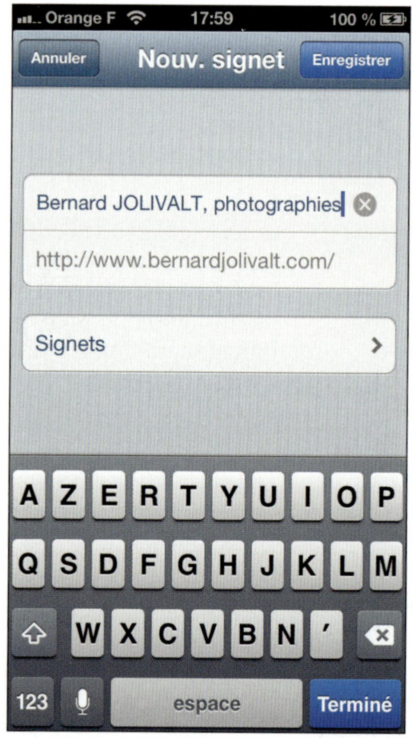

Figure 11.6 : La création d'un nouveau signet.

2. **Pour accepter le nom et l'emplacement proposés dans le formulaire, touchez le bouton Enregistrer.**
3. **Pour modifier le nom du signet, touchez le bouton rond avec un X dedans, puis saisissez le nouveau nom à l'aide du clavier virtuel. Touchez ensuite le bouton Enregistrer.**
4. **Pour choisir un autre emplacement de stockage du signet, touchez le chevron à droite du mot Signets, touchez le dossier dans lequel vous désirez placer le signet, touchez le bouton Ajouter un signet, puis touchez Enregistrer.**

Pour accéder à un site Web en utilisant son signet, touchez l'icône Signets, dans la barre de navigation (c'est la deuxième à partir de la droite), puis touchez le signet approprié.

Si ce signet se trouve dans un dossier, touchez d'abord le nom du dossier, puis le signet.

TRUC

Si vous avez touché l'icône Sur l'écran d'accueil plutôt que Signet, à l'Étape 1, une icône de signet est placée dans l'écran d'accueil, permettant d'accéder rapidement au site. Si vous avez touché l'option Envoyer par courrier, le programme Mail s'ouvre avec, dans le message, le lien pointant vers la page ainsi que le nom du site dans le champ Objet.

Modifier ou supprimer des signets

Si un signet n'est plus utile ou si l'adresse Internet a changé, vous pouvez l'effacer ou le modifier :

- Pour supprimer un signet ou un dossier dans une liste, effleurez-le puis touchez le bouton Supprimer qui vient d'apparaître.
- Pour créer un nouveau dossier pour vos signets, touchez Modifier puis le bouton Nouveau dossier. Nommez-le et choisissez son emplacement.
- Pour déplacer un signet dans la liste, touchez Modifier puis repositionnez-le en le tirant par la barre à trois traits, à droite de son nom.
- Pour supprimer un signet dans un écran d'accueil, touchez-le jusqu'à ce que les icônes frémissent, puis touchez le bouton rouge avec une croix, en haut à gauche du signet à éliminer.

  N'OUBLIEZ PAS

  Un signet placé dans un écran d'accueil ne peut être que supprimé. Il est impossible de le modifier.

L'historique de vos visites

Il vous arrivera parfois de vouloir retourner sur un site que vous n'aviez pas marqué d'un signet, et dont vous ne vous souvenez pas de l'adresse ou comment vous vous y êtes rendu. Safari conserve heureusement un historique de vos escapades sur le Web.

L'adresse des pages visitées est mémorisée pendant plusieurs jours. Pour y accéder, touchez l'icône Signets, touchez Historique, tout en haut de la liste, puis touchez le nom du site que vous désirez revoir.

TRUC

Pour effacer l'historique afin que personne ne puisse savoir quels sites vous avez visités – on n'est pas de bois, mais quand même… –, touchez le bouton Effacer, en bas de l'écran. Ou alors, dans l'écran d'accueil, touchez l'icône Safari puis Effacer l'historique. Dans les deux cas, vous devrez confirmer vos funestes intentions.

Démarrer une recherche sur le Web

La plupart des internautes recourent intensivement aux moteurs de recherche. Les plus utilisés sont Google et Yahoo! ; il en va de même sur l'iPhone.

Par défaut, l'iPhone propose de procéder à une recherche avec Google. Voici comment :

1. **Dans Safari, touchez le champ Rechercher, en haut à droite.**

   Il s'élargit aussitôt afin de faciliter la saisie.

2. **Saisissez le ou les termes de votre recherche.**

   Des suggestions de termes vous sont proposées.

3. **Si le critère désiré se trouve parmi ces suggestions, touchez-le. Sinon, terminez la saisie puis, en bas à droite du clavier, touchez le bouton Terminer.**

   Google affiche aussitôt le résultat de ses recherches (Figure 11.7). Parcourez-les pour trouver celui qui correspond le mieux à vos désirs.

Figure 11.7 : Google vient d'afficher le résultat de ses recherches. Il semble modeste, mais en réalité, faire défiler la page vers le haut révèle des centaines de sites intéressants.

TRUC

Pour définir le moteur de recherche par défaut, touchez Réglages > Safari > Moteur de recherche. Touchez enfin celui que vous désirez utiliser : Google, Yahoo! ou Bing, le moteur de recherche développé par Microsoft.

TRUC

Si vous avez vos habitudes avec Google tel qu'il apparaît sur l'ordinateur, avec ses onglets Images, Vidéo, Maps, Actualités, *etc.*, touchez plutôt l'icône Signet et choisissez le signet Google. Ainsi, vous ne serez pas dépaysé.

Trouver un mot dans une page

Quand vous vous documentez sur un sujet précis, vous gagnez énormément de temps en allant directement au mot qui vous intéresse, surtout si la page est très longue et les occurrences du mot rares, ce qui oblige à parcourir attentivement des dizaines, voire des centaines de lignes de texte, ou nombreuses, ce qui augmente le risque d'en laisser passer et manquer une information importante.

Voici comment procéder :

1. **Visitez un site Web contenant du texte.**

   Nous rechercherons pour cet exemple le nom du dramaturge allemand Bertolt Brecht dans un article particulièrement long.

2. **Si vous avez déjà fait défiler la page au cours de votre lecture, revenez au début du texte afin que le champ de saisie Rechercher soit visible.**

   Pour remonter instantanément tout en haut d'une page Web, touchez la barre supérieure de l'iPhone.

3. **Touchez le champ Rechercher, en haut à droite de l'écran, puis saisissez le mot dont vous recherchez les occurrences sur la page Web.**

   Des suggestions de recherche sont affichées. Remarquez, en bas de la liste des suggestions, la barre portant la mention "`Sur cette page (n résultats)`" où *n* est le nombre d'occurrences du mot dans la page. Cette barre n'est visible que si l'iPhone est tenu en hauteur.

4. **Tirez la liste des suggestions vers le haut pour faire disparaître le clavier virtuel et atteindre la fin de la liste.**

5. **Touchez le résultat `Rechercher « mot recherché »`.**

   La page Web réapparaît. La première occurrence du mot apparaît dans un cartouche jaune (Figure 11.8).

Figure 11.8 : Chaque occurrence du mot recherché – le nom du dramaturge allemand Bertolt Brecht – apparaît dans un cartouche jaune.

6. **Touchez l'un des boutons fléchés, en bas à droite, pour passer à l'occurrence suivante ou précédente.**

7. **Lorsque vous avez terminé de parcourir les occurrences, touchez le bouton OK, en bas à droite.**

Notez que Safari ne différencie pas les majuscules et les minuscules. De plus, une recherche peut porter sur plusieurs mots (exemple : **Éditions First**). La recherche ne sera effectuée que sur cet ensemble de mots. Le mot Éditions seul ou le mot First seul ne sera pas trouvé.

Enregistrer des images du Web

La plupart des images des pages Web peuvent être copiées (sachez toutefois que vous risquez d'être en infraction avec le droit d'auteur, selon l'usage que vous ferez de ces images). Voici comment : laissez votre doigt en contact avec une image jusqu'à ce qu'un bouton Enregistrer l'image apparaisse, accompagné d'autres boutons, comme le montre la Figure 11.9.

Figure 11.9 : Maintenez le doigt contre une image puis touchez le bouton Enregistrer l'image afin de la transférer dans l'album Pellicule de l'application Photos.

Les paramètres intelligents de Safari

L'Internet regorge certes de richesses en tout genre, mais c'est aussi un lieu parfois mal fréquenté. Vous devrez protéger votre vie privée et votre sécurité.

Retournons dans les paramètres de l'iPhone en touchant dans l'écran d'accueil, Réglages puis Safari.

Nous venons d'apprendre comment choisir le moteur de recherche par défaut et effacer l'historique. D'autres actions sont envisageables :

- **Auto-remplissage :** Lorsque cette fonctionnalité est active, Safari complète automatiquement les formulaires sur le Web en utilisant vos informations de contact personnelles, vos noms d'utilisateur et mots de passe, et toutes autres informations provenant de vos contacts dans l'application Carnet d'adresses.
- **Ouvrir les liens :** Vous pouvez choisir si un lien doit être ouvert dans une nouvelle page ou en arrière-plan.
- **Navigation privée :** Vous ne voulez pas laisser de trace de votre navigation sur le Web ? Activez la fonction Navigation privée.
- **Accepter les cookies :** Nous n'avons pas encore parlé des cochoncetés qui peuvent s'accumuler dans l'iPhone. Les *cookies* sont des petits fichiers qu'un site Web place dans l'iPhone afin de vous reconnaître lorsque vous le revisitez. Pas de panique : ils sont inoffensifs, mais si ce flicage bénin vous incommode, il vous reste quelques ressources.

  Touchez l'option Accepter les cookies, puis choisissez l'une de ces options :

  - **Jamais :** Safari n'accepte plus aucun cookie, mais cela peut vous empêcher d'accéder à des sites indispensables, comme celui de votre banque qui a besoin de placer des cookies. Si l'iPhone les refuse, vous ne pourrez pas consulter vos comptes ni faire d'opérations.
  - **Des sites visités :** C'est l'option pas défaut. Seuls les sites que vous avez choisi de visiter sont autorisés à placer des cookies, mais pas les sites partenaires avec lesquels ils sont acoquinés.
  - **Toujours :** Accepte systématiquement tous les cookies. Vous risquez d'être la cible de nombreux courriers indésirables car les sites où vous allez peuvent signaler votre visite à des sites partenaires qui se feront un plaisir de vous envoyer leurs propres publicités.

Touchez le bouton Safari, en haut à gauche, pour revenir aux réglages du navigateur.

- **Effacer l'historique :** Supprime l'historique auquel vous accédez en touchant l'icône Signet et en touchant ensuite l'option Historique, en haut de la liste des signets. L'historique des mots recherchés est également effacé.

- **Effacer cookies et données :** Supprime tous les cookies stockés dans l'iPhone.

- **Alerte de fraude :** Si vos pérégrinations sur le Web vous amènent sur un site déjà signalé comme frauduleux, et inscrit comme tel dans une base de données spécialisée, Safari vous préviendra.

- **JavaScript :** Cette option est active par défaut. Les programmeurs de pages Web se servent du langage JavaScript pour placer de nombreuses fonctionnalités comme l'affichage de la date et de l'heure ou le remplacement d'une image par une autre lorsqu'elle est survolée par le pointeur de la souris. Le code JavaScript a toutefois été impliqué dans des problèmes liés à la sécurité.

- **Bloquer les « pop-ups » :** Les *pop-ups* sont ces agaçantes fenêtres surgissantes publicitaires qui s'imposent sans vergogne. Par défaut, les pop-ups ne sont pas bloquées, car certains sites s'en servent à bon escient.

- **Avancé :** À moins que vous soyez programmeur, cette option ne vous sera d'aucun intérêt. Elle permet d'activer ou de désactiver une console de débogage montrant les erreurs, les alertes, les informations, les journalisations, *etc.*

La maîtrise de Safari n'est qu'un aspect de l'usage de l'Internet avec l'iPhone. Dans les chapitres à venir, vous découvrirez comment utiliser le courrier électronique, les plans, et bien d'autres choses encore.

Chapitre 12

Les bons comptes (de messagerie) font les bons amis

Dans ce chapitre :

- Configurer les comptes de messagerie.
- Envoyer du courrier électronique.
- Lire et gérer les messages.
- Rechercher dans les messages
- Définir les préférences de courrier.

Vous avez vu au Chapitre 5 combien il est facile d'envoyer des SMS, MMS et iMessages. Ces messages ne sont toutefois pas l'unique moyen de communication écrite de l'iPhone. L'un de ses aspects les plus plaisants est bien sûr la possibilité de recevoir et d'envoyer du courrier électronique – des e-mails – à l'aide de l'application Mail.

Et ce n'est pas tout : votre iPhone sait ouvrir différents types de pièces jointes, notamment les fichiers PDF, Word et Excel. Et, cerise sur le gâteau, les fonctions de messagerie peuvent se dérouler en tâche de fond, vous permettant de surfer sur le Web ou de converser au téléphone pendant que l'iPhone s'occupe efficacement de relever votre courrier en coulisse.

Enfin, l'application Mail est compatible avec les fournisseurs de messagerie les plus connus comme Gmail, Yahoo!, Hotmail et AOL (America OnLine), et aussi avec le service iCloud d'Apple. Pour iCloud, Apple présume que vous avez créé un compte de messagerie gratuit, sans publicité, nommé me.com, à moins que vous ayez déjà une adresse me.com ou mac.com.

Configurer les comptes de messagerie

Commençons par le début : pour pouvoir échanger du courrier, vous avez besoin d'une adresse électronique. Si vous disposez d'un accès à haut débit – ADSL ou câble –, elle vous a certainement été communiquée lorsque vous vous êtes abonné. Si vous faites partie de la minorité de lecteurs ne disposant pas encore d'une telle adresse, vous pourrez en obtenir une gratuitement en allant sur le site de Yahoo! (`http://fr.yahoo.com/`), Google (`http://mail.google.com/`), Hotmail (`www.hotmail.fr`) et de bien d'autres fournisseurs de services.

Beaucoup, pour ne pas dire tous les fournisseurs de messagerie gratuite, placent un peu de publicité à la fin des messages que vous envoyez. Si cela vous gêne, utilisez le compte proposé par votre fournisseur d'accès Internet (du type *votrenom*@free.fr, *votrenom*@orange.fr…). Ou alors, ils vous font payer pour qu'il n'y ait pas de pub (NdT : Les publicitaires apprécieront. Voilà que sur le Web, et même ailleurs, leurs créations sont considérées comme de nuisances dont on peut se débarrasser moyennant finances).

Configurer un compte (facilement)

Vous vous souvenez peut-être qu'au Chapitre 3 il vous a été proposé de synchroniser automatiquement les comptes de messagerie présents dans l'ordinateur et de les transférer ainsi dans l'iPhone ? Si vous avez accepté de le faire, vos comptes doivent d'ores et déjà s'y trouver. Vous pouvez passer directement à la section « Vous avez du courrier ! ».

Si vous n'avez pas opté pour cette possibilité, mais voudriez transférer vos comptes vite et bien, reportez-vous au Chapitre 3 pour savoir comment synchroniser l'iPhone. Passez ensuite à la section « Vous avez du courrier ! ».

Configurer un compte (moins facilement)

Si vous ne désirez pas synchroniser les comptes de messagerie de l'ordinateur, vous pourrez le configurer manuellement. Ce n'est pas aussi facile que de cocher une case et de synchroniser, mais il n'est pas nécessaire d'avoir inventé l'eau tiède pour y parvenir.

Si aucun compte de messagerie n'a été défini dans l'iPhone, vous serez invité à en configurer un la première fois que vous démarrerez l'application Courrier. Si au contraire un ou plusieurs comptes ont été définis dans l'iPhone et que vous désirez en ajouter un manuellement, vous devrez commencer par toucher l'icône Réglages, sur l'écran d'accueil, puis toucher Courrier puis Ajouter un compte.

Dans les deux cas, vous voyez apparaître l'écran Ajouter un compte que montre la Figure 12.1.

Figure 12.1 : Choisissez l'une de ces options.

Configurer un compte Yahoo!, Gmail, AOL ou Hotmail

Si vous possédez déjà un compte de messagerie Yahoo!, Google, Hotmail ou AOL, touchez le bouton approprié sur l'écran Ajouter un compte. Si votre fournisseur de services n'est pas l'un de ces quatre opérateurs, touchez l'option Autre.

Figure 12.2 : Remplissez les champs et touchez le bouton Suivant. Après vérification par l'iPhone, vous voilà prêt à communiquer par la messagerie.

Entrez vos prénom et nom puis, dans le deuxième champ, votre adresse électronique puis, dessous, votre mot de passe de messagerie, comme à la Figure 12.2. Dans le champ Description, indiquez sous quel nom ce compte sera mentionné dans l'iPhone (votre prénom convient parfaitement).

L'iPhone se connecte au serveur de votre fournisseur d'accès. Il vérifie vos identifiants – adresse électronique et mot de passe – et, si ces informations sont correctes, des coches vertes apparaissent à droite des informations que vous avez saisies.

Touchez le bouton Enregistrer, en haut à droite de l'écran. C'est tout. Le compte de messagerie est maintenant opérationnel.

Configurer un compte d'un autre fournisseur

Si votre compte de messagerie est de type Autre, le configurer sera un peu plus long.

Vous aurez besoin de plusieurs types d'informations que vous ne connaissez peut-être pas ou que vous n'avez pas sous la main.

Nous vous suggérons de parcourir d'abord la procédure à suivre avant de l'appliquer, de noter les éléments qui vous sont inconnus et de les réunir avant de passer à l'acte. Vous trouverez ces éléments dans la documentation qui vous a été remise après vous être abonné à l'accès Internet. Certaines d'entre elles, qui sont purement techniques et ne sont pas nominatives, se trouvent peut-être sur le site Web du fournisseur. Si le compte que vous désirez configurer est celui de l'entreprise où vous travaillez, adressez-vous au responsable informatique.

Voici comment configurer manuellement un compte :

1. **Dans l'écran Ajouter un compte, touchez Autre.**

   Vous accédez au panneau que montre la Figure 12.3.

2. **Si vous avez un compte de messagerie d'un fournisseur d'accès Internet comme Bouygues, Free, Orange ou SFR – la liste est loin d'être exhaustive –, cliquez ensuite sur Ajouter un compte Mail.**

   Parmi les autres options, le compte LDAP (*Lightweight Directory Access Protocol*) est un protocole de service d'annuaires.

Figure 12.3 : Si vous n'utilisez pas de compte Yahoo!, Gmail, Hotmail ou AOL, vous transitez par ce panneau.

Le compte CardDAV, quant à lui, est un protocole de partage de carnets d'adresses.

3. **Saisissez vos prénom et nom, adresse de messagerie, mot de passe et description dans les champs appropriés, puis cliquez sur Suivant.**

Avec un peu de chance, vous n'avez rien de plus à faire, sauf attendre que l'iPhone ait vérifié vos informations auprès de votre fournisseur d'accès Internet et validé votre compte.

Configurer un compte d'entreprise

L'iPhone a été rendu plus facile à utiliser dans un contexte professionnel, notamment en recourant aux serveurs Microsoft Exchange, largement utilisés dans les grandes entreprises.

Qui plus est, si votre société supporte la technologie ActiveSync de Microsoft, l'iPhone peut bénéficier de la messagerie *push* permettant aux messages d'arriver directement dans l'iPhone tout comme dans les ordinateurs. Afin de conserver une cohérence globale, l'iPhone supporte aussi les calendriers *push* et les contacts *push*. La société, elle, doit être équipée de Microsoft ActiveSync Exchange Server 2003 (avec le Service Pack 2), 2007 (Service Pack 1) ou 2010. Renseignez-vous auprès du responsable informatique.

Configurer le courrier Exchange n'est pas très compliqué, même si vous devrez sans doute faire appel au responsable informatique de votre entreprise pour certains réglages. Commencez par toucher l'icône Microsoft Exchange, dans l'écran Ajouter un compte. Remplissez ce que vous pouvez : votre adresse électronique, votre nom d'utilisateur (généralement du type *domaine/utilisateur*) et le mot de passe. Là encore houspillez le responsable informatique pour obtenir les informations requises.

Au prochain écran (voir Figure 12.4), entrez l'adresse du serveur, si le service Autodiscovery de Microsoft ne l'a pas déjà trouvé. Elle commence généralement par *exchange.societe.com*.

Figure 12.4 : Vous allez configurer un compte de messagerie d'entreprise.

ATTENTION

L'entreprise pour laquelle vous travaillez ne tient pas à ce que n'importe qui puisse accéder à vos courriers électroniques, si jamais vous perdiez votre iPhone ou s'il était volé. C'est pourquoi le responsable informatique peut insister pour que vous modifiiez le mot de passe de verrouillage, dans les réglages de l'iPhone (ce mot de passe est un autre que celui de votre compte). La création et la modification d'un mot passe sont expliqués au Chapitre 13, où on vous attend de pied ferme. De la sorte, si votre iPhone tombait entre de mauvaises mains, votre entreprise pourrait le vider à distance de tout son contenu.

Après avoir rempli tous les champs pour configurer votre compte, vous devrez choisir les types d'informations – Mail, Contacts et/ou Calendriers – à synchroniser avec Exchange. Sélectionnez chacun de ceux à configurer en tirant leur commutateur vers la gauche afin qu'il apparaisse en bleu.

Par défaut, l'iPhone maintient la synchronisation du courrier pendant trois jours. Pour l'étendre à une période plus longue, touchez Réglages, puis Mail, Contacts, Calendrier, et touchez Courrier : synchronisez et choisissez Illimité, ou alors une durée (un jour, une semaine, deux semaines ou un mois).

Un seul compte Exchange ActiveSync peut être configuré sur un iPhone. Si vous touchez l'icône Microsoft Exchange sur l'écran Ajouter un compte, sur un iPod qui en possède déjà un, il ne se passera rien.

Vous avez du courrier !

Maintenant que le ou les comptes de messagerie ont été configurés, voyons comment utiliser l'application Mail de l'iPhone.

Rédiger un message

Il existe plusieurs espèces de message : texte brut, texte avec une photo, message en cours de rédaction à enregistrer pour le terminer plus tard (un brouillon, en fait), réponse à un message reçu, transfert d'un message, *etc.* Examinons toutes ces variantes.

Envoyer un courrier électronique

Touchez l'icône Mail, sur l'écran d'accueil. Vous accédez à l'écran que montre la Figure 12.5.

Pour créer un nouveau message :

1. **Touchez l'icône Nouveau message, en bas à droite de l'écran.**

   Un écran semblable à celui de la Figure 12.6 apparaît.

2. **Tapez le nom ou l'adresse électronique des destinataires dans les champs À :, ou alors, touchez le bouton bleu « plus » (à droite du champ À :) pour ajouter un ou plusieurs contacts provenant du carnet d'adresses de l'iPhone.**

Figure 12.5 : L'écran des boîtes aux lettres.

Figure 12.6 : Un nouveau message vierge, prêt à recevoir vos mots doux.

3. **(Facultatif) Touchez le champ Cc/Cci/De, ce qui divise cette indication en trois champs Cc, Cci et De.**

   Les termes Cc et Cci signifient respectivement Copie carbone et Copie carbone invisible. Une copie carbone contient un ou plusieurs noms de destinataires qui recevront une copie du message. Chacun verra le nom des autres personnes qui ont eu l'insigne privilège de recevoir votre prose. Si les noms des destinataires se trouvent dans le champ Cci, aucun d'eux ne saura à qui d'autre vous avez envoyé votre littérature compromettante. Touchez le signe « plus », à côté de ces champs, pour ajouter des contacts. Si vous avez choisi De, vous pourrez choisir un nom d'expéditeur dans la liste, à condition bien sûr que plusieurs comptes aient été ouverts dans l'iPhone.

   TRUC

   Quand vous commencez à saisir une adresse électronique, celles qui correspondent à la partie de la frappe en cours apparaissent dans une liste sous les champs À et Cc. Si l'une d'elles est celle que vous vous apprêtiez à taper, touchez-la pour l'insérer.

4. **Indiquez le sujet du courrier dans le champ Objet.**

Cette information est facultative, mais la mentionner permet au destinataire de connaître la teneur du message et ainsi de mieux le classer et le retrouver.

5. **Saisissez le message dans la partie inférieure de l'application.**

   La zone de saisie du message se trouve juste sous le champ Objet.

TRUC

L'insistant texte `Envoyé depuis mon iPhone` (on le saura, que vous vous en êtes offert un), tout en bas du message, est une signature. Vous découvrirez plus loin dans ce chapitre comment le modifier ou le supprimer.

6. **Touchez le bouton Envoyer, en haut à droite de l'écran.**

Le message est envoyé à qui de droit. Si l'iPhone n'est pas à portée d'un point d'accès Wi-Fi ou dans une zone couverte par un réseau EDGE ou 3G, le message sera envoyé dès que vous serez dans un lieu desservi par l'un d'eux.

TRUC

Faites pivoter l'iPhone pour l'utiliser en largeur permet de saisir votre message dans une zone de texte panoramique.

Mettre le courrier en forme

Le texte d'un message peut être mis en gras, en italique ou souligné. Commencez par sélectionner le mot en le double-touchant ou sélectionnez un bloc de texte en double-touchant un mot dedans puis en tirant les poignées pour surligner la partie à mettre en forme (Figure 12.7). Ensuite :

1. **Touchez le bouton fléché à droite de la barre de commande.**

2. **Touchez le bouton BIU.**

   BIU ? Quel étrange nom… Il faut lire : B comme *bold,* gras, puis I comme *italic* et enfin U comme *Underlined,* souligné. Ces trois lettres sont affichées avec leur mise en forme.

Figure 12.7 : Une mise en gras en trois étapes : en haut, sélectionnez le texte puis touchez la flèche à droite. Au milieu, touchez le bouton BIU. En bas, touchez Gras.

3. Touchez le bouton correspondant à la mise en forme désirée : Gras, Italique ou Souligné.

Les mises en forme peuvent être cumulées en touchant successivement les boutons désirés. Toucher une seconde fois un même bouton annule son effet.

À l'Étape 2, un bouton Indentation permet de mettre en retrait vers la gauche (option Diminuer) ou vers la droite (option Augmenter). D'inesthétiques barres verticales « | » apparaissent hélas à chaque retrait.

Envoyer un message accompagné d'une photo

Une image valant mille mots, voici comment envoyer un message comportant une photo.

Touchez l'icône Photos, sur l'écran d'accueil, et localisez celle que vous désirez envoyer. Touchez l'icône en bas à gauche de l'écran (celle montrant une flèche jaillissant d'un cadre). Touchez ensuite le bouton Envoyer par courrier.

Un message apparaît, dans le corps duquel la photo est d'ores et déjà insérée. Indiquez le destinataire, ajoutez du texte, puis touchez le bouton Envoyer.

Enregistrer un brouillon du message pour un envoi différé

Si vous n'avez pas le temps de finir le message que vous étiez en train de rédiger, enregistrez-le comme brouillon et terminez-le plus tard.

Voici comment : commencez à rédiger un courrier électronique comme nous l'avons expliqué précédemment. Le moment venu de l'enregistrer comme brouillon, touchez le bouton Annuler, en haut à gauche de l'écran. Touchez ensuite le bouton Enregistrer si vous désirez faire du message un brouillon que vous reprendrez par la suite. Toucher le bouton Annuler met fin à la procédure d'annulation et réaffiche le message, dont vous pouvez dès lors reprendre la rédaction.

Si vous touchez le bouton Ne pas enregistrer, le message disparaît aussitôt et définitivement, sans aucune chance de le récupérer.

Pour rouvrir le message mis de côté, touchez la boîte aux lettres Brouillons, puis touchez le message à reprendre. Par la suite, vous pourrez l'envoyer ou le réenregistrer comme brouillon.

Le nombre de brouillons est mentionné à droite du dossier Brouillons, de la même manière que le nombre de messages non lus à droite d'un dossier, comme Réception ou un autre.

Répondre ou transférer un message

Pour répondre à un message, ouvrez-le puis touchez le bouton Répondre/Transférer, en bas de l'écran. Il ressemble à une flèche incurvée. Touchez ensuite le bouton Répondre ou Transférer (voir Figure 12.8).

Figure 12.8 : Le bouton Répondre est le bouton en forme de flèche, en bas à droite.

Le bouton Répondre crée un message vierge préadressé à l'expéditeur du message original. Si le message d'origine a été envoyé à plusieurs personnes, le bouton Répondre à tous permet de répondre simultanément à chacune d'elles. L'objet du message est précédé du mot `Re:` (*reply*, « répondre »). Par exemple, si l'objet du message d'origine était `Des nouvelles`, l'objet de la réponse sera `Re: Des nouvelles`.

Toucher le bouton Transférer produit une copie du message original, mais sans destinataire. Ajouter-en un ou plusieurs, puis touchez le bouton Envoyer. Cette fois, l'objet du message est précédé du mot `Fwd:` (*forward*, « faire suivre »). Par exemple, si l'objet du message d'origine était `Une info`, l'objet de la réponse sera `Fwd: Une info`.

TRUC

Le champ Objet ou le contenu du message auquel il est répondu ou qui est transféré sont modifiables de la même manière que n'importe quel texte. Il est généralement considéré comme poli de laisser le préfixe `Re:` ou `Fwd:` dans l'objet, mais rien ne vous empêche de le supprimer si vous le jugez utile.

Pour envoyer la réponse ou pour transférer le message, touchez le bouton Envoyer.

Les options d'envoi

Quatre options d'envoi de courrier électronique sont paramétrables dans les réglages de l'iPhone. Les voici :

- **Entendre une alerte lorsque l'envoi du message a réussi** : Touchez l'icône Réglages, sur l'écran d'accueil, puis touchez Sons > Nouveau courrier. Pour modifier d'autres paramètres, touchez le bouton Réglages, en haut à gauche. Les réglages terminés, appuyez sur le bouton principal, sous l'écran.

N'OUBLIEZ PAS

Le paragraphe ci-dessus est valable pour tous les réglages dont il est question dans cette section et dans celles qui suivent. Nous n'y reviendrons donc pas. Pour résumer, si vous voulez continuer à régler d'autres paramètres, touchez le bouton en haut à gauche de l'écran (il est parfois nommé Réglages, Courrier, Réception ou autre). Retenez surtout que ce bouton vous ramène à l'écran précédent où vous pouvez modifier d'autres paramètres. Appuyer sur le bouton principal, sous l'écran, a toujours le même effet : les modifications que vous venez d'effectuer sont prises en compte et l'écran d'accueil est affiché.

- **Ajouter une signature à tous les messages que vous envoyez** : Touchez l'icône Réglages, sur l'écran d'accueil, puis touchez Mail, Contacts, Calendrier et, à la rubrique Mail, touchez Signature. La signature par défaut est `Envoyé depuis mon iPhone` (on le saura…). Remplacez ce texte par un autre, vos nom et prénom suivis de vos coordonnées postales et téléphoniques, par exemple. Cette signature sera systématiquement ajoutée à tous vos messages.
- **Envoyer vers votre serveur de messagerie une copie de tous les messages émis :** Touchez l'icône Réglages, sur l'écran d'accueil, puis touchez Mail, Contacts, Calendrier et, à la rubrique Mail, activez l'option M'ajouter en Cci (copie carbone invisible).
- **Définir le compte de messagerie par défaut pour les envois de courrier à partir des applications Photos ou Plans :** Touchez l'icône Réglages, sur l'écran d'accueil, puis touchez Mail, Contacts, Calendrier puis Compte par défaut. Touchez ensuite le compte à utiliser. Notez que ce paramètre n'est proposé que si plusieurs comptes ont été définis dans l'iPhone.

Vous savez tout sur l'envoi de courriers électroniques.

Recevoir des messages des VIP

Les VIP sont des *Very Important Persons,* des personnes très importantes. Les courriers électroniques qu'elles vous envoient ne doivent pas être omis parce qu'ils sont noyés dans une masse de messages sans importance et de courriers plus ou moins sollicités.

Pour ne manquer aucun de ces courriers dont dépend votre carrière professionnelle ou votre vie sentimentale, Mail propose d'en afficher une copie dans un dossier spécial nommé VIP. Voici comment créer un VIP :

1. **Ouvrez l'application Mail.**
2. **Dans le panneau BAL, touchez l'option VIP.**

   Un panneau Liste VIP apparaît. La liste est vide.

3. **Touchez l'option Ajouter un VIP (Figure 12.9).**

   La liste des contacts apparaît.

   Notez dès à présent que par la la suite, quand vous voudrez ajouter d'autres VIP, vous devrez toucher un bouton bleu, à droite dans l'option, pour accéder à la liste des contacts.

4. **Touchez un contact.**

   Le nom du contact apparaît dans le panneau Liste VIP.

5. **Si d'autres contacts doivent être ajoutés à la liste des VIP, touchez l'option Ajouter un VIP, dans le panneau Liste VIP.**

   Répétez cette étape pour tous les VIP à ajouter à la liste.

Figure 12.9 : Création d'une boîte aux lettres VIP.

Désormais, lorsqu'un courrier électronique d'un VIP est reçu, vous êtes aussitôt prévenu par une notification sur l'écran d'accueil. Une copie du message du VIP est placée dans la boîte aux lettres VIP (12.10). Dans les boîtes aux lettres, les messages des VIP sont marqués d'une étoile.

Figure 12.10 : Des messages d'un VIP.

NOTE TECHNIQUE

Quand un courrier est supprimé dans une boîte aux lettres VIP, il l'est aussi dans la boîte de réception, et inversement.

TRUC

Un VIP peut aussi être créé à partir d'un courrier reçu : ouvrez-le puis touchez le cartouche contenant le nom de l'expéditeur. Cela crée automatiquement une fiche de contact partiellement remplie. En bas de cette fiche, touchez le bouton Ajouter aux VIP.

Trouver, lire, classer, supprimer : la gestion des messages

L'autre facette de la messagerie est la réception et la lecture du courrier. Le plus gros du travail a heureusement déjà été fait en configurant le ou les comptes de messagerie. Relever et lire le courrier, c'est vraiment du gâteau.

Vous savez que des messages non lus se trouvent dans la boîte de réception en regardant l'icône Mail, en bas de l'écran principal.

Lire les messages

Pour lire vos messages, touchez l'icône Mail, sur l'écran d'accueil. La liste des boîtes aux lettres apparaît. À droite de celle nommée Réception, un chiffre dans un cartouche bleu indique le nombre de messages non lus.

TRUC

Si plusieurs comptes ont été configurés, vous devrez toucher Choisir le compte approprié, dans le panneau BAL (boîte aux lettres).

Pour accéder à la liste des messages non lus, touchez Réception, dans la liste des boîtes aux lettres, puis touchez le message que vous désirez lire. Quand un message est affiché, les boutons de gestion apparaissent dans la barre de navigation, tout en bas.

Gérer les messages

Quand un message est ouvert, vous pouvez effectuer les opérations suivantes :

- Passer au message suivant en touchant le bouton fléché pointé vers le bas, en haut à droite de l'écran.
- Passer au message précédent en touchant le bouton fléché pointé vers le haut, en haut à droite de l'écran.
- Vérifier si du courrier est arrivé en touchant le bouton Relever, en bas à gauche, ou en tirant la liste de messages vers le bas.
- Déplacer le message courant dans un autre dossier en touchant le bouton Classer le message. Dans la liste des dossiers, touchez celui dans lequel vous désirez placer le message.
- Supprimer le message en touchant l'icône en forme de poubelle, en bas au milieu.

- Répondre ou transférer le message en touchant le bouton Répondre/Répondre à tous/ Transférer.
- Créer un nouveau message en touchant le bouton en bas à droite.

Il existe deux moyens pour supprimer un message sans même l'ouvrir :

- Effleurez-le vers la droite, puis touchez le bouton Supprimer.
- Touchez le bouton Modifier, en haut à droite, puis touchez le cercle rouge à barre blanche du message à éliminer. Cette action place une coche blanche dans le cercle rouge et met le bouton Supprimer en rouge. Touchez-le pour supprimer tous les messages cochés.

Figure 12.11 : Supprimez des messages par lots entiers.

TRUC

Des messages peuvent être déplacés ou supprimés par lots. Touchez le bouton Modifier, puis le cercle à gauche de chaque message à supprimer comme le montre la Figure 12.11. Touchez le bouton Supprimer ou déplacer, en bas de l'écran. Les messages supprimés sont envoyés dans le dossier Corbeille. Si vous avez choisi Déplacer, touchez le dossier dans lequel les messages doivent désormais être stockés.

Rechercher dans le courrier

Grâce à l'introduction de la fonction Spotlight dans l'OS 3.0, il est facile de rechercher un message parmi tous ceux que vous avez reçus. Faites défiler la liste des messages afin de commencer par tout en haut. Saisissez ensuite un terme qui servira de critère de recherche. Tous les messages correspondants seront affichés. Toucher le champ de recherche affiche des onglets permettant de limiter la recherche aux champs De, À ou Objet. Il est cependant dommage qu'il soit impossible de lancer une recherche sur un mot se trouvant dans le corps du message.

TRUC

Les comptes de messagerie Exchange, iCloud et certains comptes IMAP permettent de rechercher des messages stockés hors de l'iPhone, sur le serveur. Si vous bénéficiez de cette possibilité, touchez le bouton Rechercher sur un serveur.

Comme nous l'avons mentionné, des messages peuvent être supprimés par lots. De la même manière, ils peuvent être déplacés par lots dans un autre dossier. Là encore, touchez Édition, touchez le cercle à gauche de chaque message à déplacer afin de les cocher. Touchez le bouton Déplacer, en bas de l'écran, puis touchez le dossier de destination.

Les pièces jointes

Votre iPhone est même capable de recevoir des messages accompagnés d'une pièce jointe. Les formats suivants sont acceptés :

- **Acrobat Reader :** .pdf
- **Aperçu :** .pdf
- **Carte de visite virtuelle :** .vcf
- **Contact :** .vcf
- **Excel :** .xls, .xlsx
- **Images :** .jpg, .tiff, .gif
- **Keynote (iWork) :** .key
- **Numbers (iWork) :** .numbers
- **Pages Web :** .htm, .html
- **Pages (iWork) :** .pages
- **PowerPoint :** .ppt, .pptx
- **Texte enrichi :** .rtf
- **Texte brut :** .txt
- **Word :** .doc, .docx

Lorsque le format d'une pièce jointe n'est pas reconnu par l'iPhone – un fichier Photoshop `.psd`, par exemple –, le nom du fichier est visible, mais il vous est impossible de l'ouvrir dans votre iPhone.

Voici comment lire une pièce jointe :

1. **Ouvrez le message contenant la pièce jointe.**
2. **Touchez la pièce jointe (comme elle est en bas du message, vous devrez sans doute le faire défiler).**

   La pièce jointe téléchargée avec le message s'ouvre aussitôt, comme le montre la Figure 12.12.

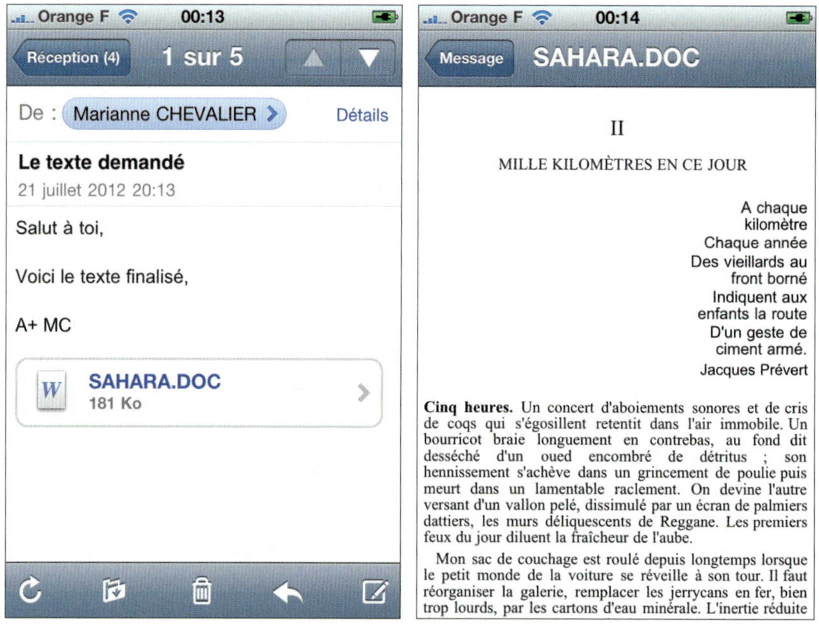

Figure 12.12 : À gauche, une pièce jointe Word. À droite, la lecture du fichier Word (un texte de plus de 40 pages).

3. **Lisez la pièce jointe.**

4. **Touchez le bouton Message, en haut à gauche, pour revenir au texte du message.**

D'autres fonctionnalités de la messagerie

D'autres actions peuvent être effectuées concernant les messages reçus :

- Pour voir tous les destinataires d'un message, touchez le mot Détails, affiché en bleu à droite du nom de l'expéditeur.

  TRUC — Quand le mot Détail a été touché et que tous les destinataires sont affichés, il est remplacé par le mot Masqué. Touchez-le pour masquer tous les noms sauf celui de l'expéditeur.

- Pour ajouter le nom d'un expéditeur ou d'un destinataire à votre carnet d'adresses, touchez le nom puis, dans l'écran qui apparaît, touchez Créer un nouveau contact ou Ajouter à un contact existant.

- Pour zoomer, double-touchez l'emplacement à grossir. Recommencez pour zoomer en arrière.

TRUC

Pour plus de précision en zoomant, touchez en pinçant ou en écartant les doigts.

- Pour marquer un message comme non lu, touchez les mots Signaler comme non lu. Ils apparaissent en haut du corps du message, après avoir touché Détails. En procédant ainsi, le message est dans le même état que s'il venait d'arriver. Il est de nouveau pris en compte par le compteur de l'icône Mail, dans l'écran d'accueil, et signalé par un point bleu dans la boîte aux lettres.
- Pour suivre un lien présent dans un message, touchez-le. Un lien est classiquement souligné et affiché en bleu. Si ce lien est une adresse Internet (ou URL), Safari démarre et affiche la page Web. Si le lien est un numéro de téléphone, l'application Téléphone démarre et propose de composer le numéro. Si le lien est une carte, l'application Plans démarre et affiche l'emplacement géographique. Et pour finir, si le lien est une adresse électronique, un message vierge préadressé est créé.

TRUC

Si le lien ouvre l'application Safari, Téléphone ou Plans, et que vous désirez retourner à vos messages, appuyez sur le bouton principal, sous l'écran, puis touchez l'icône Mail.

Les paramètres de messages et de comptes

Notre dernière leçon sur Mail porte sur d'autres paramètres qui régissent cette fois la manière de consulter et de relever le courrier, et concerne plus précisément les comptes eux-mêmes.

Relever et consulter le courrier

Sept réglages régissent la relève et la consultation du courrier. Vous les modifierez selon vos préférences :

- **Régler la fréquence à laquelle l'iPhone relève les nouveaux messages :** Touchez l'icône Réglages, dans l'écran d'accueil, puis touchez Mail, Contacts, Calendrier > Nouvelles données. Jetez un coup d'œil à la Figure 12.13 pour découvrir ces nouvelles options. Si votre logiciel de messagerie supporte la technologie Push et que l'option Push est active, les messages nouvellement arrivés sont automatiquement envoyés vers votre iPhone sitôt qu'ils parviennent au serveur. Si Push est désactivé, ou si le logiciel de messagerie ne supporte pas cette technologie, c'est l'iPhone qui relève le courrier à l'intervalle sélectionné : toutes les 15 ou 30 minutes, toutes les heures ou manuellement. Choisissez votre intervalle préféré.

Touchez Avancé, en bas de l'écran, pour définir les réglages de relève et de Push pour chacun des comptes. Sélectionnez le compte en question. La technologie Push n'est proposée que si le compte de messagerie sait gérer cette fonctionnalité.

Figure 12.13 : Les options pour relever votre courrier.

- **Entendre une alerte sonore lors de la réception d'un nouveau message :** Touchez l'icône Réglages, sur l'écran d'accueil, puis Sons, et activez Nouveau courrier.
- **Définir le nombre de messages récents affichés dans la boîte de réception** : Touchez l'icône Réglages, sur l'écran d'accueil, puis Mail, Contacts, Calendrier. À la rubrique Mail, touchez Afficher et sélectionnez le nombre : 25, 50, 75 ou 100 messages récents, ou Les 200 derniers messages.

TRUC

Il est toujours possible de voir plus de messages dans la boîte de réception que le nombre configuré ici, en faisant défiler la liste et en touchant l'option Télécharger plus.

- **Définir le nombre de lignes de chaque message, dans la liste des aperçus :** Touchez l'icône Réglages, sur l'écran d'accueil, puis Mail, Contacts, Calendrier, puis Aperçu. Vous avez le choix entre Aucune ou l'affichage de 1 à 5 lignes. Plus le nombre de lignes est élevé, moins vous verrez de messages à la fois, ce qui vous obligera parfois à les faire défiler.
- **Choisir la taille de la police des messages :** Touchez l'icône Réglages, sur l'écran d'accueil, puis Mail, puis Taille des caractères. Les options sont Petite, Moyenne, Grande, Très grande et Géante. Faites des essais pour découvrir la taille qui vous convient le mieux.
- **Affichage ou non des champs À et Cc dans la liste des messages :** Touchez l'icône Réglages, sur l'écran d'accueil, puis Mail, Contacts, Calendrier, puis désactivez l'option Vignettes À/Cc.
- **Activation ou désactivation de la confirmation de suppression** : Touchez l'icône Réglages, sur l'écran d'accueil, puis Mail, Contacts,

Calendrier, puis désactivez l'option Confirmer suppression. Lorsque cette option est active et que vous mettez un élément dans la poubelle, vous devez ensuite toucher un bouton rouge Supprimer. Lorsque l'option est désactivée, la suppression est immédiate dès que vous avez placé un élément dans la poubelle.

- **Spécifier si l'iPhone doit télécharger automatiquement les images illustrant les messages :** Touchez Charger les images pour activer cette option et autoriser ainsi le téléchargement et l'affichage des images. Si l'option est désactivée, le téléchargement est cependant possible manuellement.

Modifier les paramètres de comptes

Le dernier groupe de paramètres que nous aborderons concerne les comptes de messagerie. La plupart des utilisateurs se garderont bien d'y toucher, ce qui n'empêche pas de les mentionner brièvement. Les voici :

- **Suspendre un compte de messagerie :** Touchez l'icône Réglages, sur l'écran d'accueil, puis Mail, Contacts, Calendrier, puis touchez le compte à désactiver. Tout en haut de l'écran, touchez le commutateur Compte.

  TRUC

  Ce réglage ne supprime pas le compte. Il le masque et désactive la réception et l'envoi de courrier. Pour réactiver le compte, touchez de nouveau son interrupteur.

- **Supprimer un compte de messagerie :** Touchez l'icône Réglages, sur l'écran d'accueil, puis sur Mail, Contacts, Calendrier, puis touchez le compte à supprimer. Tout en bas de l'écran, touchez le bouton rouge Supprimer le compte. Vous devrez confirmer cette action.

Les quatre derniers réglages sont quelque peu techniques et sont tous accessibles de la même manière : touchez l'icône Réglages, sur l'écran d'accueil, puis Mail, Contacts, Calendrier, puis le compte à modifier et choisissez l'une des actions suivantes :

- **Définir le délai avant que les messages supprimés le soient définitivement :** Touchez Avancé, puis Supprimer, et choisissez entre Jamais, Après un jour, Après une semaine, Après un mois.

- **Faire que les brouillons, les messages envoyés et les messages supprimés soient stockés dans l'iPhone ou sur le serveur de messagerie :** Touchez Avancé, puis Supprimer du serveur. Choisissez ensuite l'option Jamais, Sept jours ou Une fois supprimé de la boîte… Si vous choisissez de les stocker sur le serveur, vous ne pourrez plus y accéder tant que vous ne disposerez pas d'une connexion Wi-Fi, EDGE, 3G ou GPRS. Si vous les stockez sur le serveur, ces messages seront accessibles que vous soyez ou non connecté à l'Internet.

ATTENTION

Nous vous recommandons vivement de ne pas modifier les deux derniers paramètres, à moins que vous le fassiez en toute connaissance de cause. Si vous rencontrez des problèmes avec la messagerie, commencez par vous renseigner auprès de votre fournisseur d'accès Internet, de votre fournisseur d'adresse de courrier électronique ou auprès du responsable informatique si votre iPhone est celui d'une grande société. Ne changez les réglages qui suivent que si cela vous est expressément demandé.

- **Reconfigurer les paramètres des serveurs de messagerie** : Modifiez les champs Nom d'hôte, Nom d'utilisateur et Mot de passe du compte sélectionné.
- **SSL entrant et sortant, authentification et port du serveur :** Touchez Avancé, touchez l'un de ces trois paramètres, puis procédez aux modifications requises.

Et voilà ! La configuration des comptes ainsi que la réception et l'envoi de courrier électronique n'ont plus de secrets pour vous. Enfin, presque plus…

Chapitre 13

Plans, Boussole, Bourse et Météo

Dans ce chapitre :

- Préparer un itinéraire avec Plans.
- S'orienter à la boussole.
- Suivre les cours avec Bourse.
- Connaître le temps qu'il fera avec Météo.

Dans ce chapitre, nous examinerons trois applications typiquement Web : Plans, Bourse et Météo. Elles reposent en effet sur l'Internet et affichent des informations collectées pendant que vous êtes connecté à un réseau Wi-Fi, EDGE ou 3G.

Les pas si bons plans de l'iPhone 5

Dans la toute première édition de ce livre, nous avions affirmé que la fonction Plans, qui reposait sur la cartographie Google Maps, était fabuleuse et vraiment commode. Dans la version 6 d'iOS, et donc dans l'iPhone 5, Apple a mis prématurément mis fin au contrat qui le liait à Google pour cette application et a préféré TomTom, le fabricant bien connu de GPS pour les automobiles.

Mal lui en a pris car la nouvelle application Plans a terriblement déçu les utilisateurs de l'iPhone. À tel point qu'Apple a dû présenter des excuses publiques pour la piètre qualité de cette application.

Vous découvrirez cependant que Plans contient des fonctionnalités nouvelles, que n'offre pas Google Maps, comme un véritable mode GPS qui fera le bonheur des automobilistes.

Savoir où vous vous trouvez

Commençons par une tâche extrêmement simple mais ô combien utile : savoir où vous êtes. Il suffit de toucher l'icône Plans puis le bouton fléché en bas à gauche.

Touchez l'icône en bas à gauche de Plans pour savoir où vous vous trouvez dans le vaste monde. Lorsque la localisation est effectuée par le GPS de l'iPhone, une boule bleue pulsante indique votre emplacement sur la carte comme le montre la Figure 13.1. Si la localisation est effectuée par triangulation d'après les zones Wi-Fi et les antennes de téléphonie mobile du voisinage, un grand cercle indique votre emplacement approximatif. Dans les deux cas, l'iPhone procède à une mise à jour permanente de votre localisation. Quand vous vous déplacez, le marqueur reste centré.

Figure 13.1 : La flèche à gauche de la jauge de la batterie indique que le service de localisation de l'iPhone est actif. La boule pulsante montre l'endroit où vous vous trouvez. Toucher la flèche en bas à gauche demande au GPS de vous localiser sur la carte. La toucher de nouveau oriente automatiquement la carte en fonction de la direction vers laquelle pointe le haut de l'iPhone.

Si vous faites glisser la carte, l'iPhone continuera à montrer où vous êtes, mais sans recentrer le marqueur. Autrement dit, le marqueur peut se trouver hors de l'écran.

Mais comment fait-elle ?

L'application Plans utilise le GPS de l'iPhone pour déterminer votre emplacement. S'il n'est pas utilisable, elle se basera sur une approximation effectuée par triangulation d'après les réseaux Wi-Fi et les antennes de téléphonie mobile du voisinage. La boule pulsante, qui indique que le GPS est actif, est alors remplacée par une boule centrée sur un cercle de diamètre plus ou moins étendu selon la précision obtenue.

Si vous n'utilisez pas le service de localisation, le désactiver économisera la batterie. Pour ce faire, touchez Réglages, puis Service de localisation, et touchez le commutateur Service de localisation.

Ne vous souciez pas de savoir si le service de localisation sera actif lorsque vous en aurez besoin. Si ce n'est pas le cas, l'iPhone vous proposera de l'activer dès que vous toucherez la rose. Enfin, sachez que le service de localisation n'est pas accessible partout à tous moments.

Orienter la carte

Le plan affiché sur l'iPhone est figé. Selon une vieille convention cartographique, le nord est en haut de la carte. Il serait autrement plus pratique que la carte soit toujours orientée dans la direction dans laquelle vous pointez l'iPhone. Ainsi, lorsque vous marchez dans les rues d'une ville que vous ne connaissez pas, vous sauriez sans erreur dans quelle direction vous allez et quelles sont les rues perpendiculaires.

Pour que la carte se réoriente automatiquement, double-touchez l'icône en bas à gauche de l'écran (à gauche dans la marge). Elle change d'aspect (à droite) tandis que la carte change d'orientation selon la direction vers laquelle est pointé l'iPhone. Cette fonctionnalité est commode pour s'orienter dans une ville, quand on ne sait pas très bien quelle rue il faut prendre à un carrefour.

Tout localiser sur Plans

Touchez l'icône Plans, sur l'écran d'accueil, puis le champ de saisie pour afficher le clavier virtuel. Tapez ensuite ce que vous recherchez. La recherche peut s'effectuer par lieu, code postal, intersections, agglomérations, sites touristiques, entreprises (par nom ou par catégorie).

Si la frappe correspond à des noms de votre liste de contacts, ils apparaissent sous le champ de saisie. Sélectionnez-en un pour voir où il réside, à condition bien sûr que son adresse figure dans le carnet d'adresses.

La saisie terminée, touchez le bouton Rechercher. Selon le résultat de la requête (hôtel, restaurant, garage...), vous verrez une ou plusieurs épingles se planter aux endroits correspondant à la recherche, comme le montre la Figure 13.2. Une autre façon de procéder consiste à toucher l'écran jusqu'à ce qu'un repère se place à cet endroit. Effectuez ensuite la recherche ; les résultats seront localisés autour du repère.

Plans permet de trouver presque n'importe quel lieu ou endroit. Examinons les différentes manières d'afficher un plan.

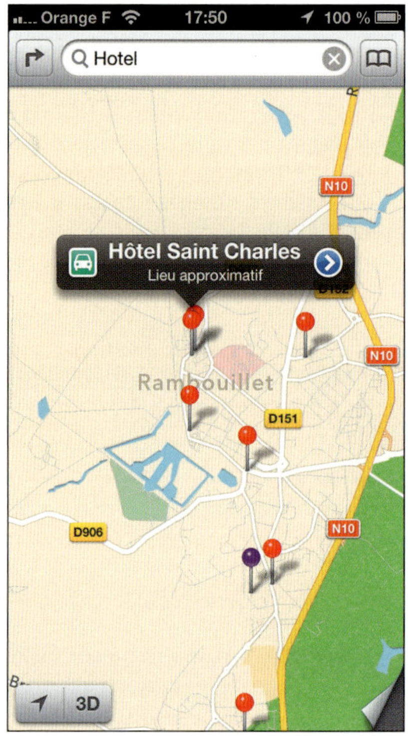

Figure 13.2 : Des épingles se plantent aux lieux correspondant à votre recherche.

Affichages, zoom et défilement

Commençons par les différents affichages. Ils sont au nombre de trois : Standard, Mixte (plan et photo satellitaire superposés) et Satellite (photo satellitaire seulement). Pour accéder à ces choix, touchez le coin écorné, en bas à droite d'un plan ; le coin se relève, comme si la feuille était retournée, dévoilant des commandes. Touchez le bouton correspondant au type de vue désirée (Figure 13.3).

En vue Standard, Mixte ou Satellite, vous pouvez régler la vue de la manière suivante, avec vos doigts, c'est-à-dire d'une façon 100 % digitale :

- **Déplacer la carte ou la photo satellitaire :** Tirez-la du bout du doigt. Elle peut être déplacée dans n'importe quelle direction, même en travers.
- **Agrandir la carte** : Placez deux doigts sur l'écran puis écartez-les. Ou alors, double-touchez d'un seul doigt.

- **Réduire la carte :** Placez deux doigts sur l'écran puis rapprochez-les. Ou double-touchez avec les deux doigts en même temps.

N'OUBLIEZ PAS

Il fallait y penser : le double-toucher (tap-tap d'un doigt pour réduire la carte) peut être remplacé par un seul toucher, mais avec deux doigts. Si ce n'est pas du génie digital ça…

TRUC

Le pincement ou l'écartement des doigts peut aussi se faire avec un doigt de chaque main. (NdT : Et même avec un doigt et un orteil. J'ai essayé, ça marche : l'iPhone, c'est vraiment le pied !).

Figure 13.3 : La carte se soulève pour dévoiler ses boutons.

Plans et contacts

Plans et contacts font bon ménage. Par exemple, si vous désirez voir le plan de l'endroit où réside un contact, touchez le bouton Recherche puis le bouton en forme de livre (signet), à droite du champ de saisie. Saisissez ensuite le nom du contact. Ou alors, touchez l'adresse postale d'un contact, dans sa fiche.

Après avoir trouvé un emplacement d'après son adresse géographique ou en ayant placé un repère grâce à un appui prolongé, vous pouvez l'ajouter à l'un de vos contacts ou créer un nouveau contact à cette adresse. Dans les deux cas, touchez l'épingle puis le bouton rond à chevron (Figure 13.4), à droite du nom de l'emplacement, pour afficher l'écran de la Figure 13.5.

Figure 13.4 : Touchez l'épingle puis le bouton bleu à droite de l'étiquette.

Figure 13.5 : Plans fournit des informations complémentaires, notamment la distance à laquelle se trouve l'élément recherché, son numéro de téléphone, son site Web et son adresse postale.

Tout en bas de la fiche, touchez l'option Ajouter aux contacts ou Ajouter aux signets, si vous le désirez.

Vous accédez à vos contacts en touchant l'icône Téléphone, dans l'écran d'accueil, puis l'icône Contacts, ou en touchant l'icône Contacts qui se trouve dans l'écran supplémentaire, dans un dossier nommé Utilitaires (pourquoi ne pas la faire glisser jusque sur l'écran d'accueil ? Touchez-la continûment puis tirez-la jusqu'à cet emplacement autrement plus commode).

Vous pouvez aussi obtenir l'itinéraire vers une destination, y compris l'adresse d'un contact. Vous découvrirez comment à la section « Utiliser astucieusement le plan ».

Survoler un lieu

La spectaculaire et très pratique fonction Street View qui permettait de parcourir les rues des villes a disparu de l'application Plans avec iOS 6. Elle était pourtant appréciable pour vérifier l'environnement d'un hôtel, par exemple, et éviter d'être hébergé entre une gare de triage et un échangeur d'autoroute.

Si la fonction StreetView vous manque, vous la retrouverez dans l'application MyMaps+ (0,79 euros, en anglais).

À la place, Plans nous offre le mode FlyOver, un survol de certaines villes en hélicoptère. Pour vérifier si ce mode est disponible, affichez le plan en mode Mixte ou Satellite, puis zoomez en avant jusqu'à ce le bouton 3D, en bas à droite, montre une icône bleue en forme d'immeubles ; si l'icône est grise, touchez-la pour obtenir la vue oblique.

Zoomez dans la vue jusqu'à ce que vous ayez l'impression de vous trouver au ras des immeubles. Ces derniers, ainsi que d'autres éléments, sont des objets 3D ayant reçu des textures photographiques (Figure 13.6).

Figure 13.6 : Le clocher de la Charité, place Antonin Poncet à Lyon.

Le problème du mode FlyOver est que très peu de villes dans le monde ont bénéficié de traitement. Beaucoup sont aux États-Unis et, plus près de nous, vous pourrez survoler Londres,

Barcelone ou Milan. En France, seule la ville de Lyon a été modélisée à l'heure où ces lignes étaient écrites. Le mode 3D est beaucoup moins intéressant puisqu'il se contente de montrer une vue oblique de l'imagerie satellitaire.

Les options de Plans qui font gagner du temps

L'application Plans contient trois outils qui évitent de devoir saisir sans cesse un même emplacement. Tous sont accessibles en touchant l'icône de signets bleue, à droite du champ de saisie Recherche ou Itinéraire.

Trois boutons se trouvent en bas de l'écran, quand vous venez de toucher le bouton de signet : signets, Historique et Contacts.

Signets

Les signets de l'application Plans fonctionnent sur le même principe que ceux du navigateur Safari. Pour mémoriser un emplacement afin de le réafficher par la suite, touchez le cercle bleu à chevron, à droite de la légende, pour accéder à l'écran Infos. Faites-le défiler puis touchez l'option Ajouter aux signets.

Vous pouvez aussi placer un repère n'importe où sur la carte en touchant l'icône de page écornée, en bas à droite de l'écran, et en touchant le bouton Placer un repère. Après l'avoir placé, vous pouvez le repositionner librement. S'il ne se trouve pas au bon endroit, touchez-le pour faire apparaître l'étiquette Faites glisser le repère. Touchez ensuite le chevron dans le cercle bleu et dans l'écran Infos qui apparaît, touchez le bouton Ajouter aux signets.

Une fois qu'un emplacement a été mémorisé par un repère, vous pouvez le réafficher à volonté. Pour ce faire, touchez l'icône de signet dans le champ de saisie Recherche ou Itinéraire, touchez le bouton signets en bas de l'écran qui apparaît, puis touchez le nom du signet désiré pour afficher aussitôt l'emplacement géographique correspondant.

TRUC

Les premiers signets de plan à mémoriser devraient être ceux de votre domicile et de votre lieu de travail, car vous les utiliserez souvent.

Pour gérer vos signets, touchez le bouton Modifier, en haut à gauche de l'écran Signets, pour :

- **Monter ou descendre un signet dans la liste :** Tirez vers le haut ou vers le bas la petite icône à trois barres horizontales, à droite d'un signet.
- **Supprimer un signet de la liste** : Tapez le signe « moins » à gauche du signet à effacer.

Après avoir fait le ménage dans les signets, touchez le bouton OK, en haut à droite de l'écran Signets, pour revenir au plan.

Historique

L'application Plans mémorise automatiquement tous les emplacements que vous avez recherchés. Pour consulter cette liste, touchez l'icône Signets présente dans un champ de recherche puis, en bas de l'écran, touchez le bouton Historique. Touchez l'un des signets pour afficher l'emplacement correspondant.

Pour supprimer la totalité de l'historique, touchez le bouton Effacer, en haut à gauche, puis le bouton Effacer l'historique.

Pour quitter l'historique et revenir au plan, touchez le bouton OK.

Contacts

Pour voir l'emplacement d'un contact sur le plan, touchez l'icône de signet d'un champ de recherche, puis touchez le bouton Contacts, en bas de l'écran. Touchez ensuite le contact à localiser.

Pour limiter la liste des contacts à un groupe – pour autant que vous ayez créé des groupes –, touchez le bouton Groupes, en haut à gauche de l'écran, puis touchez le nom d'un groupe. À présent, seuls les contacts de ce groupe sont affichés.

Pour quitter l'écran Contacts et revenir au plan, touchez le bouton OK.

Utiliser astucieusement le plan

L'application Plans a plus d'un tour dans son sac. Voici quelques fonctionnalités que vous devriez apprécier.

Tracer un itinéraire

Il existe deux manières d'obtenir l'itinéraire d'un endroit à un autre :

- **Si un repère est déjà placé sur la carte :** Touchez le bouton rond à chevron à droite de la légende de l'épingle pour accéder à l'écran Lieu. Touchez ensuite l'option Itinéraire vers ce lieu, ou l'option Itinéraire depuis ce lieu. L'iPhone calcule le trajet puis l'affiche sur la carte, comme à la Figure 13.7. L'application Plans suggère souvent plusieurs itinéraires. Touchez le tracé ou l'étiquette de chacun d'eux pour connaître la distance et la durée estimée.

Figure 13.7 : Plans propose souvent plusieurs itinéraires.

- **Si un plan est affiché :** Touchez l'icône fléchée Itinéraire, en haut à gauche de l'écran. Des champs de saisie Départ et Arrivée sont alors affichés.

TRUC

Si le champ Départ contient la mention Lieu actuel, l'application Plans se comporte comme un véritable GPS routier (Figure 13.8). Si ce même champ Départ contient un autre lieu que celui où vous êtes, la fonction GPS est désactivée. Vous pourrez consulter l'itinéraire en faisant défiler des points de passage, en haut de l'écran.

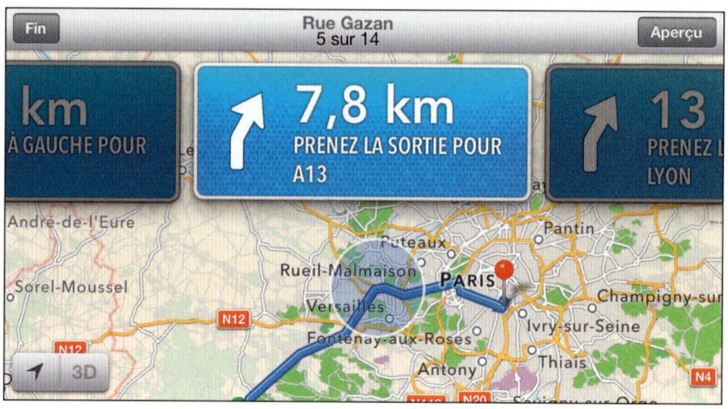

Figure 13.8 : Plans est aussi un véritable GPS routier.

Si Plans est en mode GPS, touchez le bouton Itinéraire, en haut à droite de l'écran, puis touchez le bouton Démarrer pour commencer la navigation guidée.

Si des encombrements sont signalés sur la route (travaux, bouchons…) Plans vous orientera vers un itinéraire plus favorable.

Pour quitter la feuille de route, touchez le bouton Recherche, en bas de l'écran, pour retourner à l'affichage du plan.

Transports publics et pédestres

Après avoir fourni un point de départ et d'arrivée et touché le bouton Itinéraire, l'écran qui apparaît présente trois icônes en haut de l'écran : l'une ornée d'une voiture, l'autre d'un autobus et la dernière d'un piéton. Dans l'exemple précédent nous avions montré la feuille de route pour un trajet en voiture, ce qui est l'option par défaut.

Pour vous déplacer par les transports en commun, touchez l'icône « autobus ». En principe, l'horaire de départ et d'arrivée du prochain autobus ou train est affiché, mais il semble bien que cette fonctionnalité ne soit pas encore opérationnelle, même sur un trajet aussi élémentaire que d'aller, à Paris, de Nation à Étoile par le métro ou par le RER. Il existe heureusement des applications à cette fin, comme vous le découvrirez au Chapitre 18.

Pour obtenir un trajet à pied, et obtenir un itinéraire beaucoup plus direct car indépendant de la signalisation routière, touchez l'icône « piéton ».

Obtenir l'état du trafic en temps réel

Des informations concernant l'état du trafic peuvent être affichées sur les cartes auxquelles vous accédez en touchant le coin écorné, en bas à droite de l'écran, puis le bouton Circulation.

Des tirets rouges signalent les endroits où la circulation est difficile. Des icônes signalent également les travaux, véhicules en panne ou accidentés, ou les fermetures de voies.

Les informations concernant le trafic ne sont pas disponibles partout. Le seul moyen de connaître les zones couvertes est d'essayer.

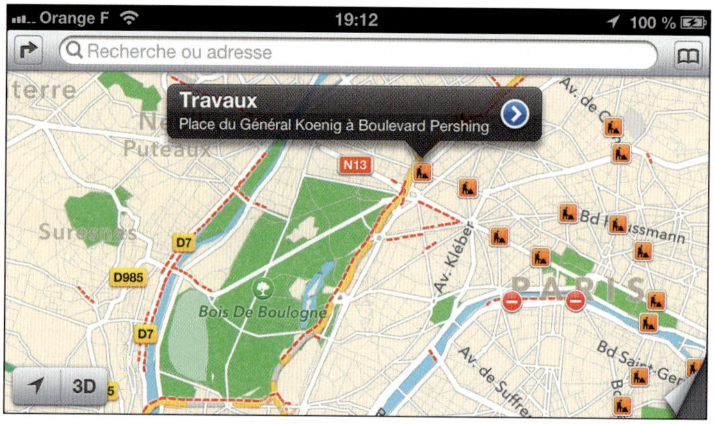

Figure 13.9 : Le périphérique est saturé sous le bois de Boulogne, à Paris. Les zones de travaux sont nombreuses et des tronçons semblent fermés le long de la rive gauche de la Seine.

À propos de l'écran Infos

Si l'étiquette d'un emplacement comporte un petit cercle à chevron à droite, le toucher ouvre l'écran Infos.

Nous avons déjà vu comment l'utiliser pour définir un itinéraire ou un signet, ajouter l'emplacement à un contact ou créer un nouveau contact résidant à cet endroit. Mais vous pouvez aussi :

- Toucher le numéro de téléphone figurant dans la fiche pour l'appeler.
- Toucher une adresse de courrier électronique pour démarrer l'application Mail et envoyer un courrier.
- Toucher une adresse Internet (URL) pour démarrer Safari et afficher le site Web.

Ne pas perdre la boussole

Accédez à l'écran supplémentaire en effleurant vers la gauche, puis dans le dossier Utilitaires, touchez Boussole pour afficher sur l'iPhone la belle boussole que montre la Figure 13.10. Elle montre la direction vers laquelle pointe l'axe médian le plus long (en clair, la direction dans laquelle vous pointez le haut de votre iPhone).

TRUC

Les coordonnées GPS du lieu où vous vous trouvez se trouvent en bas de l'écran. Une information utile pour vos visiteurs désireux d'utiliser un GPS pour vous rejoindre sur une interminable plage.

Figure 13.10 : La boussole de l'iPhone.

L'application Boussole exploite les données GPS de l'iPhone 5. Le relèvement est indiqué en degrés en haut de la boussole, et les coordonnées géographiques (longitude et latitude) en bas. Touchez le bouton *i* dans le coin inférieur droit pour choisir l'un des deux nords :

- Nord géographique (option par défaut).
- Nord magnétique.

Touchez la petite icône en forme de flèche, en bas à gauche, pour passer aussitôt à l'application Plans. La carte est figée. Pour qu'elle se réoriente automatiquement en fonction de l'orientation de l'iPhone, comme expliqué précédemment, double-touchez la petite icône.

Suivre les cours de la Bourse

L'application Bourse est une autre fonctionnalité Internet. Chaque fois que vous la démarrez, en touchant son icône sur l'écran d'accueil, elle affiche les dernières cotations (Figure 13.11). Le CAC 40 figure en tête de liste. Sachez cependant que :

- Certains cours sont en temps réel, d'autres cours peuvent être décalés de 20 minutes.
- Les cours ne sont mis à jour que si l'iPhone est connecté à l'Internet.

Voici comment ajouter un titre boursier, un fonds ou un indice :

1. **Touchez le bouton *i* en bas à droite de l'écran Bourse.**

   C'est bien sûr le *i* de Infos.

2. **Dans l'écran Bourse, touchez le bouton « plus », en haut à gauche.**

3. **Saisissez un titre (symbole, nom de société, indice ou fonds).**

4. **Touchez le bouton Rechercher.**

   L'application Bourse recherche la ou les sociétés correspondant au critère.

5. **Touchez le titre à ajouter.**

6. **Répétez les Étapes 4 et 5 jusqu'à ce que vous ayez ajouté tous les symboles, fonds ou indices à suivre.**

7. **Touchez le bouton OK, en haut à droite.**

Figure 13.11 : Tenez-vous au courant des fluctuations boursières.

Voici maintenant comment supprimer un titre :

1. **Touchez le bouton *i* en bas à droite de l'écran Bourse.**

2. **Touchez le bouton rouge à barre blanche à gauche du nom du titre à supprimer.**

3. **Touchez le bouton Supprimer qui apparaît à droite du titre.**

4. **Répétez les Étapes 2 et 3 jusqu'à ce que tous les titres à effacer aient été supprimés.**

5. **Touchez le bouton OK.**

Pour modifier l'ordre de la liste, touchez le bouton *i* puis déplacez le titre en le tirant par l'icône à trois barres horizontales.

Quelques précisions

Touchez les indicateurs de cours, à gauche, pour cycler entre l'affichage des points, des pourcentages et des valeurs.

Pour obtenir des précisions concernant un élément, touchez son nom pour le sélectionner et l'écran proposera des informations complémentaires.

Remarquez les trois points sous la mention « Cours en temps réel », ou « Cours décalés de 20 minutes », ou « Marché boursier fermé ». Chacun de ces boutons donne accès à l'un des trois panneaux d'informations que montre la Figure 13.12. Pour passer de l'un à l'autre, effleurez l'écran vers la droite ou vers la gauche (notez que seul le graphique peut être consulté en mode Paysage).

Pour voir d'autres informations boursières sur Yahoo.com, touchez d'abord le nom du titre afin de le sélectionner, puis touchez le bouton Y! en bas à gauche.

Figure 13.12 : Les trois écrans boursiers.

Obtenir le graphique d'un cours

Dans le graphique affiché en mode Paysage, la rangée supérieure porte les mentions `1j`, `1s`, `1m`, `3m`, `6m`, `1a` et `2a`. Les lettres sont les initiales de jour, semaine, mois et années. Touchez l'une de ces mentions et le graphique affiche la période sélectionnée.

C'est bien, mais l'iPhone fait encore mieux : faites pivoter l'iPhone à 90°, en largeur, et le graphique apparaît en plein écran. Vous pourrez ensuite :

- Touchez un point à un certain jour pour connaître la valeur ce jour-là.
- Utiliser deux doigts pour toucher deux points et obtenir la variation entre ces deux jours.
- Effleurer vers la droite ou vers la gauche pour afficher le graphique d'un autre titre.

Il est possible d'afficher les valeurs en pourcentage, en touchant une des valeurs en regard de chacune. La toucher une seconde fois réaffiche les valeurs monétaires.

Vous pouvez aussi toucher le bouton *i* en bas à droite de l'écran initial des valeurs boursières. Touchez ensuite le bouton %, Prix ou Cap. bours. Les valeurs sont alors affichées selon votre choix. Touchez le bouton Terminé, en haut à droite.

TRUC

Les tendances boursières sont également affichées sur le Centre de notifications, ce volet qui recouvre l'écran en tirant de haut en bas du bout du doigt quel que soit l'écran ou l'application affichée.

Connaître la météo

L'application Météo affiche les prévisions météorologiques pour la ou les villes de votre choix. Par défaut, elles portent sur six jours, comme le montre la Figure 13.13.

Figure 13.13 : La grenouille de l'iPhone prévoit un temps morose.

Lorsqu'une prévision d'une ville est sur fond bleu, cela signifie qu'il fait jour là-bas (entre 6 et 18 heures). Si elle est sur fond sombre, comme sur l'illustration, il y fait nuit (entre 18 et 6 heures).

Pour ajouter une ville, touchez le bouton *i*, en bas à droite. Touchez le bouton « plus », en haut à gauche, puis tapez le nom d'une ville ou son code postal. Touchez le bouton Rechercher, en bas à droite. Touchez le nom de la ville qui a été trouvé. Vous pouvez ajouter de cette manière autant de lieux que vous le désirez.

Pour supprimer un lieu, touchez le bouton *i* en bas à droite. Touchez le cercle rouge à barre blanche, à gauche d'un nom de ville, puis touchez le bouton Supprimer qui apparaît à droite. Le bouton *i* permet aussi de choisir entre l'affichage en degrés Fahrenheit ou Celsius. Touchez le bouton OK pour quitter cet écran.

Si plusieurs villes ont été définies dans l'application Météo, vous pouvez passer de l'une à l'autre en effleurant l'écran de gauche à droite puis inversement, ou en touchant l'un des points blancs, en bas de l'écran.

TRUC

Touchez le logo Yahoo!, en bas à gauche de l'écran, pour obtenir des informations touristiques et commerciales sur le lieu.

Cinquième partie

L'iPhone secret

"Ce modèle est livré avec une fonction particulièrement utile : un bouton simulant de la friture sur la ligne pour écourter une conversation qui s'éternise."

Ce modèle possède une fonction particulièrement utile : un simulateur de friture sur la ligne pour écourter une conversation qui s'éternise.

Cette partie révèle ce qu'il y a sous le capot de l'iPhone et comment le configurer à votre convenance. Vous découvrirez aussi comment mater un iPhone récalcitrant.

Vous découvrirez au Chapitre 14 tous les réglages qui n'ont pas été abordés en profondeur jusqu'ici. L'iPhone contient en effet des dizaines de préférences et de réglages permettant de le personnaliser.

Au Chapitre 15, vous ferez quelques emplettes dans l'App Store de l'iPhone, un bazar dans lequel vous dénicherez plein de petits programmes sympas et d'applications utiles. Et surtout, contrairement aux vraies boutiques, beaucoup d'articles sont gratuits.

L'iPhone est une brave bête, sauf quand il commence à faire des siennes. Et là, il devient vraiment horrible, baveux, teigneux, l'écran injecté de sang. Il ne vous restera alors plus qu'à vous réfugier au Chapitre 16 où vous trouverez de judicieux conseils pour dépanner ce merveilleux appareil, notamment des instructions étape par étape ainsi qu'une foule d'astuces et de techniques que vous pourrez mettre en œuvre lorsque rien ne va plus. Vous n'aurez peut-être jamais à les utiliser, et c'est ce que nous vous souhaitons.

Chapitre 14

Les réglages, c'est réglé

Dans ce chapitre :

- Planer avec le mode Avion.
- Préparer les réseaux.
- Lire les statistiques.
- Bruitage et luminosité.
- Les options de téléphonie.
- Retrouver un iPhone égaré.

Vous adorez personnaliser et configurer ? Vous êtes du genre à n'aimer que ce qui vous ressemble ? Vous allez être servi.

Tout au long de cet ouvrage, nous avons souvent eu recours à l'application Réglages pour choisir une sonnerie, modifier l'image de fond ou choisir Google ou Yahoo! comme moteur de recherche. Nous avons aussi fait une incursion dans les paramètres de sécurité de Safari et personnalisé l'application Courrier à notre goût, entre autres.

Soit dit en passant, les options de l'application Réglages sont un peu comme les Préférences Système de Mac OS X ou le Panneau de configuration de Windows.

Comme nous avons déjà couvert certains réglages par ailleurs, nous n'y reviendrons plus ici. Mais il en reste largement assez à découvrir pour personnaliser votre iPhone.

Réglages de haut vol

Toucher l'icône Réglages affiche la liste défilante de la Figure 14.1. L'option Mode Avion se trouve tout en haut (normal, elle plane au-dessus des autres…) et un chevron (>) tenant lieu de flèche se trouve à droite de chaque option. Il indique que des options supplémentaires sont disponibles. Vous aurez maintes fois l'occasion de toucher des chevrons dans ce chapitre.

Vous trouverez tout en bas de la liste Réglages les paramètres appartenant aux applications tierces (voir Chapitre 15) que vous avez installées dans votre iPhone.

Figure 14.1 : Une partie des réglages de l'iPhone.

Mode Avion

L'usage du téléphone mobile est strictement interdit à bord d'un avion. Mais, une fois qu'il a atteint son altitude de croisière, rien n'interdit d'utiliser l'iPhone pour écouter de la musique, regarder des vidéos ou des photos. Du moins une fois que l'appareil a atteint son altitude de croisière.

Comment profiter des avantages de l'iPod intégré à l'iPhone tout en désactivant temporairement les fonctions de téléphonie, d'Internet et de courrier électronique ? Grâce au Mode Avion.

Pour cela, il suffit de toucher l'option Mode Avion, dans l'écran Réglages, afin que le commutateur orange soit visible (voir Figure 14.2).

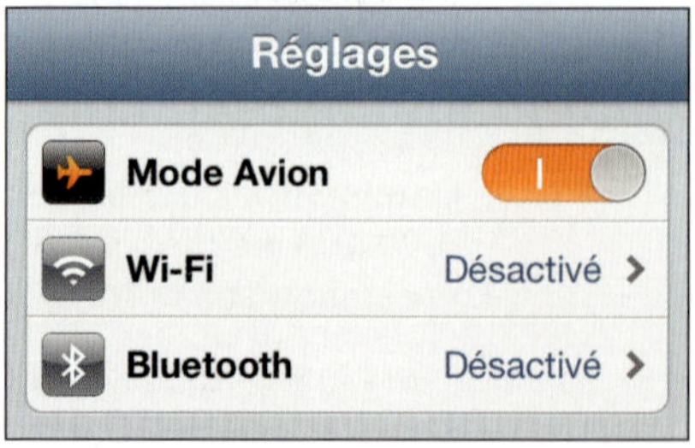

Figure 14.2 : Silence radio grâce au mode Avion. Remarquez la désactivation de la Wi-Fi. Plus bas dans le menu, le téléphone est également désactivé.

Cette action désactive toutes les activités hertziennes de l'iPhone : la Wi-Fi, EDGE, la 3G et Bluetooth. En Mode Avion, il n'est plus possible de recevoir ou d'envoyer des appels téléphoniques, de surfer sur le Web ou d'effectuer quoi que ce soit exigeant une connexion à l'Internet. L'avantage est que la batterie ne s'en portera que mieux, et qu'elle bénéficiera ainsi d'une plus longue autonomie, notamment lors d'un vol long-courrier aux antipodes.

Une petite icône en forme d'avion, en haut à gauche dans la barre d'état, rappelle en permanence que le Mode Avion est actif. Rappelez-vous simplement de le désactiver lorsque vous serez de retour sur le plancher des vaches.

TRUC

Sur certaines compagnies aériennes qui offrent la Wi-Fi, il est possible d'activer le mode Avion tout en utilisant néanmoins la Wi-Fi.

Wi-Fi

Comme nous l'avons mentionné précédemment dans ce livre, la Wi-Fi est le plus rapide des réseaux pour surfer sur le Web, échanger du courrier, *etc.* Les réglages Wi-Fi servent à trouver les réseaux disponibles qui offrent un signal exploitable.

Touchez l'option Wi-Fi et tous les réseaux à portée sont affichés, comme le montre la Figure 14.3. Cet écran est aussi accessible en touchant l'icône Réglages, puis Généraux, puis Wi-Fi.

L'indicateur de force du signal (l'icône constituée de plusieurs arcs) peut vous aider à sélectionner le réseau dont le signal est le plus puissant, si vous avez le choix. Touchez le nom du réseau auquel vous désirez vous connecter. Si un réseau est protégé – et donc son accès interdit –, une icône en forme de cadenas est affichée.

Figure 14.3 : Les réglages de la Wi-Fi.

L'option Confirmer l'accès peut être activée ou désactivée. L'iPhone se connecte spontanément aux réseaux qu'il connaît déjà. Lorsque cette fonctionnalité est active, l'iPhone vous demande confirmation chaque fois qu'il s'apprête à se connecter à un nouveau réseau. Si elle est désactivée, vous devrez sélectionner manuellement le réseau.

Si vous ne voulez plus que l'iPhone puisse se connecter automatiquement à un réseau qu'il a mémorisé, touchez le chevron à droite de son nom puis l'option Oublier ce réseau. La mémoire de l'iPhone est très sélective.

Dans certains cas, vous devrez fournir des informations très techniques concernant le réseau auquel vous désirez vous connecter. Vous serez alors confronté à une tripotée de termes abscons comme DHCP, BootIP, Statique, Adresse IP, Masque de sous-réseau, Routeur, DNS, Domaine de recherche, Identifiant client, HTTP Proxy et bien d'autres. Nombre de ces termes ne vous disent peut-être rien et c'est tout aussi bien ; la plupart d'entre nous n'ont pas besoin de connaître toutes ces notions. Si ces paramètres doivent être configurés, un administrateur de réseau ou un ami féru d'informatique pourra vous aider.

Vous voudrez parfois vous connecter à un réseau verrouillé qui se trouve à portée, mais qui de ce fait ne figure pas dans la liste Wi-Fi. Dans ce cas, touchez l'option Autre puis saisissez le nom du réseau. Touchez ensuite l'option Sécurité et sélectionnez le type de cryptage utilisé par le réseau : WEP, WPA ou WPA2. Là encore, c'est du jargon technique, et vous devrez peut-être vous faire aider.

Si aucun réseau Wi-Fi n'est accessible, vous devrez utiliser le réseau EDGE ou 3G. Si aucun de ces réseaux n'est accessible – ce qui serait bien étonnant à moins d'appeler depuis le tréfonds de catacombes –, l'iPhone ne pourra pas se connecter à l'Internet.

Régler l'iPhone

Les prochains réglages concernent entre autres l'apparence de l'iPhone et le ton sur lequel il couine.

Ne pas déranger

Quand il est actif, le commutateur Ne pas déranger rend l'iPhone plus discret. La sonnerie du téléphone et le son des notifications sont désactivés. Les appels sont détournés vers la messagerie vocale.

La fonction Ne pas déranger est pratique dans une salle de spectacle ou quand vous effectuez une présentation devant un auditoire, mais ne vous y fiez pas trop, car les alarmes configurées dans l'application Horloge continuent de retentir. Pour se faire remarquer, on ne fait guère mieux que le son Marimba au moment où il est le plus malvenu (dans les chœurs antiques, ou pendant un conseil d'administration).

Pour accéder aux options de la fonction Ne pas déranger, commencez par activer son commutateur, dans Réglages. Puis, toujours dans Réglages, touchez Notifications > Ne pas déranger. Vous pouvez configurer des plages horaires pendant lesquelles vous ne désirez pas être dérangé, et autoriser les appels des contacts figurant dans la liste Favoris de l'application Téléphone.

Enfin, la commande Appels répétés fait sonner l'iPhone lorsqu'une même personne vous appelle une seconde fois en moins de trois minutes.

Comme vous le constatez, Ne pas déranger ne garantit pas forcément le silence.

Les notifications

Le Centre de notifications a été décrit au Chapitre 2. En effleurant l'écran du haut vers le bas, un volet virtuel occulte l'écran habituel et fournit quantité d'informations utiles, des rendez-vous du jour et du lendemain aux appels téléphoniques manqués, en passant par la météo, la Bourse et d'autres informations.

Figure 14.4 : Restez au courant des incidents dans le métro parisien grâce aux notifications de l'application RATP.

Le réglage Notifications permet de choisir les informations à afficher dans le Centre de notifications, et aussi de choisir l'ordre de tri des applications : manuellement ou chronologiquement. Après avoir activé les types de notifications à afficher, choisissez le style d'alerte : une petite bannière qui apparaît momentanément tout en haut de l'écran, ou un panneau qui reste affiché tant que vous ne l'avez pas touché.

Les programmeurs d'applications peuvent vous envoyer des alertes à propos des programmes que vous avez installés dans l'iPhone en exploitant le service Notification Push d'Apple. Ces alertes sont textuelles, mais elles peuvent aussi être textuelles et sonores. Ou alors, elles peuvent être un chiffre dans une petite pastille apparaissant sur l'icône de l'application. Ces alertes peuvent vous parvenir même lorsque l'iPhone n'est pas en marche.

Il est possible de désactiver sélectivement les notifications, application par application. Touchez l'une d'elles dans la liste du réglage Notifications, puis activez ou désactivez le commutateur Pastille sur l'icône d'application, ou le commutateur Sons. La Figure 14.4 montre les options de notification de l'application RATP. En fait, ce panneau est quasiment identique pour toutes les applications.

Le Service de localisation : Où suis-je ? Dans quel état j'erre ?

Grâce à son GPS, l'iPhone sait exactement où vous êtes. Et s'il n'arrive pas à établir la connexion avec les satellites géostationnaires du réseau GPS, ce qui est rare, il peut déterminer approximativement où vous êtes par triangulation à partir des bornes Wi-Fi et des antennes de téléphonie mobile situées dans le voisinage

Si le fait d'être localisé par l'iPhone vous épouvante – Bigue Brauderse vous regarde –, ne vous inquiétez pas. Afin de protéger votre vie privée, chaque application utilisant cette fonctionnalité vous demande l'autorisation de le faire (Figure 14.5). Vous pouvez aussi refuser en bloc la géolocalisation en désactivant le commutateur Service de localisation. Non seulement vous protégerez votre vie privée, mais vous augmenterez aussi l'autonomie de votre iPhone car cette fonction est assez gourmande en énergie.

Figure 14.5 : Chaque application utilisant la géolocalisation vous demande l'autorisation d'utiliser cette fonction.

Quand l'icône violette visible dans la marge apparaît près de l'icône de la batterie, en haut de l'écran, cela signifie que l'application utilise actuellement la localisation. Si elle est grise, vous savez que l'application a utilisé la localisation au cours des 24 dernières heures.

Tout en bas des réglages du Service de localisation, l'option Services système contient une kyrielle de paramètres de localisation relatifs à la circulation routière, aux fuseaux horaires, à l'étalonnage de la boussole, à la recherche du réseau, à la localisation iAds en fonction du lieu (NdT : publicité ciblée en fonction du lieu où vous êtes. Passez près d'un commerçant abonné à ce service, et vous serez sollicité par ses pubs, promos, soldes et autres). Vous pouvez désactiver ou réactiver toutes ces fonctions.

Sons

L'écran Sons est la régie sonore de l'iPhone. C'est là que vous activez ou désactivez les alertes sonores pour de nombreuses fonctions : nouveau message texte, nouveau message vocal, nouveau courrier, courrier envoyé, alertes de calendriers. C'est là aussi que vous choisissez les sonneries, comme nous l'avons vu au Chapitre 4.

Citons aussi la possibilité d'entendre un son lors d'un verrouillage ou les clics du clavier lors des saisies. La glissière du volume règle le niveau sonore des bruitages, des alertes et des sonneries.

Une autre solution pour régler le volume consiste à utiliser les boutons réels sur le côté de l'iPhone, à condition que vous ne soyez pas en train de téléphoner ou d'utiliser la fonction iPod pour écouter de la musique ou regarder une vidéo.

Lumineux comme le jour

Qui ne voudrait pas d'un écran aussi lumineux que possible ? Ce légitime désir se heurte hélas ! à une dure réalité : plus l'écran est lumineux, plus il est gourmand en énergie. À lui seul, il consomme la moitié du courant électrique.

Figure 14.6 : Modulez la luminosité de l'écran selon la lumière ambiante.

TRUC

C'est pourquoi nous recommandons vivement d'activer l'option Réglage automatique, comme à la Figure 14.6. La luminosité de l'écran variera selon la lumière ambiante, ce qui fera le plus grand bien à la batterie.

Fond d'écran

Un beau fond d'écran est le meilleur moyen d'habiller l'iPhone selon votre goût. Vous pouvez choisir l'une des images d'arrière-plan livrées avec l'iPhone en touchant Réglages > Fond d'écran > puis le chevron à droite de Fond d'écran.

Parmi les vignettes que montre la Figure 14.7, choisissez celle qui ornera votre iPhone. Touchez une vignette pour voir un aperçu en grandeur réelle, puis touchez le bouton Définir ou Annuler. Touchez ensuite l'une des trois options suivantes :

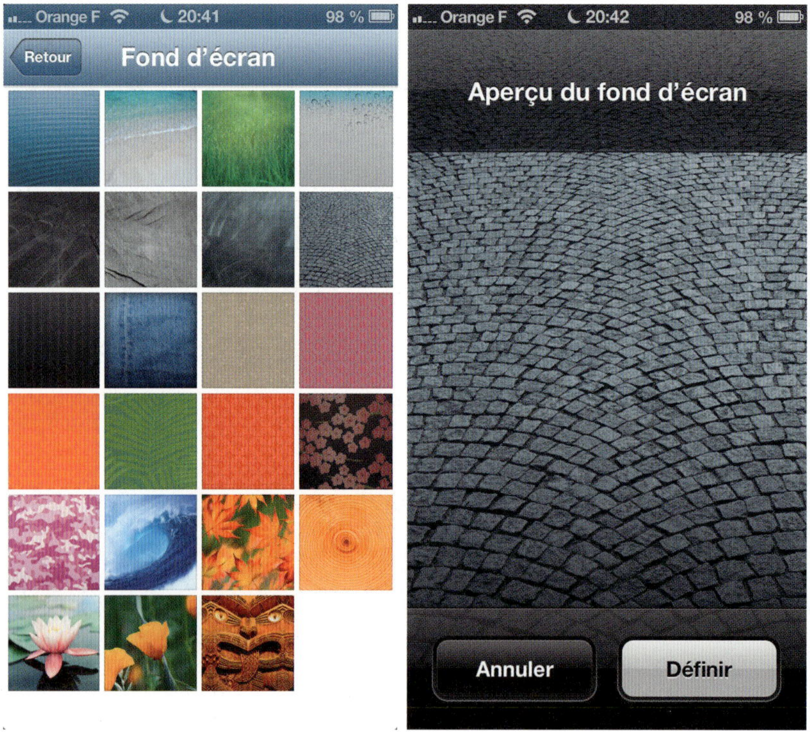

Figure 14.7 : À gauche, les fonds d'écran disponibles. À droite, un fond d'écran pré-soixante-huitard.

- **Écran verrouillé :** L'image apparaît sur l'écran affiché lorsque l'iPhone sort de veille après un temps d'inactivité, au moment d'actionner la glissière Déverrouiller.
- **Écran d'accueil :** L'image apparaît sur l'écran d'accueil ainsi que sur tous les écrans supplémentaires.
- **Les deux :** Au lieu d'utiliser deux images distinctes, comme avec les options précédentes, la même image est affichée quel que soit l'écran.

Du Général aux particuliers

Certains réglages sont assez difficiles à caser. Apple a eu l'idée géniale de les fourrer dans une catégorie nommée Général (l'armée napoléonienne avait pâti du « général Hiver » à Moscou, eh bien voilà le « général Divers » de Cupertino).

Informations

Ces informations auxquelles vous accédez en touchant Réglages > Général > Informations concernent tout ce qui a trait à votre iPhone, mais aussi ce qu'il y a dedans. Vous trouverez dans l'écran Informations :

- **Le nom de l'iPhone.** Vous pouvez le modifier si vous le désirez.
- **Le nom du fournisseur d'accès au réseau Internet.**
- **Le nom de votre opérateur de téléphonie mobile.**
- **Le nombre de morceaux de musique stockés dans l'iPhone.**
- **Le nombre de clips vidéo.**
- **Le nombre de photos.**
- **Le nombre d'applications téléchargées et installées dans l'iPhone.**
- **La capacité de stockage totale.** En raison du formatage de la mémoire, la capacité réelle est moindre que la capacité nominale annoncée.
- **La capacité de stockage disponible.**
- **La version du microprogramme.** Le système d'exploitation en est à la version 6.0. Les chiffres et lettres entre parenthèses, comme 10A405, indiquent la sous-version, ou *build* en jargon informatique. Ce numéro change chaque fois que l'iPhone est mis à jour.
- **L'opérateur de téléphonie mobile.**
- **Le modèle de l'iPhone.**
- **Le numéro de série de l'iPhone.**
- **L'adresse Wi-Fi.** Appelée aussi « adresse MAC » (*Media Access Control*, contrôle d'accès au média) elle identifie le composant Wi-Fi. L'utilité de cette information ? Si vous voulez retrouver votre iPhone parmi tous les ordinateurs, téléphones et tablettes figurant dans la liste des équipements accédant à votre borne Wi-Fi – il faut pour cela vous y connecter avec votre navigateur Web – c'est cette adresse Wi-Fi qui vous permettra d'identifier l'iPhone.
- **L'adresse MAC du composant Bluetooth.** Ce réseau est décrit un peu plus loin.
- **Les numéros IMEI et ICCID.** Les initiales du premier sigle sont celles de *International Mobile Equipment Identity*, identité internationale de l'équipement mobile. Les initiales ICCID sont celles de *Integrated Circuit Card IDentifier*, identificateur du circuit intégré.

Il est vivement recommandé de noter le numéro IMEI (sur la page de garde de ce livre, par exemple), car en cas de vol de l'iPhone, vous pourrez le communiquer à votre opérateur de téléphonie afin qu'il neutralise l'appareil, et à la police pour pouvoir l'identifier s'il est retrouvé. Les numéros de série et IMEI se trouvent aussi sous la boîte de l'iPhone.

- **La version du programme du modem.**
- **Le commutateur permettant de limiter le suivi publicitaire.** Les applications sont désormais capables d'envoyer des publicités ciblées vers votre iPhone. Pour réduire cette nuisance, activez le commutateur Suivi publicitaire limité.
- **Diagnostic et utilisation :** Vous pouvez désactiver ici l'envoi d'informations techniques à Apple. L'option Données de diag et d'util. contient le détail des informations transmises. Selon vos compétences, elles sont horriblement ou délicieusement compliquées.
- **Mention légale :** C'est de la littérature procédurière vétilleuse, des dizaines et des dizaines de pages en anglais – qui voudrait traduire une aussi insipide littérature ? – concoctées par des cohortes de juristes d'Apple.

Utilisation

Toucher Réglages > Général > Utilisation vous conduit à l'un des endroits où sont stockées les statistiques d'utilisation de l'iPhone. Vous en trouverez d'autres dans l'écran Informations que nous venons de décrire.

L'écran Utilisation contient les informations suivantes :

- **Stockage :** Indique la place occupée en mémoire par chacune de vos applications (Figure 14.8), classées par ordre de taille.

  Si vous estimez qu'une application est vraiment trop encombrante pour ce que vous en faites, touchez-la puis, dans le panneau qui apparaît, touchez le bouton Supprimer l'app.

Figure 14.8 : Eh oui, il n'y a pas que vos photos, vidéos et musiques pour accaparer de la place en mémoire. Tout en haut de la liste, Mappy GPS en occupe à lui seul 616 Mo.

- **iCloud :** Cette rubrique contient trois options :
  - **Stockage total :** Espace de stockage dont vous disposez sur le nuage d'Apple (5 Go par défaut, davantage si vous en louez).
  - **Disponible :** Espace de stockage restant dans le nuage.
  - **Gérer le stockage :** Achat d'espace de stockage supplémentaire.

- **Niveau de la batterie :** Activez ce commutateur pour afficher la charge de la batterie en pourcentage, en haut à droite de l'écran.
- **Utilisation :** Durée des périodes d'utilisation depuis la dernière recharge complète de la batterie. Elle est indiquée en jours et en heures, à la fois pour la durée depuis que le téléphone a été déverrouillé et utilisé, que pour la durée où il était verrouillé et en veille.
- **En veille :** Durée des périodes de veille depuis la dernière recharge complète de la batterie. Utilisez cette information et la précédente pour évaluer l'état de la batterie en fonction de sa décharge.
- **Utilisation cellulaire :** Quantité de données envoyées et reçues au travers des réseaux de téléphonie mobile EDGE, 3G. Ces statistiques peuvent être réinitialisées en touchant le bouton Réinitialiser les statistiques, en bas de l'écran. Faites-le lorsque vous allez à l'étranger et que vous désirez garder un œil sur la quantité de données transmises, et donc souvent facturées au prix fort.

Siri

Touchez Réglages > Général > Siri pour sélectionner la langue de Siri. Vous décidez aussi si Siri doit être automatiquement activé ou non quand vous portez l'iPhone 5 à l'oreille.

Réseau cellulaire

Le réglage Réseau cellulaire contient les commandes Activer la 3G, Données cellulaires et Données à l'étranger, Configurer Partage de connexion, VPN et Wi-Fi. Examinons-les succinctement.

Activer la 3G

Comme vous le savez, l'avantage majeur du réseau 3G est qu'il est autrement plus rapide que le réseau EDGE, bien qu'il soit cependant moins rapide que la Wi-Fi. Cela dit, si vous vous trouvez principalement dans une zone non couverte par la 3G et que vous n'utilisez donc ce réseau qu'occasionnellement, désactiver cette option augmentera l'autonomie de votre iPhone.

Pourquoi ? Parce que la 3G consomme énormément d'énergie et draine plus rapidement la batterie.

Données cellulaires

Autorise ou interdit la téléphonie mobile.

Données à l'étranger

Vous risquez sans vous en rendre compte de voir votre note iPhone atteindre des sommets si vous utilisez Safari, échangez du courrier électronique ou exécutez intensivement d'autres types de tâches à l'étranger. Pour éviter que vos orgies iPhonesques vous coûtent plus cher que vos agapes dans les palaces, désactivez l'option Données à l'étranger.

Configurer Partage de connexion

Permet de se connecter au Web en utilisant la connexion Internet de l'ordinateur.

VPN

NOTE TECHNIQUE

Un réseau VPN (*Virtual Private Network*, réseau privé virtuel) offre la possibilité d'accéder en toute sécurité à un réseau d'entreprise protégé par un pare-feu. L'iPhone prend en charge un protocole appelé Cisco IPSec VPN qui prodigue apparemment le niveau de sécurité qu'exigent les administrateurs de réseau.

Il prend aussi en charge les protocoles L2TP (*Layer 2 Tunneling Protocol*, protocole de tunnelisation de niveau 2) et PPTP (*Point-to-Point Tunneling Protocol*, protocole de tunnelisation point à point).

Les paramètres de configuration qui apparaissent après avoir touché VPN puis L2TP ou VPN puis PPTP vous seront fournis par le responsable informatique. Le mieux est encore de lui confier votre iPhone et le laisser le configurer.

Une fois configurés, les paramètres VPN peuvent être activés ou désactivés en touchant l'option VPN dans l'écran VPN.

Synchronisation Wi-Fi iTunes

Permet de démarrer une synchronisation depuis l'iPhone, au lieu de l'effectuer depuis l'ordinateur.

Bluetooth en scène

De tous les termes techniques propres à l'informatique, *Bluetooth* est l'un de nos préférés. Ce nom provient du surnom (*NdT* : « dent bleue », par allusion au goût immodéré de ce roi pour les myrtilles d'un roi viking du Xe siècle), Harald Blatan, qui contribua à l'unification de la Scandinavie. Or, Bluetooth facilite la collaboration entre divers périphériques. La Figure 14.9 montre le jumelage entre un clavier Apple sans fil et l'iPhone. La saisie sera autrement plus confortable qu'avec le clavier virtuel.

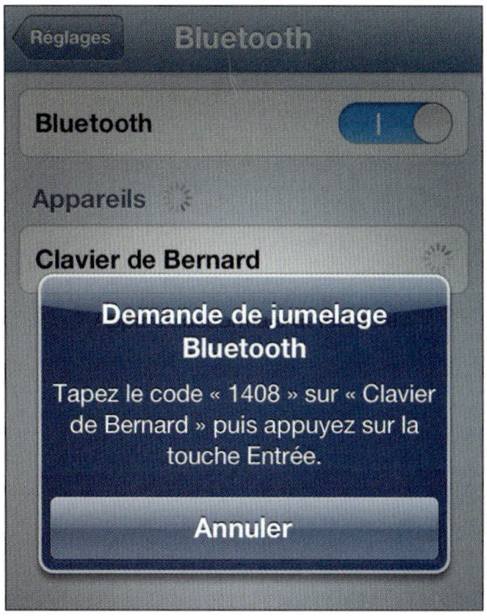

Figure 14.9 : L'iPhone est sur le point d'être jumelé avec un clavier Bluetooth.

Harald Blatan était sans doute un précurseur, mais il est certain qu'il n'a jamais utilisé de téléphone mobile. Or, aujourd'hui, toute une gamme de produits sans fil reprend son surnom. Sur un iPhone, Bluetooth permet de communiquer par radio avec des oreillettes ou un kit de téléphonie mains libres. Ces équipements sont fabriqués par Apple et par d'autres marques.

Pour que l'iPhone puisse fonctionner avec l'un de ces équipements, ils doivent être couplés ou jumelés. Les oreillettes optionnelles vendues par Apple sont automatiquement jumelées en plaçant l'iPhone et les oreillettes sur une double station d'accueil fournie avec ces dernières et reliée à l'ordinateur.

Si votre accessoire n'est pas de la marque Apple, suivez les instructions fournies par le manuel afin qu'il soit détecté et jumelé avec l'iPhone. Touchez ensuite Réglages > Bluetooth afin que l'iPhone puisse rechercher les périphériques à proximité. La portée de Bluetooth est d'une dizaine de mètres.

Vous savez que Bluetooth est actif grâce à la petite icône Bluetooth affichée à droite dans la barre d'état. Si le symbole est bleu ou noir, l'iPhone communique avec un périphérique. S'il est gris, Bluetooth est actif, mais aucun périphérique compatible ne se trouve à proximité.

Pour mettre fin au jumelage avec un périphérique, sélectionnez-le dans la liste des périphériques et touchez le bouton Oublier cet appareil.

Les oreillettes et haut-parleurs Bluetooth sont utilisables, de même que les kits mains-libres et autres accessoires.

Vous pourrez éventuellement utiliser une connexion Bluetooth – plutôt que par le câble USB – pour partager la connexion Internet de l'iPhone et en faire profiter votre ordinateur. Pour établir le partage Internet, touchez Réglages > Général > Réseau cellulaire > Configurer Partage Internet.

L'iPhone peut exploiter Bluetooth de diverses manières. L'une est la connexion de pair à pair, qui permet de jouer à un jeu vidéo avec plusieurs personnes en même temps, situées à portée du transmetteur. Ce système peut aussi servir à échanger des cartes de visite virtuelles, des photos et de brèves notes textuelles. Des programmeurs d'applications pour iPhone ont commencé à exploiter les possibilités de la connexion Bluetooth. Avec certaines d'entre elles, il n'est pas même nécessaire d'apparier les périphériques, comme vous devez le faire pour un ensemble écouteurs/microphone ou pour un kit mains-libres.

Il est impossible d'échanger des fichiers entre l'iPhone et un ordinateur avec Bluetooth, ni de synchroniser. Vous ne pouvez pas non plus l'utiliser pour imprimer des éléments à l'aide d'une imprimante Bluetooth, car l'iPhone ne prend en charge aucun des profils Bluetooth exigés par ces transactions.

Verrouillage auto

Vous définissez dans Réglages > Général > Verrouillage auto., le délai après lequel le téléphone est automatiquement verrouillé ou l'écran éteint. Vous avez le choix entre 1 à 5 minutes ou Jamais.

Si vous travaillez pour une entreprise qui vous oblige à définir un mot de passe (voir prochaine section) l'option Jamais n'est pas proposée.

Pendant qu'il est verrouillé, le téléphone reçoit cependant les messages et les SMS, et le volume reste réglable.

Verrouillage par code

Un mot de passe peut être défini pour empêcher quelqu'un de déverrouiller votre iPhone. Touchez cette option puis tapez un code à quatre chiffres. Vous devrez le confirmer au moment de sa validation.

Vous pouvez indiquer si le code est requis immédiatement, ou après 1, 5, 15 minutes ou une heure d'utilisation. Une durée plus courte est bien sûr plus sûre. À propos de sécurité, sachez que l'iPhone peut être configuré pour effacer toutes les données qu'il contient après dix vaines tentatives de saisie du mot de passe.

Le code peut être modifié à condition de fournir l'actuel code. Si vous l'avez oublié, vous devrez restaurer le logiciel de l'iPhone, comme nous l'expliquons au Chapitre 15.

Le verrouillage par code sert aussi à désactiver ou réactiver la composition vocale d'un numéro de téléphone.

Restrictions

Les parents et les directeurs de tous poils adorent le réglage Restrictions. On ne saurait en dire autant des enfants et des employés. Vous pouvez activer ce réglage pour empêcher l'utilisateur de tomber sur du langage explicite (cru, si vous préférez) avec Safari ou iTunes, ou en parcourant YouTube, et aussi d'installer des applications (des « apps »). Des services de localisation et l'appareil photo peuvent aussi être interdits. Quand une restriction a été définie, l'icône de la fonction interdite n'est plus visible sur l'écran.

L'iPhone 5 octroie aux parents un contrôle encore plus étroit, en autorisant de regarder des vidéos ou de podcaster, mais pas n'importe quoi, et en interdisant l'achat de films, séries télévisées, morceaux de musique ou d'applications inappropriés à l'âge ou à la sensibilité de l'enfant.

Date et heure

L'iPhone affiche l'heure sur vingt-quatre heures. Désactiver le commutateur Affichage 24h, en haut du panneau, affiche l'heure sur douze heures, avec les suffixes AM (*Ante Meridiem,* matin) et PM (*Post Meridiem,* après-midi).

Le paramètre Réglage automatique fait que l'iPhone règle automatiquement l'heure en se basant sur le réseau de téléphonie mobile, selon le fuseau horaire qui a été défini.

Si ce réglage est désactivé, vous devrez indiquer manuellement le fuseau horaire ainsi que l'heure en procédant comme suit :

1. **Touchez Réglage automatique afin de désactiver cette option.**

   Deux réglages apparaissent, l'un pour le fuseau horaire, l'autre pour la date et l'heure.

2. **Touchez l'option Fuseau horaire.**

   Un champ de saisie et le clavier virtuel apparaissent.

3. **Commencez à saisir le nom de la ville ou du pays jusqu'à ce qu'il apparaisse dans une liste. Touchez ensuite le nom en question.**

   Le champ de saisie est automatiquement complété.

4. **Touchez l'option Régler la date et l'heure. Actionnez ensuite les rubans pour afficher l'heure correcte.**

5. **Touchez la date. Actionnez ensuite les rubans pour afficher le jour, le mois et l'année.**
6. **Touchez le bouton Date et heure, en haut à gauche, pour revenir à l'écran d'horodatage principal.**

Les autres commandes concernent le calendrier. Vous avez le choix entre l'utilisation de l'heure locale ou, si vous êtes en déplacement, celle de l'heure basée sur le fuseau horaire que vous aurez choisi.

Clavier

Le réglage Clavier permet d'activer la mise en majuscules automatique et de verrouiller la touche des majuscules.

Lorsque le réglage Majuscules auto. est actif – ce qui est le cas par défaut –, la première lettre d'un mot suivant une phrase se terminant par un point, un point d'interrogation ou un point d'exclamation est mise en majuscule.

Quand le réglage Touche Maj verrouillée est actif, la saisie s'effectue en majuscules lorsque vous double-tapez le bouton Majuscules (celui avec la flèche pointant vers le haut).

L'option Claviers permet de choisir parmi les divers claviers français, comme expliqué au Chapitre 2, ou de sélectionner un ou plusieurs claviers internationaux.

Remarquez l'intéressante option Raccourci : saisissez une expression dans le champ supérieur, comme « je vous prie d'agréer mes salutations les plus distinguées », et dans le champ inférieur, saisissez le raccourci « formpol » pour la formule de politesse. Désormais, chaque fois que vous saisirez négligemment **formpol**, l'iPhone entrera la formule complète.

International

L'iPhone est par nature international. Il a été conçu pour fonctionner n'importe où dans le monde. Les réglages de la catégorie International permettent de sélectionner la langue dans laquelle vous saisissez du texte avec le clavier virtuel, la langue de l'iPhone lui-même et des messages qu'il affiche, et la langue utilisée par la fonction Contrôle vocal (supplantée par Siri, mais toujours présente).

L'option Calendrier contient les calendriers grégorien, japonais et bouddhiste. Mais les voyageurs désireux de marcher dans les pas d'Albert Londres, d'Arthur Rimbaud, d'Henri de Monfreid et de Joseph Kessel regretteront l'absence du calendrier Julien encore en vigueur en Éthiopie.

Accessibilité

Les fonctions d'accessibilité de l'iPhone s'adressent aux handicapés :

- **VoiceOver :** Le contenu de l'écran – courriers électroniques, pages Web… – est lu à haute voix.
- **Zoom :** Une loupe grossit le contenu de l'écran. Double-touchez l'écran avec trois doigts pour zoomer en avant. Tirez avec trois doigts pour faire défiler l'écran.
- **Grande police :** Propose un choix de tailles de polices de 20 points (taille par défaut), à 24, 32, 40, 48 ou 56 points, plus faciles à lire par les malvoyants.
- **Inverser les couleurs :** Les couleurs sont inversées afin de produire une image fortement contrastée à l'intention des malvoyants.
- **Énoncer la sélection :** L'iPhone dit les textes sélectionnés. Le débit de voix, assez rapide par défaut, est réglable. Pour utiliser ensuite cette fonction, sélectionnez du texte puis touchez le bouton Prononcer (à droite des boutons Copier et Tout sélectionner).
- **Énonciation auto :** L'iPhone indique vocalement les corrections automatiques et la mise en majuscules.
- **Appareils auditifs :** Améliore la compatibilité avec les appareils auditifs.
- **Flash LED pour alertes :** Permet aux malentendants d'être prévenus par flashs lorsqu'une alerte est affichée. Ne fonctionne que si l'iPhone est verrouillé ou en veille.
- **Audio mono :** En cas de problème d'audition à une oreille, l'iPhone combine les deux canaux stéréo pour n'envoyer qu'un seul signal dans l'un des écouteurs. Sous cette option, une glissière G-D règle la balance stéréo.
- **Accès guidé :** Il permet de désactiver l'accès à certaines applications, ou à certaines zones de l'écran, commandes et/ou boutons afin que des gestes inopinés, mal contrôlés, ne déclenchent pas certaines commandes.
- **AssistiveTouch :** Permet d'utiliser l'iPhone avec un équipement spécial, comme une manette, au lieu de devoir toucher l'écran.
- **Vitesse du clic :** Règle la rapidité du double-clic. En plus de la rapidité par défaut, elle peut être lente ou très lente.
- **Appels reçus :** La voix peut être détournée uniquement vers les écouteurs ou uniquement vers le haut-parleur.

- **Triple-clic :** Cette action sur le bouton principal permet d'enclencher, au choix, le mode VoiceOver, l'inversion des couleurs, le zoom ou le mode AssitiveTouch.

Réinitialiser

La dernière option du panneau accessible en touchant Réglages > Général a pour nom Réinitialiser.

La réinitialisation consiste à remettre tout ou partie de l'iPhone dans le même état qu'au moment où vous l'avez acheté. Cette opération doit cependant être faite en toute connaissance de cause, et pour de bonnes raisons. Ces dernières sont multiples ; nous y reviendrons au Chapitre 15, consacré au dépannage.

Voici les paramètres de l'option Réinitialiser :

- **Réinitialiser tous les réglages :** Toucher cette option réinitialise tous les réglages, mais aucune donnée ni fichier multimédia n'est supprimé.
- **Effacer contenu et réglages :** Tous les réglages sont réinitialisés, tous les comptes, données et fichiers multimédias (photos, vidéos, musiques…) disparaissent. L'iPhone est exactement comme il était avant que vous le sortiez de sa boîte.
- **Réinitialiser les réglages réseau :** Tous les paramètres de réseau sont effacés et restaurés à leurs valeurs par défaut (valeurs d'usine).
- **Réinitialiser le dictionnaire clavier :** Comme nous l'avons mentionné précédemment, le clavier virtuel de l'iPhone est intelligent et sait apprendre. Par exemple, quand vous rejetez un mot qu'il suggère, il en déduit que le mot que vous avez tapé et que vous imposez doit être ajouté au dictionnaire. L'option Réinitialiser le dictionnaire clavier efface du dictionnaire tous les mots qui y ont été ajoutés.
- **Réinitialiser l'écran d'accueil** : Les icônes de l'écran d'accueil sont repositionnées à leur emplacement d'origine.
- **Réin. localisations et confidentialité:** Les informations de localisation sont effacées et les options de confidentialité sont rétablies telles qu'elles étaient à l'origine.

Régler le téléphone

Les réglages des fonctionnalités Musique (image et son), Safari et Courrier ayant été couverts dans les chapitres précédents, il n'y pas lieu d'y revenir.

iCloud

Les réglages iCloud permettent d'indiquer les éléments – Courrier, Contacts, Calendriers, Rappels, Signets et Notes – qui doivent ou non être transférés dans le nuage. C'est là aussi que vous activez ou non les fonctions Flux de photos et Documents et données.

Réfléchissez-y à deux fois, et même plus, avant de supprimer votre compte iCloud. Tous les flux de photos, documents et données seront en effet effacés de votre iPhone.

Twitter

Le réglage Twitter permet d'installer l'application Twitter, de créer un compte Twitter et de mettre les contacts à jour afin d'utiliser automatiquement leurs adresses de messagerie et leurs numéros de téléphone pour communiquer.

Vous pouvez aussi décider d'utiliser ou non les applications Photos et Safari avec Twitter.

Facebook

Le réglage Facebook permet d'installer l'application du même nom et de se connecter au réseau social.

Si vous n'êtes pas encore inscrit à Facebook, un bouton S'inscrire sur Facebook, dans la page d'accueil de l'application Facebook, permet de le faire.

Trier et afficher les contacts

Pour vous, les auteurs de cet ouvrage sont-ils Ed et Bob ou bien Baig et Levitus ? Selon la réponse à cette question, vous trierez vos contacts par prénoms d'abord ou par noms d'abord.

Touchez Réglages > Mail, Contacts, Calendrier puis, à la rubrique Contacts, touchez l'option Ordre de tri et choisissez Prénom Nom ou Nom Prénom.

Vous pouvez aussi choisir d'afficher les contacts dans l'ordre Prénom Nom ou Nom Prénom. Touchez l'option Ordre d'affichage puis le bouton Téléphone pour revenir à l'écran Téléphone.

Appels à la pelle

Il y a longtemps, du fin fond des pages passées de ce livre, nous avions laissé entendre que nous aurions comme qui dirait quelques petites infos et astuces supplémentaires à glisser, à propos du réglage Téléphone.

Eh bien, touchez Réglages et faites défiler l'écran pour atteindre le bouton Téléphone. Touchez-le. Il donne accès aux quelques options qui suivent.

Mon numéro

Le numéro de téléphone est affiché avec le préfixe du pays (c'est le côté mondialiste d'Apple). Si vous préférez n'afficher que les dix chiffres habituels, touchez la commande puis corrigez le numéro.

Renvoi d'appel

Si vous estimez que vous résiderez assez longtemps dans une zone mal ou pas du tout couverte par votre opérateur de téléphonie mobile, vous pouvez renvoyer temporairement les appels vers une ligne de téléphone fixe ou vers un mobile fonctionnant mieux. La procédure est très simple :

1. **Dans l'écran Réglages, touchez l'option Téléphone puis Renvoi d'appel.**
2. **Touchez l'option Renvoi d'appel afin de l'activer.**
3. **À l'aide du clavier virtuel, saisissez le numéro vers lequel l'appel doit être redirigé.**
4. **Touchez le bouton Renvoi d'appel pour revenir à l'écran du même nom.**

Pour modifier le numéro du renvoi d'appel, touchez le cercle gris à croix blanche, dans le champ de saisie du numéro de téléphone, afin de supprimer celui qui s'y trouve, puis tapez le nouveau numéro.

N'oubliez pas de désactiver la fonction Renvoi d'appel afin de recevoir de nouveau les appels directement sur l'iPhone.

ATTENTION

Vous devez vous trouver dans une zone couverte par votre opérateur de téléphonie mobile pour pouvoir activer et définir le renvoi d'appel.

Signal d'appel

Cette option est active par défaut. Si vous la désactivez et que quelqu'un essaie de vous joindre alors que vous êtes en train de téléphoner, son appel est automatiquement dérouté vers la messagerie vocale.

Afficher mon numéro

Vous ne voulez pas que votre nom apparaisse sur le téléphone du correspondant que vous appelez ? Désactivez l'option Afficher mon numéro.

PIN carte SIM

La carte nano-SIM à l'intérieur de l'iPhone contient votre numéro de téléphone ainsi que d'autres importantes informations. Touchez PIN carte SIM > Activer le code PIN. Touchez ensuite Modifier le code PIN, saisissez l'ancien code (0000 par défaut) puis tapez un nouveau code secret. Saisissez-le de nouveau dans le champ en dessous. De cette manière, si quelqu'un s'approprie votre carte, il ne pourra pas l'utiliser avec un autre téléphone, sauf s'il connaît le code.

N'OUBLIEZ PAS

Sachez toutefois qu'en assignant un code PIN à la carte nano-SIM, vous devrez saisir le code PIN chaque fois que vous éteignez puis rallumez l'iPhone. Retenez bien votre code car trois essais seulement sont autorisés.

Services [votre opérateur]

Cette rubrique ne concerne plus Apple, mais votre opérateur de téléphonie. Les différents services sont en réalité des numéros de téléphone auxquels l'iPhone se connecte automatiquement. Par exemple, les numéros de téléphone d'Orange sont les suivants :

- **Suivi Conso :** #123#
- **Service client :** 700
- **Messagerie vocale :** 888
- **Orange Wifi :** #125#
- **Dicto SMS :** 767

Sous ces numéros, un bouton Orange accède directement au portail Web de cet opérateur. Les deux autres opérateurs, Bouygues et SFR, offrent des services similaires.

Tous les réglages que nous venons d'évoquer devraient vous permettre d'exploiter pleinement votre iPhone. Mais s'il renâclait à la tâche, si la bête était rétive, nous vous recommanderions vivement de lire le Chapitre 15.

iTunes Store/App Store

Touchez cette option, dans Réglages, pour accéder à vos informations de compte sur l'Apple Store (votre mot de passe vous sera demandé) : Identifiant Apple, carte bancaire enregistrée (seuls les quatre derniers chiffres sont indiqués) et adresse postale.

iBooks

Configurez ici quelques actions simples pour les livres électroniques que vous téléchargerez éventuellement depuis l'App Store.

Nike + iPod

Si pour vous, le sport, c'est le pied ? Et vous avez de l'oreille pour la musique ? À l'été 2006, Apple et Nike se sont mis d'accord pour créer un capteur à placer sur une chaussure, qui communique sans fil avec un récepteur connecté à un iPod Nano. Dès que le coureur s'élance, le capteur indique sur le Nano la durée écoulée, la distance et le nombre de calories consumées. Il reçoit une réponse vocale et les résultats sont téléchargés sur le site Web de Nike. Les coureurs fatigués peuvent écouter un « power song » sur leur iPod pour se requinquer.

Quand vous activez l'application Nike + iPod à partir de l'écran Réglages, l'iPhone enregistre chacun de vos pas. Il est inutile de connecter un récepteur séparé comme pour l'iPod Nano. Vous choisissez ensuite l'une des fonctions que montre l'écran 14.10.

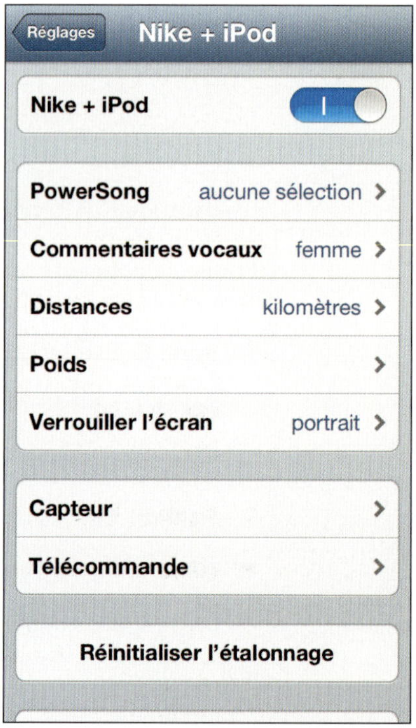

Figure 14.10 : L'iPhone vous fait marcher.

Localiser mon iPhone

Espérons que vous ne devrez jamais rechercher votre iPhone parce que vous l'avez égaré chez vous (dans ce cas, c'est facile, appelez-le à son numéro) chez des amis ou pire, parce qu'il a été volé.

Voici donc comment procéder pour le retrouver. Notez que cette manipulation fonctionne aussi bien pour un iPhone que pour un Mac, un iPad ou un iPod touch de 4e ou 5e génération.

1. **Démarrez le navigateur Web.**

   Utilisez Safari sur un iPhone, un iPad ou un Mac, et le navigateur Internet Explorer sous Windows, ou n'importe quel autre navigateur Web de votre choix.

   N'OUBLIEZ PAS

   Vous aurez besoin de l'identifiant Apple et du mot de passe associés à l'iPhone à localiser.

2. **Dans la barre d'adresse du navigateur Web, saisissez : `www.icloud.com` ; appuyez ensuite sur la touche Retour (Mac) ou Entrée (PC).**

3. **Dans la page Web, cliquez sur le bouton Se connecter.**

4. **Saisissez votre identifiant iCloud ainsi que le mot de passe de l'iPhone, puis cliquez sur le bouton fléché.**

5. **Cliquez sur la grande icône Localiser mon iPhone.**

6. **Dans le panneau Se connecter à Localiser mon iPhone, saisissez de nouveau le mot de passe de l'iPhone, puis cliquez sur le bouton Se connecter.**

   Une carte d'une ville apparaît.

7. **En haut à gauche de la carte, cliquez sur le bouton Appareils.**

8. **Cliquez sur le nom de l'iPhone à localiser.**

   Un plan est affiché. Une boule verte, au milieu du plan, indique l'emplacement de l'iPhone (Figure 14-11).

9. **En haut à droite du plan de localisation, touchez l'un des trois boutons suivants :**

   - **Émettre un son :** Le message « Alerte Localiser mon iPhone » est affiché sur l'iPhone et un carillon retentit. Au même moment, un courrier électronique est envoyé vers la messagerie de son propriétaire, avec la mention « Une alerte a sonné sur l'appareil *nom de l'iPhone* ».

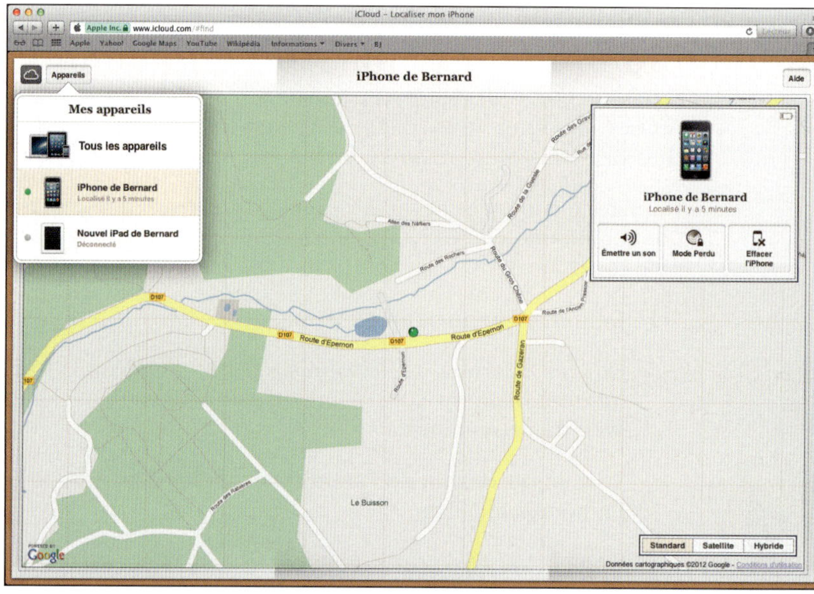

Figure 14.11 : L'iPhone égaré est là, au beau milieu de l'écran.

- **Mode perdu :** L'accès à l'iPhone est verrouillé afin d'en garantir la confidentialité. Un code d'accès à six chiffres est fourni. Notez-le car il sera nécessaire pour pouvoir déverrouiller l'iPhone quand vous l'aurez récupéré.

- **Effacer l'iPhone :** Saisissez un code d'accès à six chiffres et retenez-le. Il sera nécessaire pour pouvoir utiliser de nouveau le Mac. Autrement, toutes les données sont effacées.

10. Vous pouvez quitter la carte et/ou le navigateur Web.

ATTENTION

Pour que votre iPhone soit localisable, il ne doit pas être éteint (mais il peut être en veille).

Chapitre 15

Apps'olument génial !

Dans ce chapitre :

- Trouver des applications sympas.
- Rechercher des applications.
- Installer des applications dans l'iPhone.
- Journaux, livres et magazines.
- Organiser et supprimer des applications.

Ce qui est appréciable avec l'iPhone est la possibilité de télécharger et d'installer des applications supplémentaires. D'autres smartphones en font autant, mais dans ce domaine comme dans d'autres, l'iPhone ne craint personne.

Il existe actuellement des centaines d'applications, appelées « apps » en jargon d'iPhone, ce qui tombe bien, « app » étant à la fois le diminutif de « application », mais aussi de « Apple ». Certaines sont gratuites, d'autres sont vendues. Certaines sont utiles, d'autres nulles. Et enfin, certaines fonctionnent sans problème, d'autres non.

Des applications peuvent être obtenues et installées de plusieurs manières :

- En passant par l'ordinateur.
- Directement depuis l'iPhone.
- Avec la fonction Téléchargements automatiques, en touchant Réglages > Store. Activez les commutateurs Musique, Apps et/ou Livres. Cela fait, toutes les applications achetées à partir de votre ordinateur, ou à partir d'un autre appareil sous iOS 6, seront automatiquement copiées dans l'iPhone.

Pour accéder à l'App Store – la boutique des applications, bien sûr – *via* l'iPhone, il doit évidemment être connecté à l'Internet. Et si vous téléchargez des apps sur votre ordinateur, elles ne seront pas disponibles pour votre iPhone tant que ces deux équipements n'auront pas été synchronisés.

Mais, avant de pouvoir farfouiller fébrilement dans l'App Store, au travers de votre ordinateur ou de votre iPhone, vous devez ouvrir un compte sur iTunes Store.

TRUC

Que ce soit dit une fois pour toutes : sans un compte ouvert sur l'iTunes Store, impossible d'installer la moindre application dans l'iPhone, même gratuite.

Trouver des apps avec l'ordinateur

Commençons par trouver des applications iPhone à l'aide d'iTunes :

1. **Démarrez iTunes.**
2. **Dans le volet de gauche, cliquez sur iPhone Store.**
3. **Cliquez sur l'onglet App Store.**
4. **Cliquez ensuite sur le bouton iPhone.**

   Il est important de cliquer sur le bouton iPhone afin de se trouver dans la partie de l'App Store réservée aux applications iPhone que montre la Figure 15.1.

App iPhone & app iPad

L'arrivée de la tablette iPad s'est accompagnée, comme prévu, de l'arrivée de nombreuses applications conçues spécialement pour elle. Les applications pour iPhone sont utilisables sur un iPad – mais pas forcément en plein écran – alors qu'à l'inverse les applications pour iPad ne sont pas compatibles avec l'iPhone.

C'est pourquoi, vous devez absolument vous assurer que l'application qui vous intéresse est prévue pour l'iPhone. Le risque de se tromper est minime sur l'App Store, car des rubriques et des pages séparées ont été prévues pour chacun de ces appareils. Mais soyez cependant vigilant lorsque vous téléchargez des apps depuis des sites tiers.

Figure 15.1 : L'App Store réservé aux iPhone.

Rechercher des apps avec l'ordinateur

L'App Store étant ouvert sur votre ordinateur, vous avez le choix entre deux options pour parcourir ses rayonnages virtuels. Explorons ceux que montre l'écran principal.

Parcourir l'App Store

Les rayons principaux pour les iPhone se trouvent au milieu de l'écran, et les rayons annexes de part et d'autre. Commençons par le milieu :

- **Nouveautés :** Cette rubrique contient de nombreuses icônes. Elle présente les applications les plus récentes.

  TRUC

  Remarquez le bouton Tout afficher, près du titre de la rubrique. Cliquez sur le chevron, juste à côté, pour voir la totalité des nouveautés. Ou alors, actionnez la glissière, sous les icônes de la rubrique, pour voir les autres applications.

- **Actualités :** Ce rayon propose les apps les plus appréciées des autres utilisateurs d'iPhone.
- **La sélection de l'App Store : nos favoris :** Vous trouverez ici les apps vivement recommandées par l'équipe de l'iTunes Store.

Comme dans les grands magasins, Apple change souvent la déco de ses rayons. Il se peut que dans quelque temps, la présentation des applications ne soit plus tout à fait la même que celle décrite ici.

D'autres rayons se trouvent à droite de l'écran : Raccourcis App Store, qui permet d'accéder thématiquement aux applications, et Classement, divisé en deux parties : Apps payantes et, l'un de nos préférés, Apps gratuites, ainsi que Les plus rentables (cela dépend pour qui…).

Utiliser le champ Rechercher

Le moyen le plus rapide de trouver une application consiste à taper un mot ou une phrase dans le champ Rechercher, en haut à droite d'iTunes ; remarquez les suggestions fournies au cours de la saisie. Appuyez ensuite sur la touche Retour ou Entrée pour démarrer la recherche. Toutes les apps pour iPhone et iPad sont affichées, soigneusement classées par appareil, comme le montre la Figure 15.2.

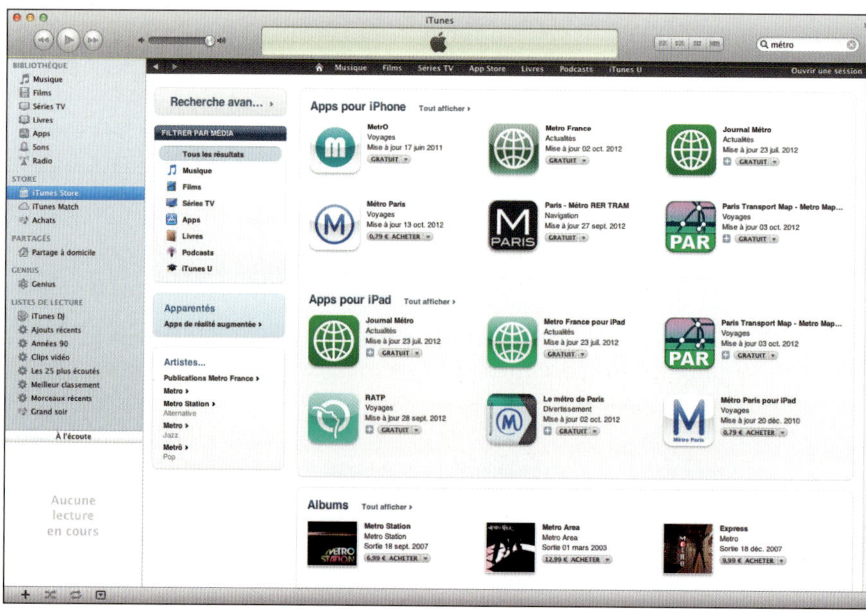

Figure 15.2 : Recherche d'une application concernant le métro.

En savoir plus sur une application

Maintenant que vous savez trouver des apps dans iTunes Store, allons un peu plus loin et voyons comment en apprendre plus sur une application qui vous intéresse.

Afficher les détails sur l'ordinateur

Pour en savoir plus sur une application, ou sur un lien textuel figurant dans une page de l'iTunes Store, cliquez sur son icône. Un écran comme celui de la Figure 15.3 apparaît.

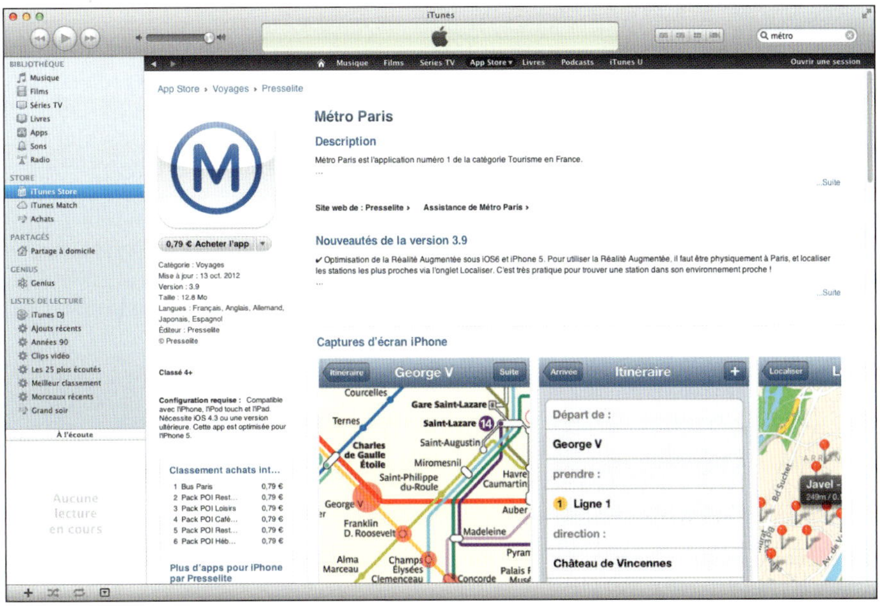

Figure 15.3 : Le descriptif de l'application Métro Paris plébiscitée par les Parisiens iPhonisés.

Le descriptif vous informe sur l'essentiel des fonctionnalités de l'application et la configuration requise. Parfois, plusieurs écrans montrent divers aspects du produit.

TRUC

La description de l'application a été écrite par son programmeur et vise évidemment à mettre le produit en valeur. Mais à la prochaine section, nous vous expliquerons où trouver les avis de ceux qui l'ont utilisée.

Notez que certaines applications, notamment les jeux vidéo, reçoivent une classification indiquant l'âge minimal recommandé. Par exemple, la mention Classé 4+, comme l'application Métro Paris, signifie qu'elle est appropriée à tout le monde, à partir de 4 ans.

Les classifications sont les suivantes :

- **4+ :** Application ne comportant aucun contenu inconvenant.
- **9+ :** Peut représenter de manière modérée et peu fréquente des représentations de violences fictives ou réalistes, ou des thèmes adultes, d'horreur ou suggestifs, pouvant ne pas être adaptés à des enfants de moins de 9 ans.
- **12+ :** Peut contenir un langage parfois grossier, des représentations fréquentes de violences fictives ou réalistes, des thèmes adultes ou suggestifs modérés ou peu fréquents, ou des simulations de jeux de hasard ne convenant pas aux enfants de moins de 12 ans.
- **17+ :** Peu contenir un langage souvent très ordurier, de nombreuses représentations graphiques de violence fictive ou réaliste, des références à des thèmes suggestifs ou d'horreur, du contenu à caractère sexuel et des scènes de nudité, des représentations d'alcool, de tabac et de toxicomanie inadaptées aux moins de 17 ans.

Dans chaque descriptif d'une application, des liens, en bas à droite, pointent vers d'autres apps gratuites ou payantes, selon l'application actuellement affichée. Le lien Recommander permet d'envoyer un courrier électronique à quelqu'un qui pourrait être intéressé par l'app en question.

Les avis des utilisateurs

Les appréciations laissées par des utilisateurs se trouvent en bas de l'illustration. Chaque avis est accompagné d'un nombre d'étoiles (jusqu'à cinq). En faisant défiler l'écran de la Figure 15.3, vous découvrirez de nombreux avis. Consultez-les systématiquement, surtout quand l'application est payante. Une note moyenne est calculée d'après le nombre d'avis et d'étoiles.

Télécharger une application

Rien n'est plus simple : si l'application vous plaît, cliquez sur le bouton Acheter l'app (la somme vous sera automatiquement débitée par Apple) ou, si l'application est gratuite, sur le bouton App gratuite.

N'OUBLIEZ PAS

Pas d'affolement si pendant le téléchargement d'une application gratuite, iTunes affiche « Achat de... » dans la barre de titre. Rien ne vous sera débité.

L'application est aussitôt téléchargée dans la bibliothèque Apps, comme le montre la Figure 15.4. Les applications pour iPhone et iPad, ainsi que les applications payantes et gratuites, y sont classées par genres (Actualités, Divertissement, Photo et vidéo, Voyages...). Double-cliquez sur une icône pour voir les applications qu'elle contient.

Figure 15.4 : Les applications téléchargées apparaissent dans la bibliothèque Apps, classées par genres.

Le téléchargement d'une application dans la bibliothèque d'iTunes n'est que la première phase de l'opération. Il va falloir ensuite synchroniser l'ordinateur et l'iPhone pour procéder au transfert et à l'installation, et pouvoir ainsi utiliser l'application.

Mettre une application à jour

De temps en temps, le programmeur d'une application propose une mise à jour qui ajoute des fonctionnalités nouvelles, corrige un bogue, ou fait les deux. C'est pourquoi il est recommandé de les rechercher régulièrement. Pour ce faire, démarrez iTunes puis cliquez sur le lien Rechercher les mises à jour, en bas à droite de la fenêtre Applications (voir Figure 15.4). Parfois, iTunes remplace ce lien par un autre mentionnant : *n* mises à jour disponibles.

Cliquer sur le lien Plus d'apps, à droite de celui des mises à jour, donne accès à l'écran principal de l'App Store (celui de la Figure 15.1).

Trouver des apps avec l'iPhone

Trouver des applications à partir de l'iPhone n'est pas plus compliqué qu'avec iTunes. La seule exigence est qu'il soit connecté par la Wi-Fi ou par l'un des réseaux EDGE ou 3G. Ensuite, il suffit de parcourir l'Apps Store, télécharger et installer.

Pour commencer, touchez l'icône App Store, dans l'écran d'accueil de l'iPhone.

Cinq icônes apparaissent en bas de l'écran (voir Figure 15.5), qui sont autant de moyens d'interagir avec l'App Store : Sélection, Classements, Genius, Recherche et Mises à jour.

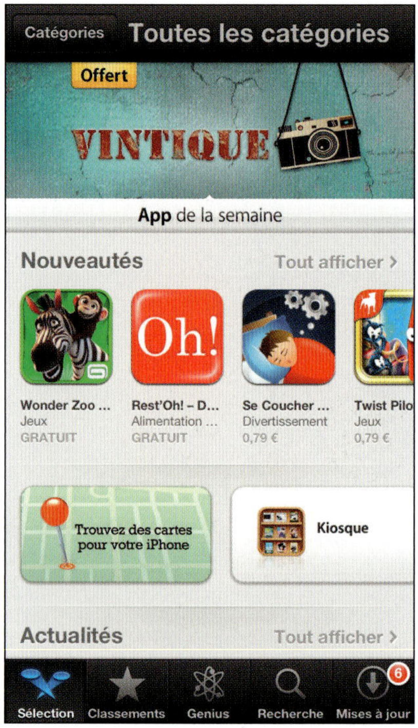

Figure 15.5 : Les icônes en bas de l'écran donnent accès à diverses parties de l'App Store.

Rechercher des apps avec l'iPhone

Si vous savez exactement ce que vous voulez, touchez l'icône Recherche, en bas de l'écran, puis saisissez un mot ou une phrase.

En savoir plus sur une application

Vous savez à présent comment trouver une application. Voyons maintenant comment en savoir plus sur elle.

Afficher les détails

Touchez l'icône d'une application, dans l'App Store, et un écran comme celui de la Figure 15.6 apparaît. Il se trouve sous le bouton Détails et montre des captures d'écran de l'application. La rubrique Description expose les fonctionnalités et, tout en bas, la rubrique Information indique entre autres le nom de l'éditeur, la version et, à côté de Notes, l'âge à partir duquel l'application peut convenir.

Figure 15.6 : Ceci est la page explicative de l'application Carte du Ciel.

La description vise évidemment à mettre le produit en valeur. Ne manquez pas de lire les avis des utilisateurs.

Les avis des utilisateurs

Pour y accéder, touchez le bouton Avis. La moyenne des avis ainsi que leur nombre sont affichés sur un bouton sous l'illustration. Touchez-le pour accéder à la page contenant toutes les appréciations. Après avoir téléchargé l'application, vous pourrez à votre tour dire ce que vous en pensez en touchant le bouton Rédiger un avis.

Chercher encore

Si vous voulez voir d'autres applications du même éditeur, touchez le bouton Associés. Une liste de ses autres produits sera affichée. Vous aurez aussi droit à l'inévitable rubrique D'autres ont aussi acheté (mais est-ce une raison suffisante pour en faire autant ?).

Télécharger une application

Pour télécharger une application directement dans l'iPhone, touchez le bouton en haut à droite (il porte la mention Gratuit ou le prix d'achat). Il est fort probable que l'iPhone vous demande de taper votre mot de passe iTunes Store avant que l'App Store disparaisse et soit remplacé par la page supplémentaire contenant l'icône de la nouvelle application. Si la connexion est difficile, ce qui est rare, la mention Attente apparaît sous l'icône assombrie. Le plus souvent le téléchargement démarre aussitôt comme l'indique le mot Chargement, tandis qu'une barre de progression apparaît sur l'icône. Elle est ensuite remplacée par Installation, puis l'icône apparaît dans toute sa splendeur. La Figure 15.7 montre ces quatre phases.

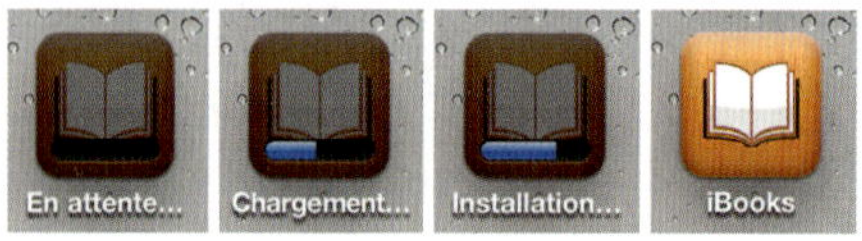

Figure 15.7 : Les phases du téléchargement et d'installation d'une application.

S'il se trouve que l'application est classée « +17 », par exemple, un écran d'alerte apparaît après que vous avez saisi votre mot de passe (Figure 15.8). Pour poursuivre le téléchargement, vous devrez cliquer sur le bouton OK pour confirmer que vous avez plus de 17 ans (*NdT* : Fastoche. C'est à la portée d'un enfant de huit ans).

Figure 15.8 : Une application qui n'est pas pour les plus petits.

L'application est maintenant dans votre iPhone, mais elle ne sera copiée dans votre ordinateur qu'à l'occasion de la prochaine synchronisation. Si la mémoire de l'iPhone est soudainement vidée – il y a peu de chances que cela se produise – ou si vous avez effacé l'application de l'iPhone avant la synchronisation, elle sera à tout jamais perdue.

Après avoir téléchargé une application dans l'iPhone, elle sera transférée dans la bibliothèque Applications d'iTunes lors de la prochaine synchronisation.

Au fait, la boîte de dialogue fait allusion à un « élément acheté » même s'il est gratuit.

Si une application occupe moins de 10 mégaoctets, vous pouvez la télécharger directement dans l'iPhone au travers du réseau 3G ou par la Wi-Fi. Les programmes plus volumineux ne peuvent l'être que par la Wi-Fi ou par une synchronisation avec l'ordinateur.

Mettre une application à jour

Comme nous l'avons déjà mentionné précédemment dans ce chapitre, les programmeurs des applications iPhone procèdent à des mises à jour. Pour vérifier s'il en existe pour vos applications, touchez le bouton Mises à jour, en bas à droite de l'écran.

Si un message Aucune mise à jour est affiché, cela signifie qu'elle n'a pas lieu d'être. Si une application en nécessite une, son icône apparaît, accompagnée d'un bouton Mise à jour, comme à la Figure 15.9. Touchez-le pour exécuter l'opération. Si plusieurs applications ne sont plus à jour, touchez le bouton Tout mettre à jour, en haut à droite de l'écran.

Si vous tentez de mettre à jour une application achetée à l'aide d'un autre compte iTunes Store que le vôtre, vous devrez entrer son identifiant et son mot de passe. Si vous ne pouvez pas les fournir, vous ne pourrez pas procéder à la mise à jour.

Figure 15.9 : Le chiffre dans la pastille, sur l'icône en bas à droite, signale que six mises à jour sont disponibles.

Critiquer une application

Parfois, vous êtes à ce point emballé par une application, à moins que vous en veniez à la détester, que le monde entier se doit de le savoir. Au lieu de beugler votre bonheur au soleil ou de hululer votre infortune sous la lune, il vaut mieux écrire une critique qui fera sans doute autant de bruit. Vous avez le choix entre deux moyens : depuis votre ordinateur avec iTunes, ou directement depuis l'iPhone.

Procédez comme suit depuis iTunes sur Mac ou PC :

1. **Naviguez jusqu'à la page du descriptif de l'application, dans l'App Store d'iTunes.**

2. **Faites défiler la page jusqu'à la rubrique Avis des utilisateurs, puis cliquez sur le lien Donner votre avis.**

   Il vous sera peut-être demandé de vous identifier.

3. **À la rubrique Classer cette application, cliquez sur le bouton d'option correspondant au nombre d'étoiles à attribuer (de 1 à 5).**

4. **Dans le champ Titre, donnez un titre à votre critique. Indiquez aussi un pseudonyme, dans le champ à droite.**

5. **Dans le champ Critique, tapez frénétiquement votre critique, qu'elle soit dithyrambique ou incendiaire.**

6. **Cliquez sur le bouton Extrait.**

   Ce bouton est l'équivalent d'un bouton Aperçu. Si la critique vous convient, cliquez sur le bouton Envoyer. Sinon, cliquez sur Modifier. Et si finalement, vous renoncez à critiquer l'application – c'est *too much,* les mots vous manquent –, cliquez sur Annuler.

Procédez comme suit pour publier votre critique directement depuis l'iPhone :

1. **Touchez l'icône App Store afin d'accéder à la boutique des applications.**

2. **Accédez à la page du descriptif de l'application.**

3. **Touchez le bouton Avis, en haut de la page.**

4. **Sous les étoiles attribuées, touchez le bouton Rédiger un avis.**

   Le mot de passe d'iTunes peut éventuellement vous être demandé.

5. **Dans la page Envoyer l'avis, touchez l'étoile correspondant au nombre d'étoiles à attribuer à l'application.**

6. **Dans le champ Titre, donnez un titre à votre critique. Indiquez aussi un pseudonyme.**

7. **Dans le champ Avis (facultatif), saisissez le texte de votre critique.**

8. **Cliquez sur le bouton Envoyer, en haut à droite de l'écran.**

Quelle que soit la manière dont vous envoyez une critique, Apple en prendra connaissance. Si elle n'enfreint pas la loi ni les règles de bonne conduite, elle est publiée un ou deux jours plus tard sur l'App Store, dans la rubrique des avis de l'application en question.

Gérer les applications

Nous avons vu comment télécharger et installer des applications. Voici à présent comment les organiser sur l'écran de l'iPhone et les supprimer.

Supprimer une application

Il existe deux manières de supprimer une application : depuis la version d'iTunes installée dans votre ordinateur ou directement sur l'iPhone.

Pour supprimer une application à partir de l'ordinateur, cliquez sur le bouton Apps, à la rubrique Bibliothèque dans le volet gauche d'iTunes, puis effectuez l'une des actions suivantes :

- Cliquez sur l'icône d'une application afin de la sélectionner puis choisissez Édition > Supprimer.
- Cliquez du bouton droit (ou Ctrl+clic, sur un Mac) sur l'icône de l'application et choisissez Supprimer.

Dans les deux cas, une boîte de dialogue vous demande de confirmer la suppression. Si vous cliquez sur le bouton Supprimer l'app, l'application disparaît de la bibliothèque d'iTunes, ainsi que dans l'iPhone qui sera synchronisé avec cette bibliothèque.

Notez qu'il est impossible de supprimer l'une des applications d'origine livrées avec l'iPhone. Voici comment supprimer les autres applications directement depuis l'écran de l'iPhone :

1. **Touchez une icône – n'importe laquelle – jusqu'à ce que toutes les icônes se mettent à vibrer.**
2. **Touchez la petite croix blanche dans un rond noir visible dans le coin supérieur droit des applications effaçables (Figure 15.10)**
3. **Touchez le bouton Supprimer.**

Si l'iPhone a été synchronisé depuis que vous avez téléchargé l'application et qu'elle a été transférée dans la bibliothèque d'iTunes, la suppression dans l'iPhone n'est pas définitive. Dès la prochaine synchronisation, elle sera en effet réintégrée dans l'iPhone en catimini. Pour l'éliminer pour de bon, vous devrez aussi la supprimer de la bibliothèque iTunes.

Figure 15.10 : Touchez la pastille marquée x d'une application, puis touchez le bouton Supprimer pour l'effacer de l'iPhone.

Organiser les applications

L'iPhone peut recevoir jusqu'à 11 écrans pour vos applications. Comme la plupart des utilisateurs, vous téléchargerez de nombreuses applications. Un peu de rangement s'avérera rapidement nécessaire.

Dans l'ordinateur

Dans la version d'iTunes installée dans l'ordinateur, assurez-vous d'avoir sélectionné l'iPhone dans le volet de gauche, sous la rubrique Appareils. Cliquez ensuite sur le bouton Apps, en haut de la fenêtre. Toutes vos applications sont ainsi visibles (Figure 15.11).

Figure 15.11 : Cet iPhone contient trois écrans remplis d'applications. L'écran 2 est sélectionné.

Les applications peuvent être organisées de diverses manières :

- Dans la fenêtre iPhone (fac-similé de l'écran sélectionné), vous pouvez cliquer sur l'icône d'une application et la tirer jusqu'à un nouvel emplacement sur le même écran.
- Une application peut être tirée de la liste Synchroniser les apps, à gauche d'iTunes, jusque sur n'importe lequel des écrans – dans la fenêtre du milieu –, à condition que l'écran de destination ne soit pas vide.
- L'ordre des écrans peut être modifié dans le ruban de droite. Tirez-en un et déposez-le entre deux autres écrans.

Sur l'iPhone

Pour disposer différemment les applications sur votre iPhone, appuyez continûment sur l'une d'elles jusqu'à ce qu'elles se mettent toutes à vibrer. La pastille de suppression apparaît sur les applications susceptibles d'être supprimées.

Touchez l'application à supprimer ; son icône s'agrandit. Faites-la glisser jusqu'à son nouvel emplacement entre deux applications – elles s'écartent pour lui laisser de la place, comme sur la Figure 15.12 – mais en évitant de déposer l'application sur une autre. Sinon, vous créeriez un dossier, comme expliqué au Chapitre 2.

La réorganisation des icônes ressemble un peu au jeu du taquin. Mais avec un peu d'habitude et d'astuce, vous apprendrez à anticiper le déplacement des icônes qui se poussent pour laisser de la place à celle que vous déplacez.

Les applications du Dock (Téléphone, Safari, Mail et Musique) peuvent aussi être déplacées. C'est le cas de l'iPhone utilisé pour l'illustration de chapitre, où le Dock contient à présent les applications Mail, Safari, Téléphone et Calendrier.

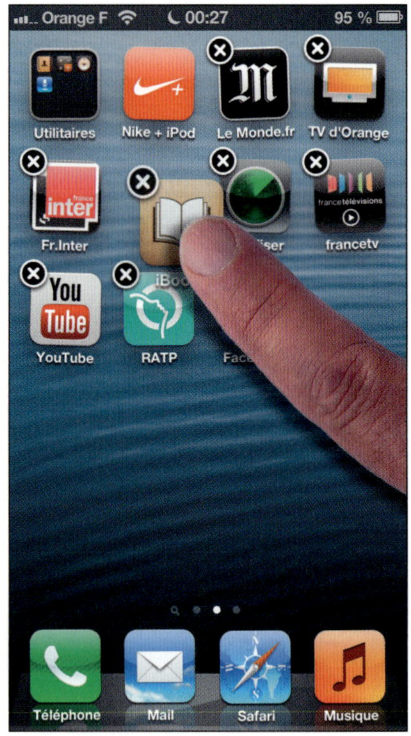

Figure 15.12 : Le déplacement de l'icône de l'application iBooks. Les autres icônes s'écartent pour libérer la place.

Les points au-dessus du Dock correspondent, de gauche à droite, à l'écran de recherche, à l'écran d'accueil et aux écrans supplémentaires. À la Figure 15.12, le point clair est le troisième, autrement dit le deuxième écran d'applications.

Rappelons que le double-clic avec le bouton principal affiche un ruban contenant les dernières applications utilisées. Pour les détails, reportez-vous à l'étude sur le multitâche, au Chapitre 2.

Littérature électronique

Pour d'obscures raisons, l'application iBooks indispensable pour lire des livres électroniques, mais aussi des fichiers PDF, n'est pas livrée avec l'iPhone. Vous devez la télécharger depuis l'App Store. Fort heureusement, cette formalité est rapide et gratuite.

Vous pourrez télécharger des livres, certains gratuits, d'autres payants, depuis l'App Store, ou depuis iTunes. Leur installation dans l'application iBooks se fait en toute transparence : vous n'avez rien à faire. Le livre apparaît aussitôt dans les étagères de votre bibliothèque virtuelle (Figure 15.13).

Figure 15.13 : Une collection de livres intitulée Manuels contient les modes d'emploi de l'iPhone, de plusieurs appareils photo, d'un flash, d'un GPS routier, etc., tous au format PDF.

ATTENTION

Pour d'autres obscures raisons, les livres numériques téléchargés de l'App Store ne peuvent être lus qu'avec un iPhone, un iPad ou un iPod touch. En revanche, pas question de les lire avec un ordinateur.

Journaux et magazines

Contrairement à l'application iBooks qu'il faut télécharger pour créer votre bibliothèque virtuelle, l'application Kiosque est livrée avec l'iPhone.

Touchez l'application puis touchez le bouton Store. Vous accédez ainsi à un vaste choix de magazines féminins, de loisirs, de décoration, et bien d'autres. Ne vous laissez pas leurrer par les boutons « Gratuit ». Seule l'application de téléchargement est gratuite, pas les numéros des magazines.

Chapitre 16

Quand l'iPhone vous fait des iMisères

Dans ce chapitre :

- Corriger les petits problèmes de l'iPhone.
- Les problèmes de réseau et d'appel.
- Les problèmes de synchronisation et d'ordinateur.
- Chercher de l'aide sur les forums.
- S'en remettre à Apple.

D'après notre expérience, l'iPhone est plutôt fiable. La plupart des utilisateurs que nous avons rencontrés n'ont pas signalé de problèmes majeurs. Notez bien les mots « la plupart », car il arrive qu'un iPhone parfaitement opérationnel vous fasse de temps en temps des petites misères. Dans ce chapitre, nous aborderons les types de problèmes auxquels vous pourriez être confronté, avec leur solution.

Quels sont ces problèmes ? Ce sont notamment ceux concernant :

- Le téléphone.
- L'émission ou la réception d'appels.
- Le réseau sans fil.
- La synchronisation avec l'ordinateur (Mac ou PC) ou avec iTunes.

Quand l'iPhone est rétif

Nos premières catégories de dépannage concernent un iPhone qui ne veut plus fonctionner. La procédure à suivre est celle des six « R », comme dans Grrrrrr ! Que sont ces six « R » ? C'est une bonne question, merci de l'avoir posée. Les six « R » sont, l'R de rien :

- Recharger.
- Redémarrer.
- Réinitialiser l'iPhone.
- Retirer tout le contenu.
- Rétablir les réglages et le contenu.
- Restaurer.

Donc, si votre iPhone vous fait des misères – il se bloque, ne quitte pas l'état de veille, refuse d'exécuter une tâche courante, *etc.* –, cette section explique ce que vous devez faire, dans l'ordre recommandé par Apple.

Recharger

Quand l'iPhone ne fonctionne pas correctement, la première action à effectuer est une recharge complète de la batterie.

N'OUBLIEZ PAS

Ne branchez pas le câble USB de la station d'accueil au port USB d'un clavier, d'un moniteur ou d'un répartiteur. Branchez-le directement à l'un des ports de l'ordinateur, car son alimentation électrique est plus puissante.

Vous pouvez aussi utiliser l'adaptateur secteur pour recharger l'iPhone directement depuis une prise électrique plutôt qu'à partir d'un ordinateur.

Redémarrer

Si le dysfonctionnement subsiste malgré une batterie rechargée, redémarrez l'iPhone. C'est souvent suffisant pour corriger un petit problème. Un redémarrage fait parfois des merveilles.

Pour cela :

1. **Maintenez le bouton Marche/Veille enfoncé.**
2. **Tirez le curseur rouge Éteindre pour éteindre l'iPhone et attendez quelques secondes.**

3. **Maintenez de nouveau le bouton Marche/Veille enfoncé jusqu'à ce que le logo Apple apparaisse.**

4. **Si l'iPhone se conduit bizarrement ou refuse de démarrer, maintenez le bouton Marche/Veille enfoncé jusqu'à ce que le curseur rouge Éteindre l'iPhone apparaisse. Relâchez le bouton Marche/Veille puis maintenez le bouton principal enfoncé.**

Une autre technique apparentée au redémarrage peut donner un bon résultat :

1. **Maintenez le bouton Marche/Veille enfoncé.**

2. **Le bouton Marche/Veille étant toujours enfoncé, appuyez également sur le bouton principal.**

3. **Maintenez les deux boutons enfoncés pendant 10 secondes.**

4. **Relâchez le bouton principal (mais pas le bouton Marche/Veille).**

5. **Attendez encore 10 secondes.**

6. **Relâchez le bouton Marche/Veille.**

Si cela ne résout pas le problème, passez au troisième « R » (Grrr !) celui de la réinitialisation.

Réinitialiser

Pour réinitialiser l'iPhone, maintenez la touche Marche/Veille enfoncée tout en appuyant sur le bouton principal, sous l'écran. Relâchez ces deux boutons dès l'apparition du logo Apple.

La réinitialisation de l'iPhone est identique à celle d'un ordinateur qui se serait bloqué. Les données ne devraient en rien être affectées par cette opération qui, dans bien des cas, vient à bout de bon nombre de problèmes. N'hésitez pas à réinitialiser chaque fois que le comportement de l'iPhone vous paraît anormal.

TRUC

Pensez à maintenir la touche Marche/Veille enfoncée *avant* d'avoir appuyé et maintenu le bouton principal. Car si vous appuyez sur les deux en même temps, vous effectuez une capture d'écran – une photo de l'écran, si vous préférez – au lieu de réinitialiser l'iPhone. Soit dit en passant, ces captures d'écran sont stockées dans la Pellicule de l'appareil photo. Nous y reviendrons à la fin du Chapitre 19.

Malheureusement, la réinitialisation ne résout pas toujours un problème. Il faudra alors recourir à des mesures plus drastiques.

Retirer tout le contenu

Aucune des opérations effectuées jusqu'à présent ne devrait prendre plus d'une minute ou deux. Ce n'est hélas ! pas le cas de la manipulation qui suit, lors de laquelle vous supprimerez tout ou partie des fichiers engrangés dans l'iPhone, pour vérifier si l'un d'eux ne serait pas à l'origine du dysfonctionnement.

Pour cela, vous devrez synchroniser l'iPhone et le reconfigurer afin que tous les fichiers ou certains d'entre eux ne soient pas synchronisés, ce qui les effacera de l'iPhone. Le problème peut résider parmi les contacts, les données de calendrier, les morceaux de musique, les vidéos ou les podcasts. Si vous suspectez un certain type de données – par exemple, des photos parce que l'iPhone se bloque chaque fois que vous touchez l'icône Photos, sur l'écran d'accueil –, commencez par supprimer ce type de données.

Ou alors, si vous n'avez pas la moindre idée quant au type de données incriminé, décochez chaque élément (Infos, Apps, Sons, Musique, Films, Photos…) puis synchronisez. À la fin de l'opération, l'iPhone devrait être presque vide de toute donnée. Nous disons *presque vide* car les données créées par les applications, comme des documents, feuilles de calcul ou présentations générés par Pages, Numbers ou Keynote, peuvent subsister dans l'iPhone. Si vous tenez vraiment à tout effacer, cliquez sur chacune des applications dans la rubrique Partage de fichiers, dans le panneau Apps d'iTunes, puis effacez tout ce qui apparaît dans la fenêtre Documents.

N'oubliez pas de copier préalablement tous ces documents dans le disque dur de l'ordinateur. Sinon, ils seront perdus à jamais.

Si l'opération a corrigé le problème, restaurez les données type par type. Si le problème se manifeste de nouveau, vous saurez ainsi quel type de fichier est en cause, et vous devrez procéder par élimination pour localiser le fichier fautif.

Si le problème subsiste, passez à la prochaine étape : la réinitialisation des réglages de l'iPhone.

Réinitialiser les réglages et le contenu

Cette étape comporte deux phases : la première – la réinitialisation des réglages – remet tous les paramètres de l'iPhone à leur état par défaut, tels qu'ils étaient à la sortie de l'usine. La réinitialisation de l'iPhone ne supprime aucune donnée ni fichier. Le seul inconvénient est que vous devrez parcourir tous les réglages afin de rétablir votre configuration personnelle. Touchez l'icône Réglages, sur l'écran d'accueil, puis Généraux, Réinitialiser, Réinitialiser tous les réglages.

Veillez à ne surtout pas toucher l'option Effacer contenu et réglages, du moins pas maintenant. La restauration de l'iPhone serait en effet beaucoup plus longue, car la synchronisation porterait sur l'ensemble des fichiers.

Si la réinitialisation ne ramène toujours pas l'iPhone à de meilleurs sentiments, vous devrez vous résoudre à tout effacer. Touchez l'icône Réglages, sur l'écran d'accueil, puis Généraux, Réinitialiser, puis Effacer contenu et réglages.

Cela effacera tout dans l'iPhone : toutes vos données, tous vos fichiers multimédias et tous les réglages personnalisés. Comme tous ces éléments se trouvent également dans votre ordinateur – en principe du moins –, vous devriez les récupérer lors de la prochaine synchronisation. Vous perdrez en revanche tous les photos, listes de lecture, contacts, rendez-vous et événements du calendrier créés ou modifiés depuis la dernière synchronisation.

Vérifiez le fonctionnement de l'iPhone après avoir effacé tout le contenu et les réglages. Il fait toujours des siennes ? Il ne reste alors plus qu'à appliquer le « R » final, comme celui de « dernier » : restaurer l'iPhone à partir d'iTunes.

Restaurer

Avant de conclure hâtivement que votre iPhone a rendu l'âme, vous pouvez encore essayer une ou deux manips de dernier recours. Connectez-le à l'ordinateur comme si vous alliez le synchroniser. Mais, lorsque l'iPhone apparaît dans le volet de gauche d'iTunes, cliquez sur le bouton, sous l'onglet Résumer. Cela effacera tous vos fichiers et données, et réinitialisera aussi tous les réglages.

Comme tous vos fichiers multimédias et données existent aussi dans l'ordinateur ou sur iCloud – hormis les photos qui n'ont pas été placées dans le Flux de photos, les listes de lecture, contacts, rendez-vous et événements du calendrier créés ou modifiés depuis la dernière synchronisation –, vous ne devriez pas perdre grand-chose lors de la restauration. La prochaine synchronisation sera plus longue que d'habitude, et vous devrez reconfigurer vos réglages personnalisés, mais hormis ces quelques inconvénients, la restauration ne devrait vous causer aucun problème supplémentaire.

Nous avons fait le tour des interventions à votre portée face à un iPhone rétif. Si rien n'a résolu le problème, poursuivez la lecture de ce chapitre, à la recherche d'autres manières d'aborder le problème. Si rien n'est concluant, il faudra sans doute faire réparer l'appareil.

Ne désespérez pas. L'iPhone a beau être mal en point, quelques astuces peuvent encore y remédier. En voici une.

Le mode de récupération

Si toutes les manips en R n'ont 'ien données, il vous 'este la 'essou'ce de de'nier 'ecou's suivante :

1. **Ôtez l'extrémité du câble USB branché à l'iPhone, mais laissez l'autre extrémité connectée au port USB de l'ordinateur.**

2. **Éteignez l'ordinateur en appuyant quelques secondes sur le bouton Marche/Veille jusqu'à ce que la glissière rouge apparaisse. Actionnez-la.**

   Attendez l'extinction de l'iPhone.

3. **Appuyez sur le bouton principal et laissez-le enfoncé tout en rebranchant le câble USB à l'iPhone.**

   Rebrancher le câble USB devrait rallumer l'iPhone.

   TRUC

   Si vous voyez l'icône de la batterie avec, comme charge, une mince bande rouge et une icône en forme de prise de courant murale, une flèche et un éclair, vous devez laisser l'iPhone se charger pendant au moins 10 à 15 minutes. Dès que la jauge de la batterie disparaît ou devient verte, revenez à l'Étape 2 et réessayez.

4. **Continuez à maintenir le bouton principal enfoncé jusqu'à l'apparition de l'écran Se connecter à iTunes, puis relâchez le bouton principal.**

   Si l'écran Se connecter à iTunes n'est toujours pas visible, reprenez depuis l'Étape 1.

5. **Si iTunes n'a pas démarré spontanément, démarrez-le manuellement.**

   Un panneau Mode de récupération vous informe que vous devrez restaurer l'iPhone avant de pouvoir le réutiliser avec iTunes.

6. **Restaurez l'iPhone avec iTunes, comme décrit à la section précédente.**

Bon, nous avons fait le tour de ce que vous pouvez entreprendre quand votre iPhone fait des siennes. Si le dysfonctionnement perdure, lisez le reste du chapitre, mais il est fort probable que la prochaine étape sera chez un réparateur agréé Apple.

TRUC

Ne déprimez point, honorable lecteur. Si plus rien ne va, lisez la section « Et si vraiment plus rien ne va… », plus loin dans ce chapitre, et lisez aussi la section consacrée à l'aide. Ce n'est pas parce que votre iPhone est en train de clapoter que vous devez somatiser. Quoique…

Problèmes d'appels et de réseau

Si vous avez des problèmes pour envoyer ou recevoir des appels téléphoniques, des SMS ou avec les réseaux de données Wi-Fi et EDGE, cette section vous sera peut-être utile. Les techniques décrites précédemment ici sont brèves et faciles à mettre en œuvre, excepté la dernière, Restauration, car elle exige un effacement total des données personnelles suivi de leur rétablissement.

Voici d'autres étapes simples qui peuvent s'avérer efficaces. Là encore, nous vous suggérons de les appliquer dans l'ordre préconisé par Apple.

1. **Vérifiez l'icône du signal de réception, en haut à gauche de l'écran.**

   Si au moins une ou deux barres ne sont pas visibles, les fonctions de téléphonie et de messages (SMS) risquent d'être inutilisables.

2. **Assurez-vous d'avoir désactivé le Mode Avion (décrit au Chapitre 14).**

   Lorsque le Mode Avion est actif, toutes les fonctions dépendant d'un réseau sont inhibées. Il vous est impossible d'envoyer ou de recevoir des appels téléphoniques ainsi que des SMS, ou d'utiliser les applications exigeant une connexion Wi-Fi ou de réseau, autrement dit Mail, Safari, Plans, Météo et Bourse.

3. **Déplacez-vous un peu.**

   Se déplacer de deux ou trois mètres seulement peut faire la différence entre quatre barres et aucune, ou pouvoir se connecter ou non au réseau. Si vous êtes à l'intérieur d'un local, essayez en extérieur. Si vous êtes dehors, marchez de dix ou vingt pas dans n'importe quelle direction tout en gardant un œil sur le signal de cellule. Arrêtez-vous dès que le nombre de barres augmente.

4. **Activez le Mode Avion en touchant l'icône Réglages > Mode Avion. Attendez 15 à 20 secondes puis désactivez-le.**

   Activer et désactiver ainsi le Mode Avion réinitialise à la fois les connexions Wi-Fi, EDGE et 3G. Si la connexion était déficiente, cette manipulation peut la rétablir.

5. **Redémarrez l'iPhone.**

   Si vous avez oublié comment, reportez-vous à la section « Redémarrer », précédemment dans ce chapitre. Comme nous l'avons mentionné, un redémarrage a souvent un effet bénéfique sur l'iPhone.

6. **Assurez-vous que la carte micro-SIM est bien insérée.**

Une carte SIM (*Subscriber Identity Module*, module d'identification de l'abonné) est une carte flash amovible qui identifie un téléphone mobile. Elle permet à son détenteur de changer facilement de téléphone.

Pour extraire la carte nano-SIM de l'iPhone, introduisez l'extrémité du petit outil d'éjection chromé fourni avec l'iPhone. Si vous ne l'avez plus, un bon vieux trombone redressé fera l'affaire (Figure 16.1). Enfoncez l'outil ou le trombone doucement dans le petit orifice du tiroir de la carte, sur le côté droit.

Figure 16.1 : Un trombone n'est pas très élégant mais néanmoins efficace pour éjecter la carte SIM.

Le tiroir étant ouvert, soulevez délicatement la minuscule carte SIM, puis replacez-la en vous assurant qu'elle est fermement maintenue dans son logement. Repousser ensuite le tiroir.

Si aucune de ces manipulations n'a résolu le problème de votre iPhone, essayez de le restaurer comme nous l'avons expliqué précédemment.

Une restauration efface toutes vos données et tous vos réglages. Les fichiers qui se trouvent aussi dans l'ordinateur sont récupérables. En revanche, tout ce qui est postérieur à la dernière synchronisation sera perdu.

Problèmes de synchronisation, d'ordinateur ou d'iTunes

La dernière catégorie de dépannages concerne les problèmes de synchronisation, d'ordinateur ou ceux liés à iTunes. Essayez les manipulations suivantes si votre ordinateur ne reconnaît pas ou plus votre iPhone.

Là encore, nous vous suggérons d'appliquer ces procédures dans l'ordre présenté ici.

1. **Rechargez l'iPhone.**

   Si vous ne l'avez pas fait auparavant, c'est le moment. Reportez-vous à la section « Si l'iPhone est rétif », au début de ce chapitre, et relisez ce que nous écrivions à propos du rechargement de la batterie.

2. **Branchez l'iPhone à un autre port USB ou utilisez un autre câble USB, si vous en avez un sous la main.**

   Ce n'est pas fréquent, mais il arrive cependant qu'un port USB ne s'accommode pas d'un câble. Il se produit alors inévitablement des problèmes de connexion et de synchronisation. Commencez toujours par vous demander si un port ou un câble USB n'est pas en cause.

   Rappelez-vous qu'à la section « Recharger » nous avons recommandé de ne brancher l'iPhone qu'à un port USB directement placé sur l'ordinateur, et non à un port déporté ou à un concentrateur.

3. **Redémarrez l'ordinateur et tentez de nouveau une synchronisation.**

   Le redémarrage est décrit en long, en large et en travers à la section « Redémarrer », précédemment dans ce chapitre.

4. **Réinstallez iTunes.**

   Même si vous avez conservé le fichier d'installation d'iTunes dans l'ordinateur, il est préférable d'aller sur le site d'Apple (`www.apple.com/fr/itunes/download`) et de télécharger la version la plus récente.

De l'aide sur le site d'Apple

Ne renoncez pas si tout ce que vous avez essayé jusqu'à présent s'est avéré vain, car voici quelques emplacements où vous trouverez de l'aide. Visitez ces sites avant de faire de votre iPhone un presse-papiers très design ou une cale à armoire, voire – qui l'eût cru ? – le renvoyer à Apple afin qu'il le répare.

Le site `www.apple.com/fr/support/iphone` (voir Figure 16.2) est une précieuse ressource en cas d'incident. Les divers éléments susceptibles d'être en panne sont classés par catégories. Vous pouvez aussi effectuer une recherche par mots-clés ou en utilisant l'Assistant de maintenance en ligne.

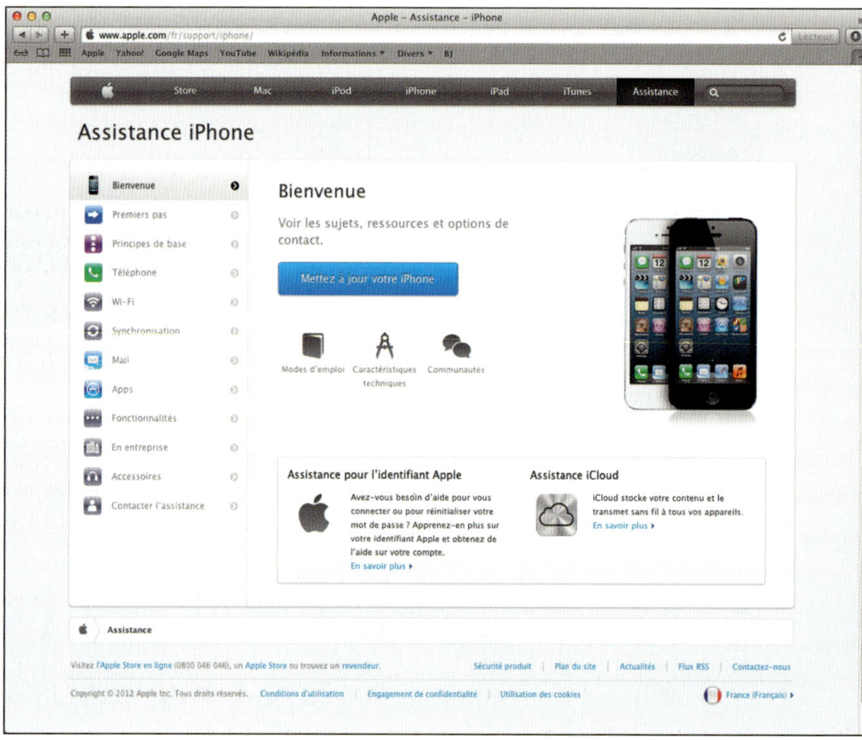

Figure 16.2 : La page du support technique de l'iPhone contient de nombreuses aides et informations.

TRUC

Ne comptez quand même pas trop sur l'Assistant de maintenance en ligne du site Apple. Si vous avez essayé tout ce que nous avons préconisé dans les pages précédentes, vous avez sans doute déjà fait tout ce que l'assistant vous proposera. Mais comme un site Web est plus facilement mis à jour qu'un livre, l'Assistant de maintenance en ligne propose peut-être aujourd'hui des manipulations qui n'y figuraient pas lors de la rédaction de ce livre...

Apple héberge aussi un groupe de discussion, mais uniquement anglophone, à l'adresse `http://discussions.apple.com`. Vous y trouverez parfois une réponse à un problème épineux résolu par d'autres utilisateurs de l'iPhone.

Il existe cependant quelques sites francophones consacrés à l'iPhone :

- `http://forum.frenchiphone.com/`
- `www.forum-iphone.fr/`
- `www.iphon.fr/`
- `www.iphonefr.com/`

Les forums étant surtout fréquentés par des bidouilleurs – généralement bons techniciens –, ils pourront sans doute vous dépanner.

Et si vraiment plus rien ne va...

Si vous avez essayé toutes les manipulations que suggère ce livre, et que l'iPhone ne fonctionne toujours pas correctement, il va peut-être falloir le confier au service après-vente d'Apple. La réparation est évidemment gratuite si l'appareil est encore sous garantie.

Voici quelques points importants à connaître avant de porter votre iPhone au service après-vente :

- *Le contenu de votre iPhone sera effacé.* Vous devez donc, si c'est possible, le synchroniser avec iTunes. Si ce n'est pas possible, et si vous avez entré des données depuis la dernière synchronisation, comme des contacts ou des rendez-vous, vous ne les retrouverez plus au retour de votre iPhone.
- Conservez chez vous les accessoires supplémentaires, comme une housse ou une protection d'écran.
- Retirez la carte SIM de l'iPhone et conservez-la en lieu sûr.

  ATTENTION

  N'omettez en aucun cas cette formalité car Apple ne garantit pas que votre carte SIM vous sera retournée après une réparation. Vous seriez alors obligé de contacter votre opérateur de téléphonie pour obtenir une nouvelle carte SIM avec les informations de compte appropriées. Et ça, ce n'est pas facile.

Bien que vous puissiez confier votre iPhone à une boutique de téléphonie ou l'envoyer par courrier, il est préférable de s'adresser directement au revendeur agréé le plus proche pour deux raisons :

- Il connaît parfaitement les produits Apple, et sera peut-être capable de corriger un dysfonctionnement sans même devoir envoyer l'iPhone au service après-vente.
- Ce n'est que dans une boutique Apple Store que l'on vous proposera un téléphone de courtoisie pendant la période de garantie de l'iPhone, moyennant quelques dizaines d'euros.

Sixième partie

Les dix commandements

Les « dix commandements » sont une véritable institution dans la collection *Pour les Nuls*. Nous ne dérogerons évidemment pas à cette tradition. Vous trouverez donc dans cette partie une liste de dix applications – et même un peu plus si l'on compte les suggestions et doublons – découvertes en farfouillant dans l'App Store, de l'application qui permet de trouver un Vélib, en passant par les innombrables applications de transport en commun, et aussi une simulation de vol à sensations fortes. Nous aurions pu ajouter les applications destinées à regarder la télévision. Chaque opérateur de téléphonie propose la sienne. Ce sera pour le jour où il y aura onze commandements (le dernier étant, « la télévision, tu regarderas »).

Puis vous découvrirez dix applications dignes des Nuls, car parfaitement inutiles, mais non dénuées d'intérêt par l'imagination – ou le manque d'imagination – dont elles font parfois preuve.

Nous conclurons par l'un de nos sujets préférés : les trucs, astuces et raccourcis qui facilitent l'existence avec l'iPhone. Vous découvrirez différents moyens de vérifier la capacité du petit joujou, comment partager des pages Web et comment mieux utiliser son clavier virtuel.

Chapitre 17

Dix applications utiles

Dans ce chapitre :

- Où en est la batterie ?
- Les dangers de la route.
- En rase-mottes.
- Pour les consommateurs.
- Les réseaux photo.
- Métro, c'est trop.
- Y a l'téléphon qui son'.
- Retouche éliminatrice.
- Où y a-t-il un Vélib' libre ?
- Piano ma non troppo.

Apple ne tarit pas d'éloges sur l'iPhone. C'est indubitablement un formidable appareil, exceptionnel et innovant. Il est tout simplement fabuleux car il sait faire plein de choses : téléphoner bien sûr, se connecter à l'Internet, échanger du courrier électronique et des SMS, prendre des notes et des photos, *etc.*

Mais ce sont les applications qui font toute la valeur de l'iPhone, car elles démultiplient ses possibilités à l'infini. Les dix applications qui suivent ont été choisies au *feeling,* selon le coup de cœur du moment. Ce ne sont probablement pas les dix meilleures, ni forcément les dix plus utiles – cela dépend des goûts et des activités de chacun – et des applications apparaissent tous les jours.

C'est pourquoi, après que ces pages vous ont donné un aperçu de la diversité des applications, nous ne saurions trop vous recommander de démarrer iTunes et de visiter la boutique App Store.

Voici donc les applications qui méritent d'être essayées. Une petite confidence en passant : Edward C. Baig et Bob Levitus, les auteurs de ce livre, n'ont commis ni ce chapitre ni surtout le suivant, « Dix applications (pas si) nulles ». Je leur rends la main pour le dernier chapitre. Car il faut quand même que ce *Pour les Nuls* s'achève sur une note sérieuse.

Accura

- Catégorie : Utilitaire.
- Éditeur : Byte01 Software Solutions.
- Langue : Anglais.
- Prix : 1,59 euro.

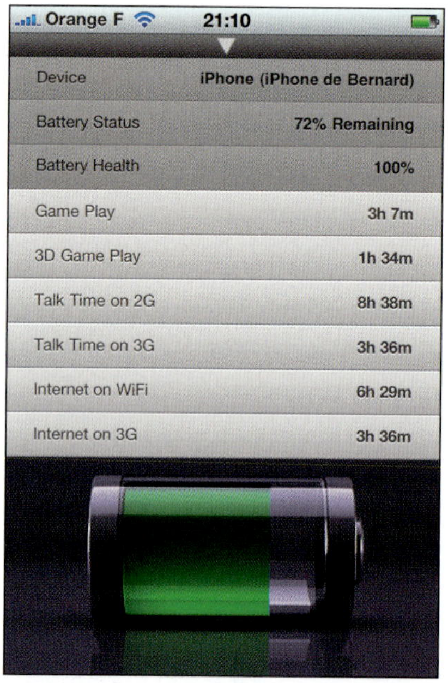

Figure 17.1 : L'autonomie de votre iPhone.

Au démarrage, l'iPhone affiche une énorme batterie montrant son niveau de charge. Et pendant que vous l'utilisez, un petit symbole indique très approximativement sa charge. Pour plus de précision, touchez Réglages > Général > Utilisation, puis activez le commutateur Niveau de la batterie. Comme expliqué au Chapitre 13, il affiche le pourcentage de charge de la batterie à côté du symbole.

Qu'apporte Accura de plus ? Il indique l'état de santé (Battery Health) de la batterie, autrement dit la charge maximale qu'elle est capable d'engranger. Au fil des ans, et surtout des cycles de charge, cette « santé » se détériore. L'autonomie de la batterie s'amoindrit et un jour, il faut la changer (une opération qui n'est réalisable que par le service après-vente d'Apple).

Accura indique l'autonomie de la batterie pour les jeux vidéo (Game Play), les jeux vidéo en 3D plus gourmands en énergie, l'autonomie en conversation (Talk Time) par connexion 2G (ancien iPhone) et 3G, l'autonomie lors d'une connexion Wi-Fi et en 3G. Des alertes paramétrables déclenchent une alerte selon la charge de la batterie.

Il existe une version gratuite, Accura Lite, sans le test de santé et sans les alertes de charge.

Avertinoo

- Catégorie : Navigation.
- Auteur : Sébastien Poulet-Mathis.
- Langues : Français, Anglais, Espagnol, Néerlandais.
- Prix : 4,99 euros.

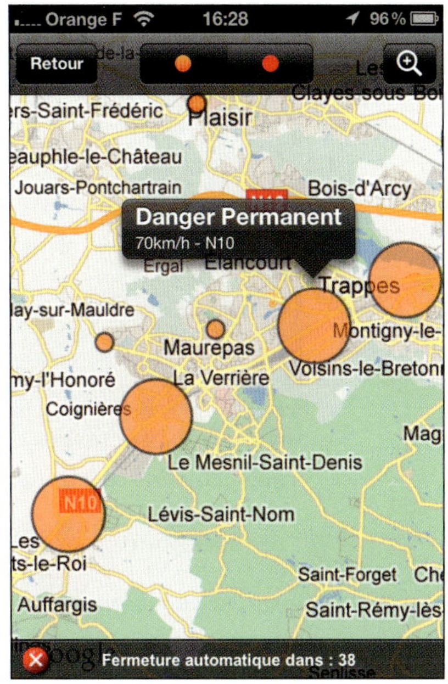

Figure 17.2 : Ce danger permanent est un radar fixe ou un radar de feu.

Vous faites partie de cette vaste communauté des automobilistes qui perdent des points de permis de conduire à cause de deux ou trois kilomètres/heure de trop ? Rejoignez une autre communauté, celle des Suricates, qui signalent les aléas de la route (radars fixes, radars mobiles, bouchons, travaux…) aux autres conducteurs. Avec plus de 300 000 installations sur iPhone, la couverture est relativement dense, mais ni infaillible ni garantie. De toute façon, la prudence au volant est une affaire de tous les instants, pas seulement à proximité des radars.

Le principe est le suivant : lorsqu'un membre de la communauté rencontre un radar mobile ou une difficulté, il appuie sur un bouton correspondant au côté de la route où se trouve l'aléa. Le GPS envoie les coordonnées au site afin que l'emplacement apparaisse sur l'iPhone de tous les autres membres se trouvant à 30 km aux alentours. Votre emplacement à vous est indiqué sur la carte, et une alerte sonore vous prévient quand vous arrivez dans une zone dangereuse (la législation interdit d'indiquer la nature du risque – radar fixe ou mobile, radar de feu… – ni d'indiquer avec précision où il se trouve).

À cela s'ajoute une base de données de 27 000 radars en Europe, y compris les radars de feu. L'avantage de l'application Avertinoo est l'absence d'abonnement, contrairement aux autres applications du même genre, comme Coyote.

Breitling Reno Air Races

Figure 17.3 : Une course d'avions, ici par très mauvais temps.

- Catégorie : Jeux.
- Éditeur : Breitling.
- Langue : Anglais.
- Prix : Gratuit.

Cette simulation de vol vous fait participer à la célèbre course d'avions qui se déroule chaque année près de Reno, dans le Nevada, à laquelle participent des concurrents parrainés par Breitling, le fabricant de chronomètres suisse. Des appareils lancés à plus de 800 km/h doivent contourner des pylônes plantés dans le désert. La seule consigne est « voler bas, voler vite, virer à gauche ». Trois modes de jeu sont proposés : Rapide, Solo et Multijoueurs (jusqu'à huit concurrents, au travers de l'application Game Center).

L'aérodrome de Reno Stead est fidèlement représenté et l'ambiance sonore – bruit du moteur, directives données par radio, cris de la foule lors du passage devant le public – est très prenante. Le nombre d'avions en lice ainsi que la météo sont paramétrables.

Fidall

Figure 17.4 : Présentez l'iPhone en caisse plutôt que votre carte de fidélité.

- Catégorie : Productivité.
- Éditeur : Fidall.
- Langues : Français.
- Prix : Gratuit.

Comme l'iOS 6 comprend aujourd'hui une application Passbook censée réunir l'ensemble de vos cartes de fidélité, l'on pourrait penser que les applications de ce genre seraient obsolètes. Or, à l'heure où ces lignes étaient écrites, Passbook n'était pas opérationnel.

Une application comme Fidall est donc recommandée si votre portefeuille est bourré de dizaines de cartes de fidélité qu'affectionnent les grandes surfaces et autres enseignes commerciales. En prime, la géolocalisation vous indiquera les enseignes les plus proches où vous pourrez utiliser vos cartes.

Avec Fidall, il suffit de scanner chacune de vos cartes avec l'appareil photo de l'iPhone. À la caisse, il suffira de choisir la carte de fidélité à utiliser et la présenter au lecteur de codes-barres, lors du passage en caisse.

Le seul reproche que l'on pourrait faire à cette application est une relative lenteur. Il vaut mieux activer Fidall dès l'attente dans la file plutôt qu'au dernier moment.

Instagram

- Catégorie : Photographie.
- Éditeur : Burbn.
- Langues : Français et huit autres langues.
- Prix : Gratuit.

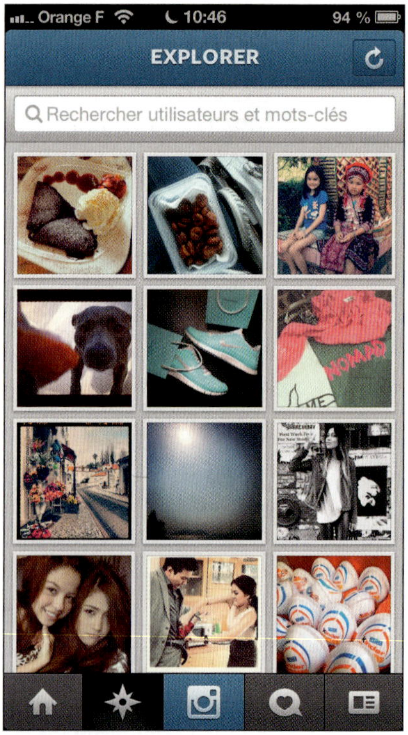

Figure 17.5 : Rejoignez un réseau de photographes créatifs.

Instagram est à la fois une application qui ajoute des effets spéciaux aux photographies que vous prenez avec l'iPhone, et il est aussi une application de partage permettant de poster instantanément les photos sur des réseaux sociaux et des sites comme Facebook, Twitter, Flickr, Tumblr, Foursquare et Posterous.

Instagram permet aussi de visiter les galeries photos des autres utilisateurs. Instagram vous informe le l'activité de vos correspondants sur les réseaux sociaux que vous fréquentez. Dès qu'ils postent une photo prise avec Instagram, vous en êtes notifié.

RATP Premium

- Catégorie : Voyage.
- Éditeur : faberNovel.
- Langues : Français, Anglais.
- Prix : 0,79 euro.

C'est l'outil indispensable à l'utilisateur parisien de l'iPhone qui prend le métro. Grâce au GPS, il indique les stations à proximité du lieu où vous êtes, calcule l'itinéraire et estime la durée du déplacement.

Comme RATP Premium est une application officielle de la RATP, elle vous informe à tout moment des perturbations, travaux et incidents, généralement signalés sur les écrans dans les stations.

Il existe une version RATP Lite gratuite, dépourvue de l'interactivité offerte par la version payante. En réalité, RATP Lite n'est qu'une version électronique des plans de métro, RER et autobus.

RATP Premium a des concurrents que vous trouverez facilement en saisissant `métro` dans le champ Recherche de l'iPhone (notez l'astucieuse application Paris-ci la sortie du métro, qui indique dans quel wagon s'installer pour être au plus près d'une sortie ou d'une correspondance). Il existe d'autres applications de métro pour Lyon et Marseille, et pour le tramway de Strasbourg, ainsi que pour Barcelone, Londres et Tokyo.

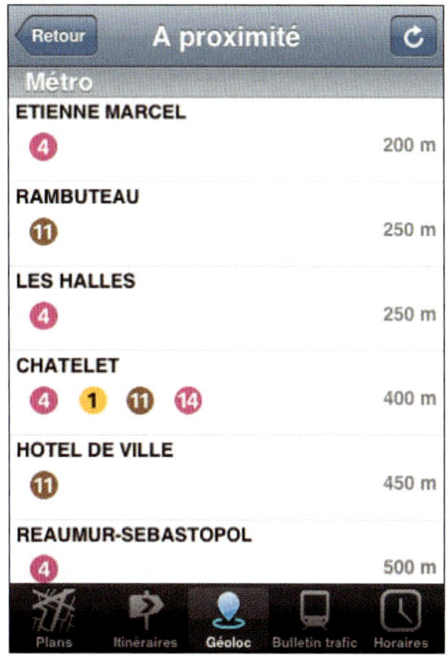

Figure 17.6 : Métro, RER et autobus dans votre poche.

Skype

- Catégorie : Réseaux sociaux.
- Éditeur : Skype.
- Langues : Français, Anglais, *etc.*
- Prix : Gratuit.

On ne présente plus Skype, qui permet de converser gratuitement en vidéophonie entre deux ordinateurs, ou d'appeler pour une somme modique des téléphones partout dans le monde. Skype évite les surcoûts prohibitifs des appels internationaux par les réseaux téléphoniques classiques vers des mobiles ou des téléphones fixes.

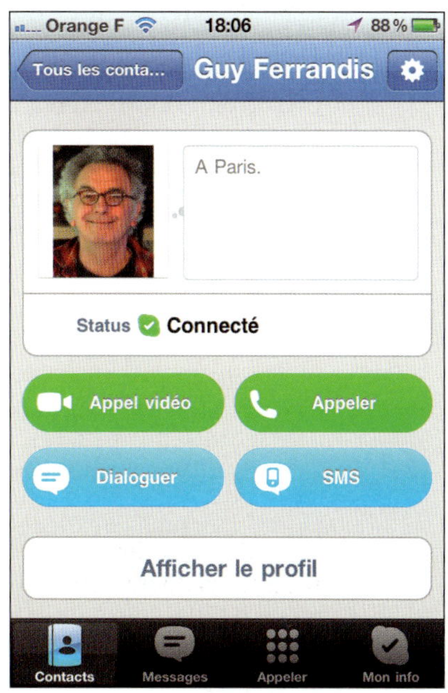

Figure 17.7 : La vidéophonie pour tous.

La version pour iPhone de Skype ressemble beaucoup à celle des ordinateurs. Les fonctionnalités sont identiques et vous récupérez tous vos contacts. Notez toutefois que si la conversation entre deux correspondants Skype est gratuite, l'envoi de SMS, lui, est taxé.

Si vous utilisez déjà Skype, tous vos contacts seront automatiquement téléchargés dès la première utilisation.

TouchRetouch

- Catégorie : Photographie.
- Éditeur : Maksym Davydov.
- Langue : Anglais.
- Prix : 0,79 euro.

Les utilisateurs de logiciels de retouche connaissent bien ces outils permettant d'éliminer les éléments gênants que sont, dans Photoshop, le Tampon de duplication, Pièce, Correcteur, *etc.*

Accompagné d'une vidéo de démonstration, TouchRetouch permet d'éliminer tout ce qui peut gêner dans une photo : des touristes dans un paysage, des halos lumineux, des taches, des panneaux publicitaires, des pylônes ou des immeubles.

Figure 17.8 : Supprimez les éléments gênants dans une photo.

Vélib'

- Catégorie : Style de vie.
- Éditeur : 770 PROD.
- Langues : Français.
- Prix : Gratuit.

Si vous avez l'habitude de louer des Vélib' dans Paris, cette application officielle de la Marie de Paris vous rendra de grands services. Elle indique, en fonction du lieu où vous êtes, les stations de Vélib' dans la capitale et dans les communes les plus proches.

Pour chaque station, il est possible de connaître le nombre de vélos et de places disponibles. Vous pourrez aussi accéder à votre compte Vélib'. En prime, l'application vous indique la météo parisienne – fort utile à vélo – et signale les points d'intérêt proches (musées, bibliothèques, parcs et jardins…).

Des applications similaires existent pour d'autres villes comme Rennes (Vélo Rennes, Rennes à vélo et Rennes en roue libre). Une seule application, Vélo, prend en charge plusieurs villes, dont Rouen, Toulouse, mais aussi Dublin (Irlande), Montréal (Canada), *etc.*

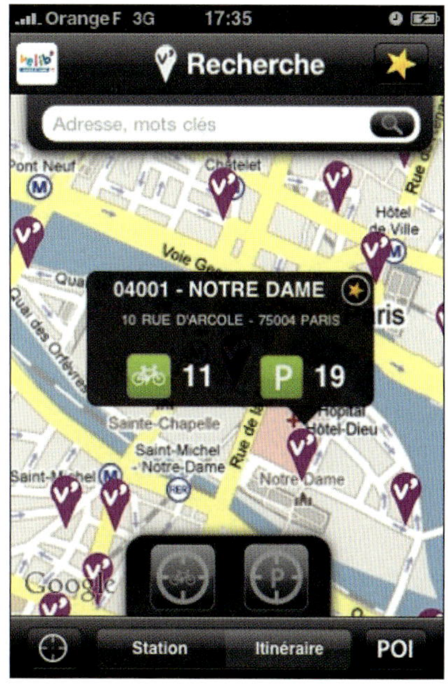

Figure 17.9 : Où trouver un vélo disponible ?

Virtuoso Piano Pro Classic

Figure 17.10 : Sept octaves dans votre iPhone.

- Catégorie : Musique.
- Auteur : Peter Nagy.

- Langues : Anglais.
- Prix : 0,79 euro.

Avec à peine plus d'une octave affichée en mode Paysage et les haut-parleurs de l'iPhone, Virtuoso Piano Pro Classic ne risque pas de faire de l'ombre à un Steinway. Précisons néanmoins que c'est avec les écouteurs ou en branchant l'iPhone à des enceintes que le son sera véritablement bon.

Virtuoso Piano Pro Classic comporte quantité de fonctionnalités qui feront le bonheur d'un musicien, et son clavier qui couvre en réalité 7 octaves peut être touché par cinq doigts à la fois. Il est équipé d'un métronome intégré et, comme tout piano qui se respecte, il contient une pédale tonale.

Enfin, Virtuoso Piano Pro Classic contient deux claviers : piano et celesta. L'auteur propose quelques autres applications apparentées : Virtiuoso Piano Celesta, et la version gratuite Virtuoso Piano Free 2 HD, limitée à six octaves et moins riche en fonctionnalités.

Chapitre 18

Dix applications (pas si) nulles

Dans ce chapitre :

- Meuh !
- Bzzzz !
- Prout !
- Glou glou !
- Gyroscope.
- Brouuuuu !
- Bling-bling.
- Toilettes.
- Zzzzzzz !
- Lumière !

Un chapitre entier consacré à des applications nulles ? Mais pourquoi ? D'abord, parce que cet ouvrage s'intitule « *L'iPhone 5 pour les Nuls* ». Une application pour les nuls, mais pas forcément « par des nuls » y trouve donc tout naturellement sa place.

Ensuite, parce que ces applications ne sont pas si nulles que cela. Certaines font même preuve d'une indéniable imagination et susciteront sans doute, de votre part, des « il fallait y penser » admiratifs. Et aussi, parce que l'inutile est un excellent antidote à l'indispensable (ne me demandez pas d'approfondir cette lumineuse maxime, elle m'est venue comme ça en catimini, alors que je n'y pensais même pas).

Comme pour les applications utiles du chapitre précédent, celles-ci ont été choisies un peu au hasard. Il en existe sans doute d'autres encore plus inutiles, ou encore beaucoup plus farfelues. Notez aussi que ces applications disparaissent assez bizarrement aussi vite qu'elles étaient apparues. Ce sont des météores de l'iPhonie. Au besoin, considérez ces pages comme un musée des gags virtuels iPhoniens.

Boîte à meuh

- Catégorie : Divertissement.
- Auteur : Christian Trotobas.
- Langues : Français, Anglais, *etc.*
- Prix : 0,79 euro.

Figure 18.1 : Une application vachement sympa.

Qui ne connaît pas la boîte à meuh ? Pour simuler ce vieux jouet qui connaît un regain de popularité, les auteurs de boîtes à meuh ont exploité la fonction qui, dans l'iPhone, détecte le changement de sens de l'appareil. Il suffit donc de renverser l'iPhone pour qu'il se mette à meugler. Effet garanti dans une salle de classe, au travail ou dans un conseil d'administration.

L'application Boîte à meuh contient pas moins de douze boîtes : boîte à bêlement, boîte à hennissement, boîte à cocorico..., avec pour chacune le bruitage approprié.

En 2008, cette boîte à meuh était la 5e application la plus vendue sur l'App Store. Meuh oui ! (Mais il y a pis).

Coussin péteur

- Catégorie : Divertissement.
- Éditeur : TMSoft.
- Langues : Français, Anglais, *etc.*
- Prix : Gratuit.

C'est un gag dont la délicatesse est toujours appréciée en société ou dans un conseil d'administration. Posez l'iPhone sur un canapé ou sur une chaise, et attendez que quelqu'un vienne s'asseoir. L'iPhone émet aussitôt l'un des nombreux pets que vous avez choisis. Attention toutefois à la corpulence de la victime, car bien que solidement construit, l'iPhone n'est pas à l'épreuve des éléphants.

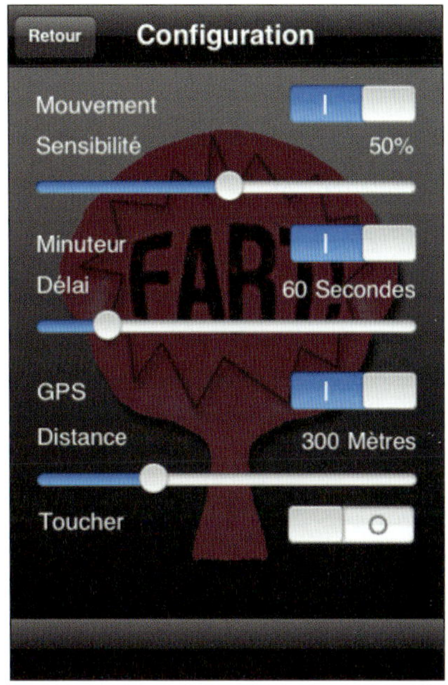

Figure 18.2 : Une application sur laquelle on s'assoit.

Le descriptif de l'application nous apprend que « les sons ont été enregistrés par des professionnels », mais sans préciser si ce sont des professionnels du pet ou du son.

Le pet peut être déclenché tactilement, ou par l'accéléromètre lorsque l'iPhone est bougé ou manipulé, ou encore à retardement, ou enfin par l'éloignement, en se basant sur le GPS.

Fish Fingers !

- Catégorie : Divertissement.
- Auteur : Robert Bennett.
- Langue : Anglais.
- Prix : 0,79 euro.

Figure 18.3 : Une application curieuse.

Avec cette application, votre iPhone ressemble à un petit aquarium dans lequel évoluent quelques poissons. Il serait préférable de changer le fond d'écran par l'un de ces décors d'algues et d'épaves que l'on vend dans les magasins d'aquaculture, mais un paysage ou une photo de famille ou de votre animal de compagnie sera plus insolite.

Le plus amusant – et c'est ce qui distingue cette application des autres aquariums virtuels – est que les poissons sont attirés par votre doigt quand vous touchez l'écran. Double-touchez l'écran et, apeurés, ils s'enfuient aussitôt.

D'autres poissons peuvent être téléchargés si vous vous lassez de ceux livrés avec l'application.

Groland

- Catégorie : Divertissement.
- Éditeur : Canal +.
- Langues : Grolandais (apparenté au bas-franchouillard).
- Prix : Gratos.

Figure 18.4 : Préparez votre visite à ce pays que la France entière nous envie.

Si vous êtes un fan de ce beau pays qui sévit le samedi soir sur Canal+, vous ne pourrez pas, ou plutôt vous ne devez pas, bref, il vous faut apps'olument cette application que le Groland tout entier vous enviera. Un tour en char à bœufs des rubriques de l'application Groland vous édifiera, comme on dit dans le bâtiment. Voici un aperçu de quelques rubriques parmi les 16 de l'application :

- **Présipauté :** Les institutions, l'Histoire (avec une grande hache), la géographie, la politique (hélas…), les institutions, et bien d'autres aspects inavouables.
- **GroTube :** Revoyez les émissions que vous avez manquées (comme si on pouvait manquer ça, pffff, je pouffe, comme disait Pierre Desproges, qui n'est pas enterré au Groland et c'est bien dommage).
- **BanzaïBox :** Boîte à meuh qui fait « Banzaï ! ». Indispensable en toutes occasions.
- **GroggleMap :** Pour ne pas vous perdre au Groland.
- **GroTunes :** Quelques gros tubes du Groland. Un peu décevant, il manque les grands classiques paillards.

- **Tronchebook :** Messages de Groland.con, le Grophone connectable (de nuit) à votre compte Facebook, et Gronews, les nouvelles en gros et en gras.
- **Grotissimo :** Des conseils de diététique, vidéo à l'appui (très fort, l'appui).

Passons sur la Groculatrice, le Boc-Notes, Grafari, Gronews, Gromail et les incontournables Paramèts et ses options Doigts sales, J'ai bu et Veille. Vous savez à présent ce qu'il vous reste à faire.

Gyro Draw

- Catégorie : Divertissement.
- Éditeur : Candywriter.
- Langue : Anglais.
- Prix : Gratuit.

Figure 18.5 : Une application graphique.

Indispensable lors des interminables réunions ou quand vous attendez l'élue de votre cœur (« elle est en retard, c'est donc qu'elle viendra », comme le disait Sacha Guitry), cette application permet de dessiner en bougeant légèrement l'iPhone.

Le gyroscope incorporé détecte et quantifie les infimes réorientations et les transmet au stylet virtuel qui dessine. Inutile de préciser que l'exemple de la figure exige un certain doigté. Ce serait plus facile, peut-être même un peu trop, si l'on pouvait dessiner avec le doigt, un peu comme on tartinerait de la confiture du bout de l'index.

L'Étoffe des riches

- Catégorie : Style de vie.
- Éditeur : Movisol Media.
- Langues : Français, Anglais, *etc.*
- Prix : 1,59 euro.

Figure 18.6 : Une application qui rapporte.

La seule lecture de ces lignes vous fera économiser 1,59 euro tout en apportant une réponse définitive à la question qui vous taraude : « Deviendrai-je riche ? ». C'est sans doute non, car vous n'avez pas pensé à publier en cinq langues un test semblable à ceux que l'on trouve dans les magazines, et le vendre 1,59 euro, ce qui n'est pas rien. C'est même assurément non, car quelqu'un qui devient riche n'a guère de temps à consacrer à ce genre d'amusement (étonnant d'ailleurs que cette application se trouve dans la catégorie Style de vie plutôt que Divertissement…). L'application aura sans doute enrichi la société Movisol Media et c'est tant mieux pour elle.

Les toilettes de Paris

- Catégorie : Style de vie.
- Auteur : Patrick Dura.
- Langues : Français, Anglais
- Prix : Gratuit.

L'application recense des dizaines de toilettes publiques partout dans Paris, d'après des informations fournies par la Marie de Paris. Au premier démarrage de l'application, vous devez bien sûr autoriser Paris Toilettes à utiliser vos données de localisation. Autrement, vous seriez quelque peu embêté, pour ne pas dire plus, au moment où vous en avez vraiment besoin.

Touchez un repère pour connaître le type de toilette – modèle Champs-Élysées, grand ou petit modèle… Mais avez-vous vraiment le choix dans un moment aussi pressant ? – puis touchez la pastille bleue à droite dans l'étiquette du repère, et l'application vous donne l'itinéraire à suivre pour arriver à l'édicule salvateur.

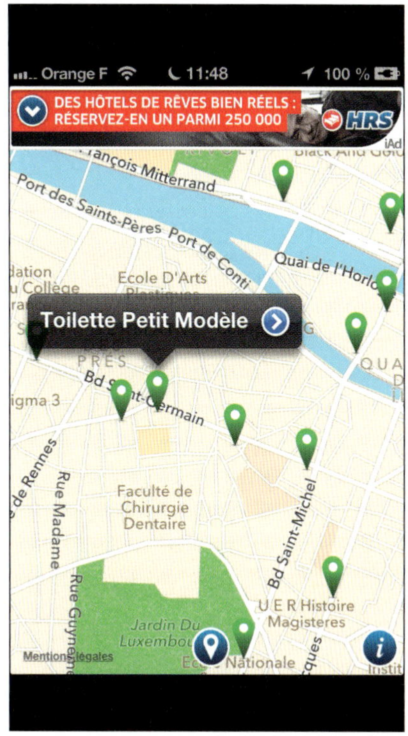

Figure 18.7 : Une application qui ne vous laisse pas dans la m…

Mosquito 3000

- Catégorie : Divertissement.
- Auteur : Nte Chiger.
- Langue : Anglais.
- Prix : Gratuit.

Cette application est censée éloigner les moustiques en émettant un son aigu parmi les 13 fréquences prévues. De l'avis de beaucoup d'utilisateurs, cette application n'est pas très efficace. Je possède un boîtier alimenté par une cellule photovoltaïque lui aussi censé éloigner les affreux diptères, mais le fait est qu'ils s'accommodent fort bien du son qu'il émet.

La vraie question est : quelle fréquence choisir pour éloigner les moustiques ? L'application étant en anglais, elle ne fonctionne sans doute qu'avec les moustiques de la perfide Albion. Ou alors, il faut poser la question avec la désinvolture d'un Monty Python à l'entrée du pont de la Mort, bien que là, il était question de la vitesse du vol d'une hirondelle.

Quoi qu'il en soit, Mosquito 3000 n'est cependant pas à dédaigner, car il a un effet certain sur les chiens du voisinage. Et si d'aventure quelqu'un proposait une application à l'odeur de citronnelle, les moustiques n'auraient plus qu'à bien se tenir.

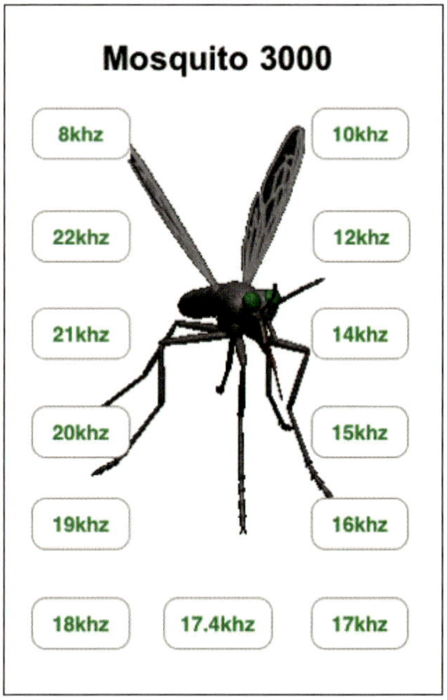

Figure 18.8 : Une application qui repousse.

Sommeil magique

- Catégorie : Style de vie.
- Éditeur : Mango Media.
- Langues : Français, Anglais, *etc.*
- Prix : 2,99 euros.

Pour vous plonger dans le sommeil, l'application émet des sources sonores psycho-acoustiques semblables à celles qu'entend le bébé pendant son existence intra-utérine. L'effet est, paraît-il, immédiat et intense.

Je dois avouer que je n'ai pas essayé cette application, car je préfère m'endormir bercé par les premières mesures de la marche funèbre de Siegfried, dans le *Crépuscule des dieux,* de Wagner, ou à la rigueur en regardant Nicolas et Pimprenelle sur YouTube, dans *Bonne nuit les petits*.

Figure 18.9 : Une application soporifique.

Une torche

- Catégorie : Voyages.
- Éditeur : Leon Atkinson-Derman.
- Langues : Français, Anglais, *etc.*
- Prix : Gratuit.

Figure 18.10 : Une application lumineuse.

Les innombrables applications transformant l'iPhone en lampe de poche fonctionnaient jusqu'à présent sur le même principe : utiliser la luminosité de l'écran pour éclairer pas très loin.

Contrairement à leurs prédécesseurs, les iPhone sont équipés depuis la version 4 d'une diode électroluminescente dont le puissant éclairage sert de flash pour l'appareil photo et de torche pour la vidéo. L'application s'en sert pour vous permettre de voir clair dans l'obscurité. Utilisez-la toutefois parcimonieusement car elle draine assez rapidement la batterie.

D'autres applications d'éclairage utilisent la LED de l'iPhone, notamment iLights Free, Flashlight 4, LED Torch Flashlight (toutes les trois gratuites) et Flashlight for iPhone 5 (payante). Notez que LED Torch Flashlight possède une fonction de clignotant dont la cadence est réglable.

Chapitre 19

Dix trucs, astuces et raccourcis

Dans ce chapitre :

- Accélérer la saisie en glissant.
- Accélérer la saisie avec la correction automatique.
- Régler la vitesse du curseur de défilement.
- Exploiter les liens.
- Partager des pages Web.
- Simuler une page de démarrage.
- Stocker des fichiers.
- Créer des sonneries avec GarageBand.
- Effectuer des captures d'écran.
- Ôter les apps du tiroir multitâche.

En tripotant l'iPhone dans tous les sens, nous avons fini par trouver bon nombre de trucs, d'astuces et de raccourcis. Dans ce chapitre, nous vous livrons ceux que nous préférons.

Glisser pour mieux saisir

L'astuce qui suit accélérera vos saisies à deux niveaux : la commodité d'abord, car vous ne ferez plus de fautes de frappe, et la saisie plus rapide de la ponctuation et des chiffres.

Au fil des pages de ce livre, vous avez appris le toucher, le double-toucher et même le double-toucher à deux doigts. Vous allez maintenant découvrir la glisse.

Pour cela, vous commencez comme pour un toucher, sauf que vous laissez le doigt sur l'écran. Sans perdre le contact, vous amenez le doigt jusqu'à la touche à saisir. Au fur à mesure que le doigt glisse sur les touches, elles s'agrandissent. Relevez le doigt lorsque vous avez ainsi sélectionné celle que vous désirez saisir.

Essayez d'abord avec une saisie comme normalement : touchez une lettre et, si ce n'est pas la bonne, glissez le doigt jusqu'à celle que vous vouliez effleurer. Quand vous vous y serez fait, vous constaterez que cette technique fait économiser énormément de temps tout en améliorant votre précision.

Voici à présent le meilleur : cette technique fait aussi gagner du temps avec les chiffres et la ponctuation. Procédez comme suit la prochaine fois que vous devrez saisir un nombre ou un signe de ponctuation :

1. **Démarrez un glisser en posant le doigt sur la touche 123 (en bas à gauche du clavier virtuel).**

   Nous effectuons un glisser. Laissez le doigt sur l'écran.

2. **Quand le clavier des chiffres et de la ponctuation apparaît, glissez le doigt jusqu'à la touche voulue.**

3. **Relevez le doigt.**

Ce qui est sympa avec cette technique est que le clavier des chiffres et signes de ponctuation disparaît aussitôt sans que l'on soit obligé d'effleurer la touche ABC.

Adoptez cette technique et en quelques jours vos saisies seront rapides et précises.

Oubliez les apostrophes

Quand vous saisissez des notes, ne vous laissez pas ralentir par les apostrophes, car la correction automatique de l'iPhone s'en charge. Elle corrige aussi des contractions. Bref, laissez autant que possible l'iPhone travailler pour vous grâce à la fonction de saisie automatique.

Par exemple, au lieu de taper *C'est l'été*, tapez tout bonnement *cest lete*. Chaque fois que vous toucherez la barre Espace, l'iPhone convertira *c'est* en *c'est* et *lete* en *l'été*.

Vous venez de découvrir une nouvelle forme grammaticale : la grammaire concise et évolutive de l'iPhone.

L'art de refuser

Quand la correction automatique suggère un mot que vous ne désirez pas utiliser, refusez-le au lieu de l'ignorer. Finissez de saisir le mot puis touchez le bouton x pour rejeter la suggestion avant de taper un autre mot.

En procédant ainsi, l'iPhone sera plus enclin à proposer votre mot la prochaine fois que vous le saisirez, ou alors, il sera moins enclin à proposer les mêmes suggestions erronées.

Longue vie à la batterie

Ce chapitre étant consacré à des trucs et astuces, et comme il nous paraît important que vous ne tombiez jamais en panne de batterie, nous nous en voudrions de ne pas vous indiquer quelques moyens d'étendre son autonomie.

D'abord et avant tout : si vous avez placé l'iPhone dans une housse, le charger pendant qu'il se trouve dedans empêche la déperdition de la chaleur, qui s'accumule dangereusement. Une surchauffe est préjudiciable à la fois pour la capacité et pour la durée de vie de la batterie. Ôtez toujours la housse de l'iPhone avant de le charger, surtout s'il chauffe.

Les réseaux Wi-Fi, EDGE, 3G et la connexion Bluetooth consomment de l'électricité même quand ils ne sont pas en service. Si vous ne vous en servez pas, désactivez-les au travers de l'écran Réglages.

Le réglage Luminosité ajuste la luminosité de l'écran en fonction de la lumière ambiante. C'est une option plus respectueuse de la batterie que de pousser la luminosité de l'écran au maximum. Pour activer cette fonctionnalité, touchez l'icône Réglages, sur l'écran d'accueil, puis Généraux, puis Luminosité, et mettez le commutateur sur Actif.

Enfin, l'égaliseur évoqué au Chapitre 8 améliore le rendu sonore, mais il oblige aussi le processeur à travailler davantage. Le désactiver augmentera l'autonomie de la batterie. Si vous avez égalisé des morceaux dans iTunes au travers de la commande Obtenir des infos, et que vous désirez conserver l'égalisation dans iTunes, mettez celle de l'iPhone sur Plat. Comme l'égalisation n'a pas été désactivée, la batterie sera un peu mise à contribution, mais vous entendrez le morceau exactement comme vous l'avez voulu. Pour modifier les paramètres d'égalisation, touchez l'icône Réglages, sur l'écran d'accueil, puis iPod et enfin Égaliseur.

Selon Apple, une batterie d'iPhone correctement maintenue retient jusqu'à 80 % de sa charge après 400 cycles de déchargement et rechargement complets. Elle peut toutefois être remplacée à tout moment si vous l'estimez nécessaire.

La garantie d'un an inclut le remplacement d'une batterie défectueuse. Si vous avez opté pour l'extension de garantie de deux années supplémentaires AppleCare Protection Plan, Apple remplacera la batterie si sa charge ne peut plus excéder 50 % de sa charge originale.

Si l'iPhone n'est plus sous garantie, le remplacement de la batterie est payant. Apple se débarrassera de la défunte batterie d'une manière écologique.

Accélérer le curseur de défilement

Supposons que vous écoutiez un podcast ou un livre audio, et que vous essayiez de trouver le début d'une partie en actionnant le curseur de défilement vers la gauche ou vers la droite. Le problème est qu'il n'est pas très précis, et que si vous avez de gros doigts boudinés, il partira rapidement vers l'une ou l'autre extrémité de la barre. Il se trouve que l'iPhone 5 est doté d'une fonction remarquable – mais quelque peu cachée – destinée à corriger ce problème. Appuyez le doigt sur le curseur ovale mais, au lieu de tirer vers la droite ou vers la gauche, tirez vers le bas, comme à la Figure 19.1. En procédant ainsi, la vitesse de défilement du curseur, mentionnée au-dessus de la barre, change. Par défaut, elle est rapide, mais en faisant glisser le doigt vers le bas, elle passe à mi-vitesse puis au quart de la vitesse, et enfin au réglage fin.

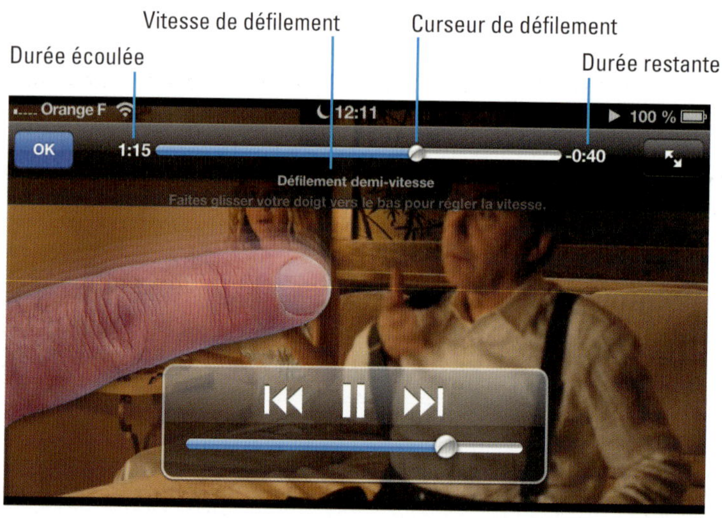

Figure 19.1 : Réglez la vitesse de défilement du bout du doigt (Sandrine Kiberlain et Fabrice Lucchini dans *Les femmes du 6e étage*, **de Philippe Le Guay**).

Tout en faisant glisser le doigt, gardez un œil sur la durée écoulée et la durée restante, car ces deux indications, de part et d'autre de la barre de défilement, donnent une idée précise du défilement du curseur.

Essayez cette astuce. Elle est plus rapide à mettre en œuvre qu'à expliquer.

Liens et numéros de téléphone (ça URL au téléphone)

L'iPhone réagit lorsqu'il rencontre des numéros de téléphone ou des adresses Internet (URL) dans des courriers électroniques ou des SMS. Par exemple, il considère comme un numéro de téléphone toutes les séquences de chiffres aux formats classiques (dix paires de chiffres, en France, mais les présentations étrangères sont aussi reconnues). Il en va de même pour les URL comme `http://www.siteweb.nom.com` ou `www.siteweb.fr`. Ces informations apparaissent sous forme de liens, en bleu. Touchez-en un et l'iPhone démarre l'application Téléphone et compose le numéro, ou alors démarre Safari et y ouvre le site Web.

C'est pratique, mais cela ne surprend pas. Ce qui l'est plus, c'est la manière dont Safari gère les numéros de téléphone et les URL.

Commençons par les numéros de téléphone. Touchez-en un dans une page Web. Une petite boîte de dialogue apparaît au milieu de l'écran et propose deux actions : Annuler ou Appeler. Tapez le premier bouton si vous n'aviez pas l'intention d'appeler ou le second pour démarrer l'application Téléphone qui compose le numéro.

Voici une autre astuce sympa de Safari, mais cette fois pour les liens hypertextes : maintenez le doigt deux ou trois secondes sur un lien, et un cartouche indique l'URL à laquelle ce lien est associé.

TRUC

Le même effet se produit lorsque vous touchez longuement une URL dans Courrier ou Texte. C'est commode car cela permet de détecter des liens douteux avant d'y aller réellement.

Et pour finir, une astuce pour Safari : quand vous maintenez le doigt appuyé sur une image, le bouton Enregistrer l'image apparaît. Touchez-le, et l'image est enregistrée dans la Pellicule de l'application Photos.

Faire connaître une page Web

Vous êtes tombé sur une page Web que vous aimeriez bien faire connaître à quelqu'un d'autre ? Rien de plus facile avec l'iPhone. Depuis le site en question, touchez le signe « plus » en bas du navigateur. Dans le menu qui apparaît, choisissez Envoyer cette adresse URL. Ce faisant, un message apparaît avec, dans le champ Objet, le nom du site Web déjà inscrit, et son adresse Internet (l'URL, qui commence par http) mentionnée. Complétez éventuellement le message par un commentaire de votre cru puis touchez le bouton Envoyer.

Choisir une page de démarrage pour Safari

Vous avez sans doute remarqué que, contrairement aux versions sous Mac OS et Windows de Safari, la version iPhone est dépourvue de page de démarrage. Quand vous touchez l'icône Safari, c'est la dernière page visitée qui s'affiche.

L'astuce, pour créer une page de démarrage, consiste à recourir à ce que l'on appelle *un clip Web* de la page en question. Voici comment procéder :

1. **Ouvrez la page Web dont vous désirez faire la page de démarrage puis touchez l'icône d'action, en bas de l'écran.**

   C'est l'icône rectangulaire avec une flèche incurvée.

2. **Touchez le bouton Sur l'écran d'accueil.**

3. **Nommez l'icône et vérifiez son aspect.**

   Observez l'aperçu de l'icône : elle sera plus jolie en cadrant serré une des images présentes dans le site. Agrandissez-la au besoin dans la page (vous devrez annuler et recommencer l'opération).

4. **Touchez le bouton Ajouter.**

   Une icône ouvrant cette page Web est placée dans l'écran d'accueil de l'iPhone (ou dans l'un d'entre eux si vous avez plusieurs écrans), comme le montre la Figure 19.2.

5. **Touchez cette nouvelle icône, au lieu de celle de Safari, chaque fois que vous désirez aller directement sur le site en question.**

Figure 19.2 : L'icône du blog personnel (à droite de l'application Réglage) ouvre directement la page dans Safari.

Vous pouvez même redisposer les icônes afin que ce soit l'icône de votre site perso qui se trouve à la place de celle de Safari, dans le Dock. Reportez-vous au Chapitre 1 pour savoir comment redisposer les icônes de l'écran d'accueil.

Stocker des fichiers

Les logiciels de transfert de fichiers vers l'iPhone se sont multipliés. Citons parmi les meilleurs : HardDrive, WirelessDISK (qui fonctionne par la Wi-Fi) et Dropbox, qui fonctionne par un glisser-déposer. L'un des plus commodes est Disque USB. Il existe une version gratuite et il est en français. Voici comment il fonctionne :

1. **Après avoir installé l'application, connectez l'iPhone à l'ordinateur puis accédez à la page Apps.**

2. **En bas de la page Apps, à la rubrique Partage de fichiers, cliquez sur Disque USB (Figure 19.3).**

Figure 19.3 : Pour transférer des fichiers dans l'iPhone, activez l'application Disque USB.

3. **Cliquez sur le bouton Ajouter.**

4. **Allez jusqu'au dossier que vous désirez ajouter dans l'iPhone, puis cliquez sur le bouton Ouvrir.**

Dans l'iPhone, procédez comme suit :

1. **Touchez l'icône Disque USB.**
2. **Dans le panneau qui apparaît, touchez l'option Fichiers locaux.**

   La liste des fichiers apparaît (Figure 19.4).

3. **Touchez le fichier que vous voulez ouvrir.**

   Le contenu du fichier est affiché (ou diffusé s'il s'agit d'un fichier audio).

   Un fichier nommé Welcome.html se trouve déjà dans la zone de stockage. C'est le manuel en français de Disque USB. Lisez-le attentivement.

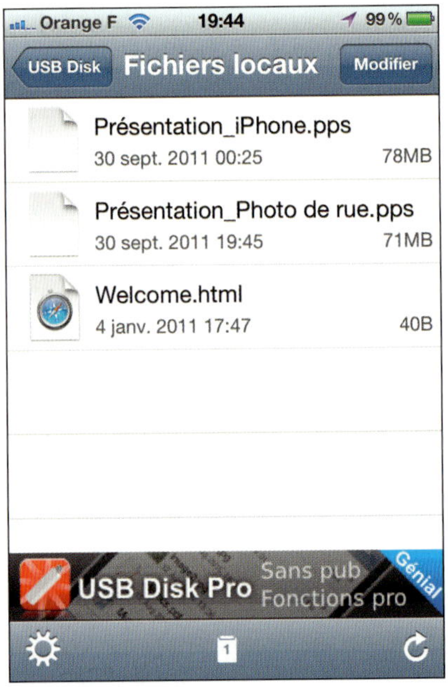

Figure 19.4 : Touchez le fichier que vous désirez consulter.

Disque USB ouvre et affiche les types de fichiers suivants : les fichiers de texte (PDF, TXT…), les fichiers Office (Word, Excel, PowerPoint…), les fichiers iWork, les images numériques (JPG, GIF, PNG…), les fichiers Internet (HTM, HTML…), les fichiers audio (MP3, M4A, WAV…) et les fichiers vidéo (M4V, MOV, certains AVI…).

Des sonneries perso et gratuites avec GarageBand

Il est relativement facile de créer des sonneries avec GarageBand, une application iLife livrée avec tous les Mac. Mais auparavant, placez le fichier audio dans la bibliothèque de morceaux d'iTunes. Procédez ensuite comme suit :

1. **Commencez par démarrer GarageBand, depuis le Dock du Mac ou depuis le dossier Applications.**
2. **Cliquez sur Nouveau projet.**
3. **Double-cliquez sur l'icône Loops, nommez le projet, choisissez le dossier de destination (Musique) puis cliquez sur Créer.**

4. **Dans la barre de menus, choisissez Contrôle > Afficher le navigateur multimédia.**

5. **Dans la colonne de droite de GarageBand (le navigateur multimédia), tirez le fichier de la sonnerie jusque dans le panneau Pistes, à gauche de GarageBand.**

   Le morceau apparaît dans le panneau Pistes (Figure 19.5) et dans la partie centrale.

Figure 19.5 : Le fichier mp3 « onvousment_x2 » est automatiquement placé dans le panneau Pistes.

6. **Dans la barre de menus, cliquez sur Partage > Envoyer la sonnerie à iTunes.**

   Le son est diffusé par iTunes.

7. **Dans le panneau qui apparaît, cliquez sur Ajuster.**

   Réglez le début et la fin du son avec la jauge jaune qui surmonte la barre temporelle.

8. **À droite des commandes de lecture, cliquez sur le bouton Boucle.**

9. **Synchronisez les sonneries.**

La sonnerie personnalisée « Arlette » apparaît dans la liste Réglages > Sons > Sonneries, à la rubrique Personnalisée, comme le montre la Figure 19.6.

Touchez le son personnalisé pour l'affecter aux appels que vous recevez. Comme expliqué au Chapitre 4, une sonnerie peut être affectée à certains contacts spécifiques.

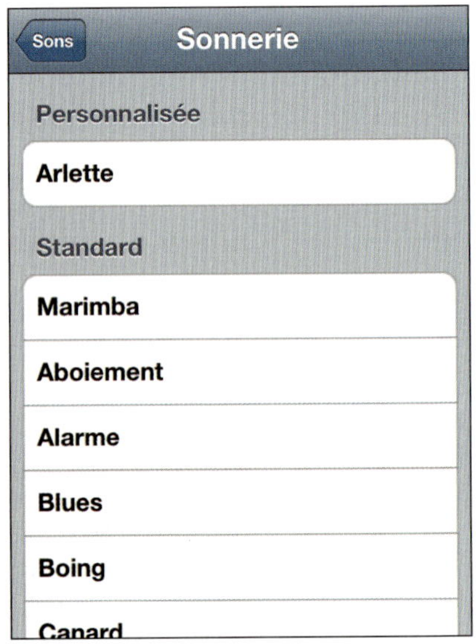

Figure 19.6 : La sonnerie Arlette figure parmi les sonneries de l'iPhone, à la rubrique Personnalisée.

Réaliser une capture d'écran

Un aveu : nous avons placé cette astuce tout à la fin car elle aide surtout les gens comme nous : auteurs, traducteurs, journalistes et webmestres. Tous ces gens ont besoin d'illustrer leurs livres – dont celui-ci – avec ce que l'on appelle des « captures d'écran », un anglicisme pour les recopies d'écran.

Pour obtenir une photo de ce qui se trouve à l'écran, maintenez la touche Arrêt/Veille enfoncée et appuyez brièvement sur le bouton principal. L'iPhone enregistre aussitôt un instantané de ce qui se trouve à l'écran.

Cet instantané est stocké dans la Pellicule de l'application Photos. Vous pourrez la transférer dans votre ordinateur avec toutes les autres photos, lors d'une synchronisation. Vous en ferez ensuite ce que vous voudrez.

Ôter des apps du tiroir multitâche

Le multitâche est génial, mais parfois, les applications s'y pressent et encombrent à la fois le tiroir et la mémoire. Voici comment les supprimer :

1. **Double-cliquez avec le bouton principal.**

Le tiroir multitâche est dévoilé.

2. **Appuyez sur l'une des icônes jusqu'à ce que toutes se mettent à vibrer.**

   Une pastille de suppression rouge apparaît en haut à gauche de chaque icône (Figure 19.7).

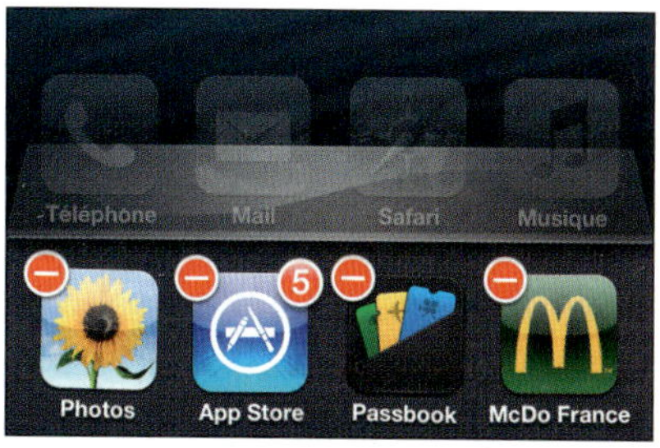

Figure 19.7 : Les icônes vibrent et sont prêtes à être supprimées.

3. **Touchez la pastille de chaque icône pour ôter l'application du tiroir.**

   L'application n'est pas supprimée. Elle est simplement ôtée du tiroir. Pour aller plus vite, touchez uniquement l'icône de gauche chaque fois qu'il s'en présente une sous votre doigt.

   À la fin des suppressions, le tiroir est vide, comme le montre la Figure 19.8.

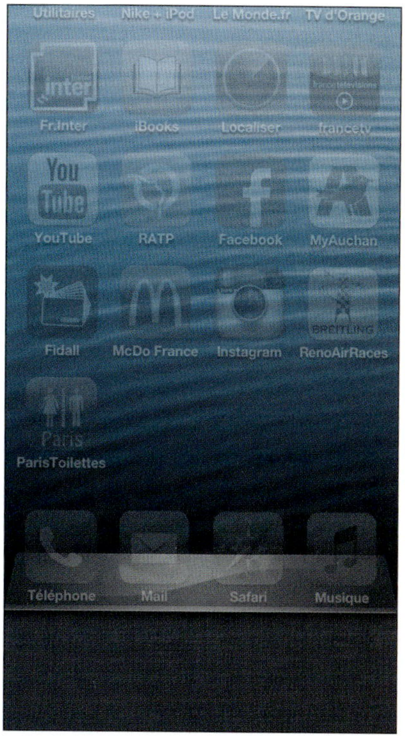

Figure 19.8 : Le tiroir multitâche est vide. L'iPhone ne s'en porte que mieux.

TRUC

Cette technique est aussi commode pour mettre fin à une application particulièrement envahissante, comme celles des radios par Internet ou des navigateurs GPS qui continuent de se manifester même après les avoir arrêtées.

Et c'est le moyen le plus sûr d'arrêter véritablement une application.

Index

D

E

F

G